夜色

侯宜杰读史随笔

侯宜杰作品

人民东方出版传媒
東方出版社

自序

2009年，拙著《二十世纪初中国政治改革风潮——清末立宪运动史》作为中国人民大学出版社“当代中国人文大系”之一再版时，编辑谭徐锋先生曾嘱我撰写学术历程，附于书后。我深感自己平淡无奇，未敢答允。现在编辑陈卓先生又嘱写治学经验，并要求讲讲对中国历史的一些整体看法。我只好勉为其难。

我主要致力于以立宪运动和袁世凯为中心的清末民初中国政治史研究，范围有限，不敢对中国历史研究的整体状况妄加评论，仅借此机会谈谈自己在治学方面的经验教训，也许会对年轻的朋友们有些微帮助。

1964年，我从山东大学历史系毕业后到马列主义研究院工作，分配在党史组。到院不久，业务尚未开展，即奉院长陈伯达之命随全院人员到北京通县（今通州区）搞了一期农村“四清”（社会主义教育运动）。紧接着又到天津搞了一期城市“四清”。城市“四清”尚未结束，又奉命回院参加“文化大革命”。1968年马列主义研究院解散后，我的工作不断变动，一生中最美好的时光都葬送在“十年浩劫”之中。

“文革”结束后，我曾在中共中央机关工作。但我的性格不适合当官，只愿做容许争鸣的学术研究，于是，1979 年年底申请调入中国人民大学清史研究所，开始研究中国近代史。这时我已过不惑之年，起步较晚，一切都得从头学起，只好加倍努力，抓紧时间博览群书，丰富知识，拓宽视野，尽可能地弥补业已失去的美好岁月。

历史是客观存在，贵在真实，史学工作者的任务就是搞清历史事实，至少做到接近历史真实。而要做到这一点，必须下苦功搜集史料，最好是竭泽而渔，这是研究的坚实基础和起点。史料搜集得愈多愈扎实，历史事实就愈全面愈清楚愈真实，写出来的论著就愈少硬伤和片面性。这是一件极其艰辛的事，没有甘坐冷板凳的决心和毅力是万难做到的。在撰写《二十世纪初中国政治改革风潮——清末立宪运动史》之前，立宪运动的史料只出版了一种，根本不敷应用。这时我已调入中国社会科学院近代史研究所，但不知哪些图书报刊有这方面的史料，只好盲人瞎马乱找一气，广泛搜集。为防止遗漏，我下决心将本所所藏的档案和辛亥革命以前的报刊逐一查阅，用了六年时间，方才查完，将有用的史料摘抄下来；另外还阅读了相关文献资料，包括稿本、信函、日记、笔记、年谱、文集等。为了弥补资料的不足，又到中国第一历史档案馆、北京图书馆（现为国家图书馆）、北京大学图书馆和外省市查阅了部分档案和报刊。

史料基本搜齐之后，还必须加以整理归纳，爬梳排比，对于同一问题的不同记载，要认真考证辨析，去伪存真。这方面的功夫不到也不行。例如，中国历史学会主编的丛刊《辛亥革命》(四)中收有一篇《出使各国大臣奏请宣布立宪折》，署名载泽等，常为学者所引用。我看后即很怀疑，因为晚清的“出使各国大臣”相当于外国的驻外公使，在中国一般也称“驻某国钦使”或“星使”，而载泽等的临时职衔则为“出使各国考察政治大臣”，二者根本不是一码事。我查找此折的出处，见其录自《东方杂志》的临时增刊《宪政初纲》；再查《宪政初纲》，原编者在标题下并未署名，方知署名“载泽等”是《辛亥革命》(四)的编者加上的；再后来发现康继祖编的《预备立宪意见书》也收有一篇《出使各国大臣会衔奏请宣布立宪折》，文字与前两篇一致，唯在折尾“谨奏”二字之前，有这样几句话：“此折系臣诚、臣大燮公商主稿，会同臣某某等办理，合并声明。”至此，问题十分清楚了，奏折是由出使美国大臣梁诚和新任出使英国大臣汪大燮“公商主稿”，会同其他出使大臣上奏的，与标题中的“出使各国大臣”身份完全符合，此折才是真正的原折全文。不知何故，《宪政初纲》的编者收进时独独把这几句至关紧要的话删掉了。而《辛亥革命》(四)的编者又将“出使各国大臣”与“出使各国考察政治大臣”混为一谈，添加上署名“载泽等”，造成了张冠李戴的错误。经过如此一番考辨，终于澄清了事实，避免了差错。正因做了以上艰苦的努力，该书出版以后，颇受史学界和思想界好评。

我不仅重视搜集史料，而且特别重视掌握第一手史料。对此，我有过深刻教训。在撰写第一部著作《袁世凯一生》时，为了图省力气，有两个问题沿用了以往论著中的说法：一是1895年袁世凯进京引见在6月；二是1908年袁世凯和张之洞推荐杨度到宪政编查馆任提调。我认为这些均属于极其一般的问题，不会出现偏差，就采用了。后来一查史料，发现袁世凯进京引见为 8 月 2 日，杨度刚到宪政编查馆时的职务为“行走”，全错了。这使我震惊异常，怎么如此简单的问题许多人都搞错？小事如此，大事可知。从此我就十分小心谨慎，再也不敢轻信“天下士”了。阅读论著，便“怀疑一切”，对别人引用的史料也要查找原书核对。果然不出所料，许多人为了证实自己的观点，在引用史料时不惜掐头去尾，断章取义，歪曲原意。这更让我坚定了必须亲自掌握第一手史料的信念，只有在无法找到原文的个别情况下，才将引用的二手史料注明出自何处。

撰写论著时，我力求学风严谨，史论结合，持之有故，言之成理。评价历史事件和人物，尽量做到理性客观，不掩恶，不虚美。至于能否做得恰到好处，那是另外的问题。我没有一挥而就的才干，每篇文章总要修改若干遍，直到自己满意，方才罢手。文章如此，专著亦如此，如《袁世凯一生》后来又易名为《袁世凯传》《袁世凯全传》出版几次，每出版一次，我都根据新发现的史料和新的思考加以修改，使其更加符合历史真实。

学术的生命在于创新，没有新意的著作毫无价值。我在撰写论著之前，均先尽可能了解前人研究的成果，然后再思考一下能否超越前人或纠正前人的讹误，若能，就写，否则决不动笔。创新的关键在于独立思考，精神自由。我写论著，只论历史事实，不唯上，不唯书，不媚时，不趋势，认为正确的，就坚持到底。

我对近代史研究贡献甚少，但问心无愧的是，我一直在严格遵守着一个纯粹的学者所必具的良知和道德底线，尊重历史事实，决不伪造、篡改和歪曲历史。

我喜爱中国古代史，在山东大学历史系读书时选择了中国古代史专业。但参加工作后，除了一段极短的时间，再未接触过古代史。

近几年由于年迈体衰，精力不济，记忆力锐减，加上其他条件的限制，从事学术研究已力不从心。于是又想起了古代史，欲借翻阅“正史”和其他原著，作为度过余生的消遣。

长期远离古代史，此次重新接触，虽是很少一部分，却顿生新鲜之感，觉得过去所学与历史事实不尽相同，更增加了我的阅读兴致。在阅读的同时，自然也进行思考。阅读多了，思考也多了，于是断断续续写下了收入本书的各篇。这些作品并非严格意义上的学术著作，只是个人读史时随手记下的一些肤浅认识和感想。正因不是严格意义上的学术著作，文中的引文均未注明出处，但所言皆有所本，绝非胡编乱造。同时为了便于读者阅读，许多引用的文字均译成了白话文，只有容易理解的或用文字加以说明的部分保留了原文，另外对一些较难理解的文字用括号加以注解，因而各篇的风格亦不完全一样，敬请读者谅解。

中国古代历史博大精深，丰富多彩，如同一面明镜，不仅可供以往的统治者从历代治乱兴亡中取得鉴戒，而且人们借助它也可映出往昔各类人物的嘴脸，比较各类事件的得失，并反观自己和周围的一切，于己于人于国均有裨益。但愿真实的历史能彻底走出书斋，在国人中得到更有力度的普及。

侯宜杰

2015 年 1 月 12 日于北京望京花园寓所

目录

辑二　澄清吏治

辑三　公正司法

辑四　道德人格

辑五　真理谬误

辑一｜执政理念

天下为公

天下应属于全国人民。传说在上古五帝时代实行官天下，传贤不传子。由夏禹开始，变成了家天下，也就是把天下变为最高统治者的私有财产，传子不传贤。此后的历代统治者莫不如此，认为谁打的天下，就应由谁坐天下，如有人起而篡夺，即用武力消灭之。

但是，反对家天下和谁打天下谁就坐天下的思想在中国历史上从来没有中断过，具有这种思想的人，不仅有知识精英，而且有最下层的劳动人民，甚至高官和皇帝。

周王朝建立之前，文王曾问太公吕尚如何方能夺取天下。吕尚对他说："天下非一人之天下，乃天下人之天下也。与天下人共享天下之利者，则得天下；独自享用天下之利者，则失天下。"

孔子在《礼记·礼运》阐述其"大同"理想时，也说："大道之行也，天下为公，选贤与能，讲信修睦。"这里所说的"天下为公"，即天下是全国人民共有的意思。

孟子的思想比孔子更加激进，首先大胆提出："民为贵，社稷次之，君为轻。”认为人民、国家和君主三者相比，人民最为重要，其次为国家，再次才为君主。从这种认识出发，他又提出，君主如若像夏桀、商纣那样虐民、残民，就是“一夫”，称不上君主，人民将其除去，不能说是“弑君”。还认为，君臣关系不是单方面的臣下服从君主，而是相互的：“君之视臣如手足，则臣视君如腹心；君之视臣如犬马，则臣视君如国人；君之视臣如土芥，则臣视君如寇仇。”

下层劳动人民和其他阶层的人士更进一步，不仅彻底否定了君主的神圣不可侵犯性，而且明确提出暴虐腐败的王朝可以推翻。秦始皇统一中国后，自称皇帝，并要二世、三世，以至千万世地传下去。在其眼中，天下永远都是他家的。岂知就在此后不久，他出游浙江时，楚国的旧贵族项羽看见他，就指着他对同去的叔父项梁说：“彼可取而代也。”几年之后，雇农出身的陈胜便说出了这样的话：“王侯将相，宁有种乎？”紧接着就与吴广等人勇敢地举起了推翻秦王朝的起义大旗。沛县的亭长刘邦也乘机而起，秦王朝迅速灭亡了。

汉高祖（刘邦）建立了汉朝，又把天下变成了刘氏的天下，开始还分封有功的异姓大臣为王，后来唯恐他们起来造反，夺取刘家的天下，在陆续削平了异姓王之后，就规定：非刘氏而王者，天下共击之。到汉宣帝时，盖宽饶上书说：“五帝官天下，三王家天下。家以传子，官以传贤。若四时之运，功成者去，不得其人，则不居其位。”意即国家是全国人民的，不是一家一姓的，君主不贤，理应下台。后来谷永也上书汉成帝指出：天生众民，不能相治，就立了一个王进行统理。控制海内，并非为了天子，列土封疆，也非为了诸侯，都是为了人民。去无道之君，立有德之君，不为一姓所私有，表明天下乃是天下人的天下，而不是一个人的天下。除掉恶弱的君主，改立贤圣为新君，是天地永久的规范。

唐太宗李世民在位时，前幽州记室张蕴古写了一篇文章《大宝箴》讽示他：圣人受命，是为了拯救人民，“故以一人治天下，不以天下奉一人”。唐太宗表扬了他，赐以束帛，命其为大理丞。唐太宗也清楚地知道，天下不可能永远属于一姓，他李家的天下就是从暴虐的隋炀帝手中夺来的，其原因就在于：“天子者，有道则人推而为主，无道则人弃而不用，诚可畏也。”还告诫太子说：“舟所以比人君，水所以比黎庶，水能载舟，亦能覆舟。尔方为人主，可不畏惧！”所以他时刻想着：“君人者，以天下为公，无私于物。”并以隋炀帝为戒，尽力为天下人做些好事。

明代的思想家对传统的家天下和君主神圣论进行了更为深刻的批判。吕坤坚决反对君主祸害百姓，指出：天生人民，非为君主；天立君主，是为人民。君主岂可肆虐人民，剥夺天下以供自己享受？黄宗羲认为国家是万民的，不是一姓的。专制君主为天下之大害，以自己之大私为天下之公，视天下为莫大之产业。为争夺皇位，不惜荼毒天下之肝脑，离散天下之子女；得位之后，敲剥天下之骨髓，以图自己享乐。为了子孙保有天下，又制定法律加以防止。然则，其所谓法者乃一家之法，而非天下之法。所以“天下之人，怨恶其君，视之如寇仇，名之为独夫”。此论批判了小儒以为君臣之义永不可变，即使君主像夏桀、商纣那样暴虐也不应当诛灭的谬论。唐甄则把秦朝以来的帝王斥为盗贼，其理由是：杀一个人，抢一匹布、一斗粟，就是盗贼，杀天下之人而据有天下财宝的帝王当然就是贼了。王夫之也极力主张公天下，反对“以天下私一人”。

国家属于全国人民，作为最高统治者的皇帝，“当用天下之心为心”，只能为全国人民谋利益，不能只顾自己家族的私利，否则，人民就有权推翻他，另立贤者。历代王朝更替，虽然并非完全出自这种观念，但也是重大原因之一，否则，就无人敢造反了。可是，王朝更替之后，夺取了最高统治权的新皇帝又把国家视为自己的私有物，再也不许别人觊觎了。这就是以往中国历史的悲哀。

到了近代，随着西方先进国家主权在民、民主政治、民权自由观念的传入，国人对于官天下的思想，认识得更加明确了。如康有为说：“中国者，民等四万万人公共之产也。国政者，民等四万万人公共之事也。”“故开议院以立宪法，与民权而听自治，此万国公共之法，而民等四万万之人民应有之权也。”

光绪三十二年（1906），《中国同盟会革命方略》写道：“中国者，中国人之中国，中国之政治，中国人任之。”同时指出：“在昔虏朝行暴君专制之政，以国家为君主一人之私产，人民为其仆隶，身家性命悉在君主之手，故君主虽穷民之力，民不敢不从；民国则以国家为人民之公产，凡人民之事，人民公理之。”

宣统三年八月十九日（1911年10月10日），辛亥革命爆发后，孙中山回到上海。其时国内已有中国同盟会“将以天下为己私”的谣言，中国同盟会发布了意见书，予以批驳。

1912年1月1日，中华民国成立。2月13日，临时大总统孙中山向临时参议院辞职，举荐了袁世凯。次日，参议院一致选举袁世凯为临时大总统。孙中山“让位”于袁世凯虽然是由种种原因造成的，但他也算没有违背革命党人“以国家为人民之公产”的政治理念和“不以天下为己私”的诺言。3月11日，孙中山公布的《中华民国临时约法》明确规定了国家性质为共和制，否定了谁打天下谁坐天下的传统思想。

关于政党，孙中山认为，国家必须实行多党制，如果只有一党，便是专制政体。1912 年 8 月 25 日，他在国民党成立大会上发表演说："政党皆以国利民福为前提，政党彼此相待应如弟兄。要知文明各国不能仅有一政党，若仅有一政党，仍是专制政体，政治不能有进步。吾国帝皇亦有圣明之主，而吾国政治无进步者，独裁之弊也。故欲免此弊，政党必有两党或数党互相监督、互相扶助，而后政治方有进步。故政党者虽意见之不同、行为之不同，要皆利国福民者也。今五党合并（指五党合并为国民党），诸君皆当持此观念，则民国前途永无危险之象。"

可惜，孙中山的这种认识并没有贯彻到底。1913 年国民党的"二次革命"失败后，其思想就发生了变化，背离了自己的初衷。他认为，"二次革命"的失败，皆因党员不听其号令，所以他抛弃了国民党，另建中华革命党，要求入党者必须宣誓，永远遵守其手订的《誓约》，"愿牺牲一己之身命自由权利，附从孙先生"，"服从命令"，"如有贰心，甘受极刑"，并打上自己的指模。要党员绝对服从自己，在党内大搞专制独裁。以后虽又以国民党的名义吸收党员，但在苏俄的直接影响下，提出了"以党治国"的主张，走到他多次题赠友人的"天下为公"的反面。

国民党和蒋介石统一全国政权后，更把党凌驾于国家政权机关之上，把专制时代的家天下变为党天下，实行一党专政，"以党治国"，从根本上违背了主权在民的宪政原则。所以国民党遭到全国人民的一致反对，成为其在大陆丧失政权的重要原因。

让人诽谤的“诽谤木”

在今人看来，“诽谤”是个极坏的词。其实，该词除了含有毫无根据地说别人的坏话，败坏别人的名誉，或造谣污蔑、恶意中伤的意思外，还有另外一种含义，就是议论是非，指责政治得失。因而古代人对诽谤的理解就因人而异，同时也相应地存在着两种截然不同的对待态度和处置办法。

相传尧舜之时，就在交通要道和朝廷上竖立“诽谤木”了。《淮南子·主术训》云：“尧置敢谏之鼓，舜立诽谤之木。”《后汉书·杨震传》云：“臣闻尧舜之时，谏鼓谤木，立之于朝。”“谤木”即“诽谤木”，也叫华表木。“古先哲王立诽谤之木，置敢谏之鼓，犹惧不闻过。”他们设立“诽谤木”的意图，就是让天下百姓都能在上面书写谏言，批评政治过失，以便听取百姓的声音，改正自己的过错，治理好国家。因而都将“诽谤”视为对自己的爱护帮助，深表欢迎，可见他们是何等的谦逊虚心，又是何等的一心为国为民。

另一类人物则相反，见到人们议论是非，指责朝政过失，便认为造谣污蔑，恶意中伤，一个典型的例子就是西周的周厉王。周厉王暴虐无道，酷爱钱财，亲近小人，而又最厌恶别人指责其过错，国人没有不议论他的。卿士召公实在看不下去他的作为，劝诫说："人民难以活命了。"周厉王闻听大怒，马上派人找来一位巫师，令其监视人民，只要巫师告发，即加杀戮。人民不敢交谈，"谤言"少了。周厉王以为自己本领非凡，极为高兴，告诉召公："我能平息诽谤，国人都不敢说了。"召公说："你这不是平息诽谤，而是禁止人民说话。"接着警告他："防民之口，胜过防水。水壅塞之后而溃决，伤人必多，人民也是这样。所以治理水患必须疏导，为民着想必须让他们把想说的话公开说出来。天子处理政事，应当让所有的官员和百姓都发表意见，畅所欲言，而后加以斟酌，行好事而防坏事。只有这样，诸事才会顺利而不会有错。"周厉王不听，暴虐依旧。过了三年（前 841），人民实在忍无可忍，纷纷拿起武器袭击王宫，公然造反。周厉王吓得胆战心惊，仓皇狂奔到彘（今山西霍州市境内）。太子静躲藏在召公家里，起义的群众得悉，将召公家围得水泄不通，要其交出太子。召公身为臣子，不敢仇怨国王，为保住太子，便把自己的儿子假冒太子交给起义群众杀死。于是出现了国王出逃，太子不能继位，国家执政无人的特殊局面，召公、周公二相只好共同行政，号曰"共和"。这就是中国历史上最早出现的"共和"政治体制，不过，不是近代意义上的共和，而是指公卿共同治理政事。十四年（前 827）之后周厉王在彘死去，召公、周公遂共立太子静为国王（周宣王），交出政权，辅佐他执政，结束了"共和"政体。

秦始皇的暴虐更超过周厉王，统一中国后，他不仅发布了焚书令，偶语《诗》《书》者弃市，以古非今者灭族，而且还规定了“妄言”“诽谤”的罪名，思想专制达到了无以复加的程度。三十五年（前 212），侯生、卢生说了秦始皇的坏话，秦始皇就以“诽谤”之名调查在咸阳的知识分子，并由此造成“坑儒”案，立下了“诽谤者族”的法令。正因如此暴虐，他统一中国之后十几年，秦王朝就被人民起义的烽火焚烧得灰飞烟灭。

西汉王朝初建时，仍然保留了秦朝的诽谤罪名。贤明的汉文帝（刘恒）即位后第二年（前 178），便毅然将其废除。他说：“古之治天下，朝上有进善之旌，诽谤之木，为的就是通达治道而招来谏言者。现在的法律有诽谤妖言之罪，这就使得众臣不敢尽情，在上者无由闻听过失了，如此一来，怎能招来远方的贤良？应当废除。”接着又说：“小民有时诅咒谩骂上边，官吏以为大逆不道，小民说其他的话，官吏又以为诽谤。小民愚昧无知，将他们处死，朕认为非常不可取。自今以后，有犯此者不许惩治。”他不仅这样说，而且以身作则，为官员树立榜样。如贾谊在所上的《治安策》中就分封王国等事指出：“若畜乱宿祸，使万年之后，传之老母弱子，将使不宁，不可谓仁。”此话是说汉文帝必定早死于太后之前、太子未成人之时。若在别人，定然视为狂悖无稽之语，予以严惩。汉文帝不然，非但接受，不加谴责，还十分叹赏。他的言行既为官员也为百姓解除了精神枷锁，官员与百姓的心情何等舒畅可想而知，“文景之治”的出现绝非单纯经济发展的结果。

可是到了汉武帝（刘彻）执政时，情况发生了变化。元狩六年（前 117），汉武帝与廷尉张汤制造了一种白鹿皮钱币。有人对大农令颜异表示使用这种钱币有许多不便，颜异没有答话，只翻动了一下嘴唇。后来因为别的问题汉武帝命张汤审理颜异。张汤以残酷著称，素与颜异不和，便借机报复，审理后上奏道："颜异位列九卿，见法令不便，口里不说，心里认为不对，应该处死。"汉武帝竟然听信了他毫无事实与法律根据的胡说，将颜异杀死。"腹诽罪"的恶例一开，公卿大夫唯有谄谀取容了。

王莽建立新朝后，也曾下令设进善之旌、诽谤之木、敢谏之鼓，命谏大夫四人接待言事之人。但事实上，他很难听取谏言，连官员禀报贫民因饥饿起义都不相信。

元和元年（84）十一月，孔子的后裔孔僖和好友崔骃在太学议论汉武帝，崔骃说武帝开始为天子时，崇信圣道，向先王学习，五六年间，声誉胜过文帝和景帝，后来放纵自己，把以前所做的好事都忘记了。孔僖说这种事情书传中有很多记载。邻房的学生梁郁听到，上书揭发他们"诽谤先帝，刺讥当世"，献媚取宠。司法部门遂传讯崔骃。孔僖恐怕受诛，上书汉章帝（刘炟）自我申辩道："凡言诽谤者，谓实无此事而虚构加以诬蔑。"至于汉武帝，政治的好坏，都写在汉史上，我们只是直说书传中的实事，并非虚构诽谤。"皇帝为善则天下之善均归于他，不善则天下之恶亦聚集于他，这些皆有原因，故不可以责备于人。且陛下即位以来，政教未有过失而德泽有加，天下人都知道，臣等何会讥刺？假使所非议者实有其事，则固应悛改，倘若不当，亦宜含容，不应加罪。"汉章帝本无加罪孔僖、崔骃之意，及阅奏疏，立即下令勿问，并任孔僖为兰台令史。

东汉末年，外戚、大将军梁冀执掌朝政，权势熏天，威行内外，百僚侧目，莫敢违命，谁反对他，就以诽谤罪处死。年仅十九岁的郎中袁著见其凶恶横行，不胜其愤，诣阙上书，请求“废除诽谤之罪，以开天下之口”，被梁冀派人追杀。

三国时，魏国“民间数有诽谤妖言”，魏文帝（曹丕）极其痛恨，闻有妖言就杀，并赏告密者。治书执法高柔上疏说：“今妖言者必戮，告之者辄赏，既使过误无反善之路，又将开凶狡之群相诬罔之渐，诚非所以息奸省讼，缉熙治道也。”“臣愚以为，宜除妖谤赏告之法，以隆天父养物之仁。”曹丕没有听从，诬告者更多。曹丕这才感到高柔所说是对的，下诏说：“敢以诽谤相告者，以所告罪罪之。”于是诬告遂绝。

南北朝时，梁武帝（萧衍）曾在公车府置“谤木”。

唐太宗虽是一位少有的贤明皇帝，但有时考虑问题也欠周妥，一日嫌群臣上奏之事不真实，欲加贬斥。魏征谏道：“古者立诽谤之木，欲闻己过，今之封事（用袋子封缄的上书），谤木之流也。陛下思闻得失，只可听任他们去讲。若所言善，则有益陛下；若不善，也无损于国家。”唐太宗马上接受，高兴地说：“你讲得很对。”

唐高宗（李治）也很开明，有次东州道总管高侃奏称，有个高丽和尚说中国将有灾异，请把他杀死。唐高宗没有加罪高丽和尚，说：“朕闻为君上者，最好能看到天下的事物，听到天下的声音，以广见闻。而且天降灾异，是为了警悟人君，假如是实，言之者何罪？就算没有其事，闻之者也足以自戒。舜立谤木，是很有缘故的。”

贞元二十年（804），关中大旱，农作物大半未收。京兆尹李实正想聚敛进奉，以固恩宠，对于百姓的诉苦全不介意。唐德宗

（李适）召见他，询问人民疾苦。他奏道："今年虽旱，谷田甚好。"经他这么一说，关中的租税均没有得到减免，人民只好拆房子卖瓦木和麦苗以供赋敛。有个戏剧演员成辅瑞就编了数十篇戏词，述说关中人民的艰苦之状，如："秦地城池二百年，何期如此贱田园，一顷麦苗五石米，三间堂屋二千钱。"李实得知，奏报他"诽谤国政"。唐德宗不察，立即下令将其处死。一位官员讲了古代设立诽谤木，欲达下情，成辅瑞不可加罪的道理后，唐德宗深自后悔，京师之人无不切齿痛恨李实。

宋神宗（赵顼）对指责时政缺失的人也比较宽容。一日，大名府教授谢文瓘上疏，谈了推行新法后出现的一些弊病，请求罢减不合理的赋税。大臣们以为此乃"讪谤朝廷"，商议处置其罪。宋神宗认为谢文瓘讲的是推行新法的官员不好，不是讪谤，驳回了大臣的意见。

宋高宗（赵构）对待诽谤的态度却非常严酷，动辄以"诽谤""谤讪""讥谤""谤毁"惩处有关人员。仅绍兴十九年至二十五年（1149—1155），遭其惩处的即有：茶陵县丞王庭圭，前太常主簿吴元美，右迪功郎安诚，直龙图阁叶三省，监都作院王远，黄岩县令杨炜，前太府丞范彦辉，前左从政郎杨炬，湘潭县丞郑杞、主簿贾子展，常州通判沈长卿，仁和县尉芮烨，进义副尉刘允中，以及李孟坚和王之奇、王之荀兄弟。即使有人"讥讪秦桧"，也受到惩处。

明成祖（朱棣）为燕王时，起兵夺取帝位，把一切忠于建文皇帝的大臣都指为奸党，大加杀戮惩罚。他害怕人们议论，称帝的第四年，即明令禁止诽谤。永乐十九年（1421）正月，他宣告国都自南京迁至北京，群臣对此多持异议。迁都后三个月，刚刚建成的皇宫奉天、华盖、谨身三大殿忽然起火焚毁，他以为上天示警，非常畏惧，下诏要求群臣直言。群臣应诏上疏，多有指斥时政者。他颇不高兴，“谓言者谤讪，下诏严禁之，犯者不赦”，马上处置了几个官员。

永乐二十二年（1424），明仁宗（朱高炽）即位。他是位颇具仁心的皇帝，还在为皇太子时，有一年他由南京前往北京，路经山东邹县，下马进入民舍，见百姓穿的衣服破烂得皆不掩体，做饭用的器具倾倒在一边，民间疾苦如此，官员竟不上奏，非常气愤。恰值山东布政使石执中来迎，他责备道：“民穷如此，你们也不想想办法吗！”石执中答道：“凡受灾之处，皆已奏请，免去今年的秋粮。”他急忙说：“老百姓都快饿死了，还想征税吗？速速调查饥民多少，近地约三日，远地约五日，都发官粟赈济。”石执中请一人给三斗，他说：“给六斗。你不要怕擅发，我见到皇上，当自己上奏。”他即位以后，就着手改正其父明成祖的许多错误做法，其中之一便是废除诽谤罪。洪熙元年（1425）二月，命令都御史刘观、大理卿虞谦：以往司法部门以诬陷为功，听见有人谈几句国事，“辄论诽谤，身家破灭，莫复辨理”，近来数月，此风又萌，“治理国家所急者在于要求直言，所患者就是以言为讳，奈何禁止诽谤哉，以后凡有禀告诽谤者不要惩治”。相隔一个月，他又下令说：“古之盛世，采听民言，用以提供戒儆。今奸人往往摘取片言只语，诬为诽谤，法吏刻深，锻炼成狱。刑罚不中，人民则无所适从。今后当废除诽谤禁令，有禀报者一律不要惩治。”可惜他在位不满十个月，即英年早逝。后来的明武宗（朱厚照）、明世宗（朱厚熜）等又效法明成祖，以诽谤罪处置了许多忠正刚直的官员。如明世宗在嘉靖三十一年（1552）十二月，以诽谤的罪名，将光禄少卿马从谦打死。三十五年（1556）二月，又以诽谤的罪名，将吏部尚书李默下锦衣卫狱，处死。

清代的皇帝以少数民族入统中原，疑忌心特重，康熙和雍正均曾以诽谤为由，制造文字狱，至乾隆时达到顶峰。

由此可见，对“诽谤”如何理解，如何处置，完全取决于皇帝是何等人物。贤明者真心以民为本，以舜立“诽谤木”为榜样，从良好用心去理解官员和百姓对政治过失的指责批评，让人民充分表达意见，以便认真倾听不同声音，深刻反省自己，及时改正错误；即使说得不符合事实，亦不以为有罪。若是暴君昏君或疑忌心极重者，只知维护一己私利，一见有人指责批评，不看讲的是不是事实，有没有道理，“不目之为奸为邪为浮薄，必詈之为谗为谤为小人”，一概视为造谣污蔑，居心叵测，滥用暴力予以严厉禁止和镇压，以钳天下之口。

孔子曾说过一句非常正确的话：“天下有道，则庶人不议。”如果朝廷关心人民疾苦，人民生活不断改善，安居乐业，心情舒畅，没有人会丧心病狂地对朝廷恶意诬蔑中伤。倘若不顾老百姓的死活，横征暴敛，贪官污吏当道，贿赂公行，政治腐败黑暗，人民没有任何自由可言，定然议论纷纷，无论用何种残暴手段都堵不住百姓之口。诚如唐高宗所说：“欲钳天下之口，其可得乎？”

罪己诏

罪己诏指皇帝责备自己而下的诏令。颁发的原因大致有二，一因灾异而发，二因做错事情而发。

灾异多属自然现象，如水灾、旱灾、蝗灾、地震、彗星、日食、山崩、冬天打雷、春天降雪等等。出现这些现象时皇帝为何要下罪己诏呢？因为有些皇帝相信“天命”之说，以为自己是上天之子，代表上天治理人民，若是出现这些现象，给人民带来灾难和死亡，他们便认为都是自己不好造成的，是上天向他发出的警示，往往引咎自责，下个罪己诏，检讨一下自己的过失，做点好事，或命官员直言朝政得失，以求补救。这方面的例子很多，每个朝代均有，如晋武帝（司马炎）在太康七年（286）下诏说：“比年灾异屡发，日蚀三朝，地震山崩，邦之不善，实在朕躬。公卿大臣各上封事，极言其故，勿有所讳。”北魏孝文帝（元宏）在太和九年（485）下诏说：“数州灾水，饥馑一再遇到，致有卖鬻男女者。天之所谴，在予一人，而百姓无辜。”宋太宗（赵匡义）因为大旱和多次出现彗星，在端拱二年（989）下诏说："朕以身为牺牲，焚于烈火，亦未足以答谢天谴。当与卿等审刑政之阙失，稼穑之艰难，恤物安人，以祈天佑。"

有些官员认为灾异属于自然现象，并非人事得失招致，劝皇帝不要相信上天示警。另一些官员则极力反对，其主要理由不是不相信上天示警，而是认为这是关系到皇帝纳谏和治乱的重大问题。如熙宁二年（1069），同平章事富弼在得知有人对宋神宗解释灾异皆是自然现象，非人事得失所致时，就说："皇帝所畏惧的只有上天，若不畏天，还有何事不能干！说这种话必定是奸人想进邪说，摇动君心，使谏争之臣无有所为。此乃治乱之机，不可不速补救。"当即上书，进行批驳。正因如此，每当灾异出现，常有官员借机上书，请求皇帝上畏天戒，下修人事，痛自修省，讲道论德，进贤退奸，省刑薄敛，惩治贪官，节约开支，减轻力役，招抚流民，散财以收民心，爱民以植邦本，等等，以回天意。对于高度集权的专制皇帝来说，只有"天命"能够约束他不敢过多作恶，所以他畏惧"天命"虽属迷信，却也能让人民的疾苦减少一些。

因做错事情，造成人民疾苦而下罪己诏的，史书中也不乏其人。如汉文帝在后元二年（前162）下诏说：四边之外的戎狄不安其生，京畿之内的人民不能安居乐业，都是他德薄造成的。汉武帝在征和四年（前89）六月下了一道罪己诏，检讨过去每人增赋三十钱，使老弱孤独陷于重困；对匈奴用兵，军士死亡离散。晚年对群臣述说自己的罪过："朕即位以来，所为狂悖，使天下愁苦，不可追悔。自今事有伤害百姓、糜费天下者，悉罢之。"后来又叹道："向时愚惑，为方士所欺。天下岂有仙人？尽妖妄耳！"汉元帝

（刘奭）在永光二年（前 42）二月下诏说，由于他的不明，政事治理得不好，以致百姓大困，流散道路，盗贼并兴，甚感羞耻。汉成帝（刘骜）在永始元年（前 16）七月下诏说：我没有与多数大臣商量，误听将作大匠解万年言昌陵三年可成。可是营建了五年，中陵、司马殿门内尚未完工。天下为此虚耗钱财，百姓因之疲劳，终不可成，十分忧伤不安，此项工程立即停止。东汉光武帝（刘秀）在建武六年（30）十月下诏说：我德薄不明，寇贼为害，强弱相凌，百姓失所。

天成三年（928），京师洛阳巡检军使浑公儿向后唐明宗（李亶）奏报说："外面有百姓二人，用竹竿当武器练习武功，图谋不轨。"明宗信以为真，下令逮捕，交给石敬瑭处理。石敬瑭不问清楚，就将二人杀了。第二天，枢密使安重诲上奏说："昨天逮捕的两个人，实际上是在一起玩耍的幼童，并不是练习战斗的百姓。"明宗听后大吃一惊，知道杀错了人，马上下诏向全国人民检讨滥用刑罚，减少自己十天的食品，以向冤魂谢罪。并且罚了石敬瑭一个月的俸禄，把诬告陷害的浑公儿杖打后流放到登州。非但如此，明宗还赐给两个少年每家五十匹绢、一百石麦、一百石粟，让官府出钱为两个少年隆重地办理了后事。为防止今后再出现此类事件，又下严令，州府官吏以后对所有死刑案件，必须仔细审理，决不能滥杀无辜。

宋徽宗（赵佶）和宋钦宗（赵桓）因为金兵长驱南下，无力抵抗，均下过哀痛之诏，罢除害民的"花石纲"，改革弊政。宋徽宗在宣和七年（1125）所下的罪己诏中说："多作无益，侈靡成风。利源酤榷已尽，而牟利者尚肆诛求。诸军衣粮不时，而冗食者坐享富贵。”“追惟己愆，悔之何及。”逃到杭州的宋高宗也下诏说自己有不知经邦大略、不知戡难远图、无安抚人之德、失驾驭群臣之柄四大罪错，命将诏令在朝堂榜示，遍告天下，使人民皆知其悔过之意。

明毅宗（朱由检）在十年中曾三次颁发罪己诏。最后一诏在崇祯十七年（1644），这时，李自成、张献忠等农民起义的烽火已经势如燎原。该诏写道：

> 乃者灾害频仍，流氛日炽，忘累世之豢养，肆廿载之凶残，赦之益骄，抚而辄叛，甚至有受其煽惑，顿忘敌忾者。朕为民父母，不得而卵翼之，民为朕赤子，不得而怀保之，坐令秦、豫丘墟，江、楚腥秽，罪非朕躬，谁任其责！所以使民罹锋镝，蹈水火，殣量以壑，骸积成丘者，皆朕之过也。使民输刍挽粟，居送行赍，加赋多无艺之征，预征有称贷之苦者，又朕之过也。使民室如悬磬，田卒污莱，望烟火而无门，号冷风而绝命者，又朕之过也。使民日月告凶，旱潦荐至，师旅所处，疫疠为殃，上干天地之和，下丛室家之怨者，又朕之过也。至于任大臣而不法，用小臣而不廉，言官首鼠而议不清，武将骄懦而功不奏，皆由朕抚驭失道，诚感未孚。中夜以思，局蹐无地。朕自今痛加创艾，深省夙愆，要在惜人才以培元气，守旧制以息烦嚣，行不忍之政以收人心，蠲额外之科以养民力。至于罪废诸臣，有公忠、正直、廉洁、干才尚堪用者，不拘文武，吏、兵二部确核推用。草泽豪杰之士，有恢复一郡一邑者，分官世袭，功等开疆。即陷没胁从之流，能舍逆反正，率众来归，许赦罪立

功；能擒斩闯（李自成）、献（张献忠），仍予通侯之赏。於戏！忠君爱国，人有同心，雪耻除凶，谁无公愤。尚怀祖宗之厚泽，助成底定之大功，思克厥愆，历告朕意。

顺治皇帝在十三年（1656）、十七年（1660），曾两次颁下罪己诏，检讨自己对民生困苦、拯恤未周、伏莽未靖、征调频繁、贪吏尚未尽改等，负有责任。他临终之时下的一道罪己诏，胪列过错十四款，其中有关国家大政的有：没将国家治理好，没能让百姓过上安生日子；姑息庸劣不称职的大臣；不体恤百姓艰辛，营建殿宇，靡费太多；自恃聪明，不能虚心纳谏；自知有错，不能及时改正，过错越积越多等。乾隆皇帝和嘉庆皇帝在位时，也曾下过罪己诏。

到了清末，慈禧太后和摄政王载沣执政，同样以皇帝的名义发布过罪己诏。慈禧是因为纵容庇护义和团打洋教，引起八国联军进京而发的。光绪二十六年七月（1900 年 8 月），八国联军攻进北京后，她知道为国家民族招惹了大祸，对不住反对开战的光绪皇帝和全国人民，脸面丢尽，在西逃的路上，即以光绪的名义发布上谕说：造成此次事变，“负罪实深”，“知人不明，皆朕一人之罪”。相隔两天，又发布上谕，承认自己没有及时觉察祸患，并要求有奏事之责的官员，对于“朕躬之过误，政事之阙失，民生之休戚”，随时直陈无隐。在光绪二十七年（1901）八月和十月两次颁发的懿旨中，她都将自己“引咎自责”之意公开告知大小官员和全国人民。

宣统三年（1911）辛亥革命爆发后，湖北、湖南、陕西、山西、云南相继宣告独立，载沣追悔莫及，九月十日（10 月 30 日）以宣统皇帝的名义下诏说，执政三年以来，用人不当，治理无术，高官多用亲贵，显违宪政，铁路国有及向外国借款修筑，动违舆论，以致引起各省之乱，全国沸腾，人心动摇，“此皆朕一人之咎也”。“兹特布告天下，誓与我国军民维新更始，实行宪政。凡法制之损益，利病之兴革，皆博采舆论，定其从违。以前旧制旧法有不合于宪法者，悉皆罢除。”

皇帝握有无上权力，可以独裁一切，为所欲为。由于理念和品德等方面的原因，每个皇帝的表现又不相同，既有秦始皇、隋炀帝之类的独夫民贼，以为自己永远正确，怙恶不悛，决不向天下臣民承认错误；又有犯下过错，勇于向天下宣布，做出检讨的。此类皇帝，无论是因为畏惧“天命”，还是认识到确有错误；是为了挽救王朝的厄运，还是为了长治久安；是不得已而为之，还是出于自觉自愿，凡能够公开“罪己”者，都说明他们有几分悔过诚意，有一定的责任心。像后唐明宗由于错杀两个少年而向全国认错，妥为善后，这样很有仁心的皇帝，尤属难得。只是由于承认过错的时机和采取的措施各异，其结果也大不一样，有的收到了一定的成效，人民所受痛苦减轻，混乱动荡的局面渐趋稳定。而宋徽宗和宋钦宗却没有挽回丧失的大片领土，被金人俘虏，最终落得个惨死异域的可悲结局；载沣的罪己诏同样没有挽回大清王朝灭亡的命运。可见，对最高统治者来说，做了危害全国人民的错事，敢不敢公开承认，向全国人民深刻检讨谢罪，彻底改正，并不仅仅是个人的品质和素养问题，而是关乎国家兴衰存亡和人民祸福生死的大事，不能有丝毫的轻忽。

中华民国成立之后，皇帝退出了历史舞台，罪己诏也随之消失。但类似的申令、布告还延续了几年，虽然颁发者并不一定真有诚意。如1916年3月22日洪宪皇帝袁世凯在撤销帝制的申令中说：“万方有罪，在予一人。”1918年总统冯国璋因发兵攻打湖南、湖北，也颁发过一道布告，承认此举错误。在其后的漫长岁月里，无论做错了什么事，犯下了什么罪，对人民造成多大的危害，却再也见不到哪位总统或执政者公开地真诚地向全国人民认罪检讨了。

走笔至此，不禁想起外国一些领导人对错误的态度。外国有些领导人做错事，哪怕是极小的错事，都公开向人民道歉。如立陶宛总理基尔基拉斯在酒店接待贵宾时抽了一支烟，违反了公共餐饮娱乐场所禁烟令，不仅支付了罚款，向酒店经理道歉，还通过电视台，向公众表示歉意。有的虽然自己没有做错事，但因为是国家行为，也代表政府承担责任。如联邦德国总理维利·勃兰特1971年访问波兰时，在被德国纳粹杀害的波兰人纪念碑前下跪。1885年至1923年，加拿大政府曾强行向华人征收“人头税”，此后又实施排华法案。对此，加拿大总理在2006年即代表政府正式向全加拿大华人道歉。2008年，美国国会也正式通过决议，为两百年前美国实行的奴隶制道歉。

巴拿马总统里卡多·马蒂内利·贝罗卡尔为护照出错而公开道歉的事，亦颇令人钦佩。2010年，巴拿马国家护照管理局设计并制作了护照样本，得到里卡多的赞赏。10月3日，里卡多忽然发现护照上有一个非常细微的错误，即将巴拿马国徽中十字交叉的铁锨和丁字镐印成了铁锨和长柄方锤。他认为国徽出错是个大事，首先要求护照管理局立即更正，用最快的速度赶制新护照，统计出投用的错误护照数量。护照管理局统计出已用错护照四万份后，里卡多又要求用最快的速度把这四万个人的名字打印出来，他要在第二天发表电视讲话，向这四万人道歉。

10 月 4 日晚上，里卡多准时走上演讲台，先说明道歉的原因，然后拿起手中的名单说：“这四万个人的名字分别是曼格艾尔·阿马多加·雷亚罗……”一个接着一个地念下去，念了三个小时，仍在继续。

他的电视道歉打动了整个巴拿马，也打动了身在国外的巴拿马人，他们纷纷从海外各地打越洋电话回国，劝告总统停止道歉。

里卡多对他们说：“如果连具体名字都不念，那还谈什么尊重与道歉呢？如果连一个道歉都无法具体地落实到一个人的身上，那还指望我为你们落实什么呢？如果我连为自己承担错误都做不到，谁还能指望我来为这个国家承担什么呢？”

二十二点五十分，在道歉进行了将近四个小时的时候，有一位海外巴拿马人在电话里说：“总统先生，如果你对民众们的建议如此不在意，我们还能指望你今后能听取我们的什么建议呢？”

这虽是一句普通的问话，但在里卡多听来，却深感分量很重，于是郑重地抬起头来，对着与电话连线的麦克风问道：“你们真的可以原谅我的过失？”

电话连线那端的听众肯定地回答说：“总统先生，我们原谅你！”

直到这时，里卡多才停止念名字，真诚地向着镜头鞠了一躬，说了一声：“谢谢我可爱的巴拿马民众！”

国家领导人做了错事向人民真诚道歉，非但不会失去什么，反而能够获得人民的信任和尊敬，有利于化解民怨，促进社会和谐，远比那些死不认错者的形象要高大得多。

反对称圣

近代世界历史上出现过一些伟大人物，但无论多么令人尊敬钦佩，似乎也未看到或听到他们要求本国人民崇拜自己之说。被各国共产党奉为国际共产主义运动导师和领袖的马克思与恩格斯，尤其厌恶个人崇拜和个人迷信。马克思在致威·布洛斯的信中说："我们两人都把声望看得一钱不值。举一个例子就可证明：由于厌恶一切个人崇拜，在国际存在的时候，我从来都不让公布那许许多多来自各国的、使我厌烦的歌功颂德的东西；我从来也不予答复，偶尔答复，也只是加以斥责。恩格斯和我最初参加共产主义者秘密团体时的必要条件是：摒弃章程中一切助长迷信权威的东西。"

当代的土库曼斯坦总统尼亚佐夫也反对搞个人崇拜，当国内人民把"所有土库曼人的领导者"等称号奉献给他，在首都阿什哈巴德市中心为他竖立起一座高高的雕像，议会决定其将成为终身总统时，他感到非常痛心，在电视直播节目中表示："我请求那些有创造性的工作人员，不要再过分夸奖、赞扬我了。如果这里有个坑的话，我会把你们的夸奖埋进去。”他还批评政府人员：“你们过奖了。我对把土库曼斯坦独立后取得的所有成绩都和我的名字联系在一起感到痛心。实际上，这都是土库曼斯坦人民的功绩。”并诚恳地说：“请你们帮帮我吧，让我能够安静地生活。”“为了逃避夸奖，我准备钻到地底下——所有的歌曲，都是歌唱我的。因为惭愧，我的眼睛都不知道往哪儿看。”

仔细想想，中国古代就有命令群臣不准搞个人崇拜的皇帝，不过，那时不叫反对个人崇拜，而叫“不得言圣”或“不得称圣”。“圣”的意思是品德高尚，智慧非凡。在一国之中找出几个有功于国家和人民，推动社会前进的帝王将相不难，若是再找出兼有高尚品德的完人，那就很不容易了。孔子生前不过是个有名的教师，其品德如何姑且不论，仅其在鲁国执政时没有创造出一个和谐社会，周游列国时没有说动一个君主听从其高论，就足以证明其智慧并非非凡。“圣人”的称号是后来别有用心的统治者故意奉送给他的，不过将其作为统治工具加以利用而已。所以，称某人为“圣”，用现代语言来讲，就是搞个人崇拜。对此，凡诚实谦虚、有自知之明和自我反省精神的皇帝定然反感。

光武帝建立东汉政权后，采取一系列政策，使得汉王朝中兴，随之而来的便是一片颂扬之声。建武七年（31）三月的一天，出现日食。他下诏说：“由于我治国或其他事情有不对之处，以致见责于日月。今方自我反省，消除过错。官衙均应忠于职守，奉遵法度，给予百姓好处。百官各上封事，无有所讳。其上书者，不得言‘圣’。”其子汉明帝（刘庄）遵守这一教导，奉行不渝。永平六年（63）四月下诏说：“先帝诏书，禁人上事言‘圣’，而近来的章奏又颇多浮词。自今以后，若有过分虚假的称誉，尚书（掌管文书章奏的官员）皆应扣押下来，不要上报，以示不为谄谀之辈所愚。”

清代顺治皇帝也下过这样一道诏旨：“朕继承大业，十有一年，治效未躬，边疆多故，水旱累见，地震屡闻，皆朕不施恩德之所致。朕以渺小之身托于王公臣庶之上，政教不修，疮痍未复，而内外章奏，辄以‘圣’称，此即加重朕之不施恩德。朕方内自省抑，大小臣工亦宜恪守职事，共弭灾患。凡章奏文移，不得称‘圣’。”

另外还有些皇帝厌恶歌功颂德，实际上也是反对搞个人崇拜。如唐太宗虽然功业不亚于以前的任何一位皇帝，但他公开承认自己“智不同圣人”，有过失，有“恶”，每每自惧危亡，不敢懈怠；鼓励群臣直言正谏，以相匡正辅助，反对扬美隐恶，承意顺旨，甘言取容。虞世南曾进献《圣德论》，唐太宗赐诏曰：“卿论朕太高，朕何敢当！然卿适睹其始，未睹其终，若朕能慎终如始，则此论可传，不然，恐徒使后世笑卿也。”

在位不到一年的明仁宗，也不希望官员当“歌德派”，见有官员上书称颂太平，当即拿给大臣们看，大臣皆以为然。杨士奇独说：“陛下虽然恩泽遍及天下，然而流离失所的人尚未回家，民生凋敝的情况尚未恢复，人民吃饭尚很艰难。再休息数年，太平才有希望。”明仁宗说：“诚然。”转而对一些大臣说：“朕待卿等以至诚，期望你们辅助。可是，只有杨士奇曾五上奏章，你们皆无一言，难道真正朝无阙政，天下太平吗？”

康熙皇帝非常讨厌廷臣在奏疏中歌颂“德迈二帝，功过三王”，说：“二帝三王，岂朕所能迈且过哉！”立命传谕朝内朝外，“自后不许如是”。

雍正皇帝虽有许多缺点过错，但有一个优点，不喜谄谀之言，有闻必加斥责。有一年黄河的水突然变清了，大臣们奏请朝贺，雍正不许。太常寺卿邹汝鲁呈进《河清颂》，中有“旧染维新，风移俗易”之语。雍正看后大怒，将其革职，发往湖北荆州府沿江堤岸工程处效力赎罪。

道光皇帝对于鸦片战争结束后签订的《南京条约》一直耿耿于怀，觉得做了一件对不起祖宗的事，死后没资格进入祖庙。所以死前留下遗诏，不准为他设立圣神功德碑：“不可以圣神功德字样，率行加称。若当时君臣不能仰体朕怀，是陷朕于不德，一世之忧勤惕励尽成虚矣。”

然而，在皇权至上的社会里，一些官员为了升官发财，往往倡导颂圣文化，讴歌丰功伟绩，把“圣”的桂冠戴到皇帝的头上，称皇帝为“圣上”“圣明”“圣主”等；称其命令为“圣旨”“圣训”等；在加给皇帝的徽号中大都有个“圣”字，如“大圣”“圣功”“圣德”“圣武”“圣睿”“元圣”“光圣”等，可见个人崇拜是何等的根深蒂固。暴君唯我独尊，文过饰非，欺世盗名，更喜欢民众崇拜自己，民众不崇拜，他也会自吹自擂，把自己打扮成“圣”者，让人崇拜，秦始皇就是一个突出的代表。

秦始皇“坑儒”

秦始皇“焚书坑儒”一事，略有历史常识的人无不知晓。有种观点认为，秦始皇活埋的四百六十余人不是知识分子，全是卢生一类炼丹的术士、江湖骗子，死有余辜，并指出“焚书坑儒”的说法有误，准确的表述应该是“焚诗书，坑术士”。秦始皇活埋的是术士而非儒生，“坑儒”之说是在历史过程中不断演变形成的，这很可能缘于儒家学者对秦始皇使用法家那一套治国之术以及焚烧诗书的本能抵制，对秦始皇的暴力行为进行了放大。

这种观点颠覆了两千多年的传统说法，确实很有“创意”。但学术创新必须以切实可靠的事实为依据，绝不能信口雌黄。二十世纪七十年代，我开始学习写作，写了一篇《不许歪曲“焚书坑儒”的性质——驳罗思鼎的谬论》的批判性文章，发表在一家学报上。对于“坑儒”，我当时认为坑的大部分是术士，少数是儒生。如今，读过上述观点的文章后，我又怀着好奇心，想检验我过去的观点是否正确，便查阅了相关资料。仔细思考一番，却怎么也得不出秦始皇活埋的都是术士的结论。

首先看看“坑儒”事件发生的经过。此前，秦始皇为了长生不老，先后派遣方士徐福和卢生、韩众、侯生、石生等带领童男童女去求仙药。始皇帝三十五年（前212），侯生与卢生在私下议论秦始皇天性刚戾自用，以为自古无人可及；专任狱吏，乐以刑杀立威，天下畏罪，谁也不敢说他的过错；日益骄横，事无大小，皆取决于他。他如此贪于权势，不可为他求仙药，遂不告而逃。史学家、文学家司马迁在《史记·秦始皇本纪》中写道：秦始皇闻侯生等逃亡，乃大怒，曰：“吾前收天下书，不中用者尽去之，悉召文学方术士甚众，欲以兴太平，方士欲练以求奇药。今闻韩众去不报，徐市（徐福）等费以巨万计，终不得药，徒奸利，相告日闻。卢生等，吾尊赐之甚厚，今乃诽谤我，以重我不德也。诸生在咸阳者，吾使人廉问，或为妖言，以乱黔首。”于是，使御史悉案问诸生，诸生传相告引，乃自除犯禁者四百六十余人，皆坑之咸阳，使天下知之以惩后。

由上述过程可知，秦始皇花费巨额金钱派术士去求仙药，药未求到，有人业已携款潜逃，还说了他的坏话，他受到欺骗，的确异常恼怒。但却没有一字表明他因此直接下令杀害术士。原因在于他仍妄想长生不老，寻求仙药之心不死。关于这一点，还可从其后的事实中得到验证。“坑儒”两年之后，他再次去山东琅琊，“费以巨万计，终不得药，徒奸利”的徐福等人非但没有畏惧被杀害而逃避，反而前往谒见他，诈称仙药可求，只因被大鲛鱼所苦，不能到达海中的蓬莱，所以找不到仙药，请派善于射箭的人跟着一起去射杀大鲛鱼。秦始皇呢？只命令他们携带捕鱼工具入海，并亲自跟着上船，准备用连弩射杀大鲛鱼，从琅琊一直航行到芝罘。这一事实说明，秦始皇并无杀害术士之意，否则，徐福等人逃脱不了一死。

由上述过程亦可知，秦始皇使人查访的对象是“诸生”，命令御史审讯的是“诸生”，辗转告发、牵连的还是“诸生”，被活埋的犯禁者四百六十余人当然也是“诸生”。从查访到活埋是一个连续的过程，其间根本没有提到术士。因此，只能得出这样的结论：秦始皇活埋的是“诸生”，不是术士。

术士即方士，这一派人专门求神仙、炼金丹，与“诸生”不是同一个概念，不能将被活埋的“诸生”以术士替代。

“诸生”是些什么人？活埋之后，秦始皇的长子扶苏立即谏道：“天下初定，远方黔首未集，诸生皆诵法孔子，今上皆重法绳之，臣恐天下不安，唯上察之。”扶苏口中的“诸生”“皆诵法孔子”，实乃儒家弟子。

看一看《史记·叔孙通列传》，就更加不容置疑了。其中写道：“陈胜起山东，使者以闻。二世（秦二世胡亥）召博士诸儒生问曰：‘楚戍卒攻蕲入陈，于公如何？’博士诸生三十余人前曰……”这里所说的“诸儒生”或“诸生”，指的是博士。又写道：“叔孙通之降汉，从儒生弟子百余人，然（叔孙）通无所言进”，“弟子皆窃骂”。“叔孙通闻之，乃谓曰：‘汉王方蒙矢石争天下，诸生宁能斗乎？’”这里说的“诸生宁能斗乎”之“诸生”，指的是叔孙通的百余名“儒生弟子”。汉五年，刘邦已并天下，诸侯共尊其为皇帝于定陶，群臣饮酒争功，醉或妄呼，拔剑击柱。叔孙通知道刘邦非常讨厌群臣的这种粗鲁行为，对刘邦说：“儒者难与进取，可与守成，臣愿征鲁诸生与臣弟子共起朝仪。”刘邦命他去办，“于是叔孙通使征鲁诸生三十余人”。这里所说的“征鲁诸生”之“诸生”，指的是懂得“朝仪”的“儒者”。

由此可见，“诸生”就是“诸儒生”的简化，指许多知识分子。一般的读书人，包括在朝的博士，当时也称儒生或儒。

司马迁确曾写道：“焚诗书，坑术士。”如果仅看这两句，自然可以判断为活埋的都是术士。然而事情并非如此。这两句话是司马迁在《史记·儒林列传》中写的，原文为：“及至秦之季世，焚诗书，坑术士，六艺从此缺焉。”显然，这里所说的术士是指研习“六艺”的儒生，故在被“坑”之后，“六艺从此缺焉”。倘若都是不研习“六艺”的江湖骗子，“六艺从此缺焉”便成了画蛇添足，纯属多余。

那么，司马迁为什么在《秦始皇本纪》中写的是“坑诸生”，在此处又写“坑术士”呢？原来，有些术士能读书识字，算是知识分子，故术士有时也被称为儒生。不过他们是儒生中的一个懂得阴阳灾异的特殊派别，与真正的儒生不同。所以司马迁虽然写的是“坑术士”，为避免人们误会，又立即在其后加上一句“六艺从此缺焉”，将术士严格限制在研习“六艺”的范围之内，以示与特殊派别的江湖骗子有所区分。倘若无视“六艺从此缺焉”，那就歪曲了他的原意。

总之，要说活埋的四百六十多人当中有极少数江湖骗子，那是可能的；但若说均为江湖骗子，没有知识分子，虽很新鲜，究竟不是历史事实。秦以后“焚书坑儒”的传统说法没有错误，并非为了揭露秦始皇的暴行而故意放大。

秦始皇“坑儒”是典型的灭绝人性的残暴行为，总的目的固然是搞思想文化专制，妄图封住人民的嘴，让人民老老实实地服从他的统治。但直接原因是什么呢？为什么如此残暴呢？过去史学家总爱从政治立场，从儒生们不知时势变异、总爱“以古非今”等方面进行分析，从不涉及个人性格、品德，以致有许多问题得不到合理的解释。考察一下秦始皇的为人，对其“坑儒”的动机或许就不难理解了。

秦始皇继立为王时十三岁，由于年幼，掌握实权的为相国吕不韦。吕不韦雄心勃勃，招致宾客游士，欲并天下。以后实权又转入长信侯嫪毐之手。可以说，他即位的前十年，不可能有多大作为。他真正亲政时二十多岁，至秦吞并六国，还不到四十岁。

统一天下，结束各国纷争的混乱局面，人民少受离乱之苦，其中无疑有秦始皇的一份功劳，但也应看到出谋划策的文臣李斯等人和指挥有方的武将蒙骜、王齮、王翦等人及浴血奋战的广大将士所起的重大作用。秦始皇则不然。灭六国之初，他对丞相、御史说：“寡人以渺渺之身，兴兵诛暴乱，赖宗庙之灵，六王咸伏其辜，天下大定。今名号不更，无以称成功，传后世。”命他们商议一下。硬是贪天之功，据为己有，把别人的功劳全部抹杀。丞相王绾、御史大夫冯劫、廷尉李斯等人很会拍马，讨论后答道：“昔者五帝地方千里，其外侯服夷服诸侯或朝或否，天子不能制。今陛下兴义兵，诛残贼，平定天下，海内为郡县，法令由一统，自上古以来未尝有，五帝所不及。臣等谨与博士议曰：古有天皇，有地皇，有泰皇（人皇），泰皇最贵，臣等昧死上尊号，王为泰皇。”传说中的三皇、五帝不是称皇，就是称帝，其后的最高统治者皆称王。秦始皇思考一阵，在“三皇”与“五帝”中各取一字，号称“皇帝”，表示功德高于三皇，盖过五帝。接着又下令以他“为始皇帝，后世以计数，二世、三世以至于千万世，传之无穷”。并追尊其父为太上皇。这是他的一大“创新”，为此后的历代君主所承袭。

秦始皇自以为神圣、伟大、英明、正确，从古至今，无人可及，傲视天下，不可一世，目空一切，狂妄至极。为要人们永远记住他的功劳和德泽，对他感恩戴德，世代赞颂，他再次“创新”，到处建立圣政碑，宣扬诛伐之功，记述巡幸之迹，自吹自擂，唯恐别人不知，埋没了他的英名。如二十八年（前219），他初到山东邹峄山，就与“诸儒生议刻石颂秦德”。上泰山后刻石歌颂自己，“不懈于治，夙兴夜寐，建设长利，专隆教诲，训经宣达，远近毕理”。到芝罘，“立石颂秦德”。南下琅琊，又“立石刻颂秦德，明德意”，颂扬“皇帝之明”“皇帝之德”“功盖五帝，泽及牛马，莫不受德，各安其宇”。二十九年（前218）重到芝罘，三十二年（前215）到碣石，三十七年（前210）到浙江会稽，皆重施故伎，歌颂“皇帝休烈，平一宇内，德惠修长”，“圣德广密，六合之中，被泽无疆”。

像他这种狂妄至极的人物，势必只爱听周青臣之流的阿谀奉迎之词，容不得半点声威受损。如三十六年（前211），天上一颗星星坠地变为陨石，有人在上面刻了“始皇帝死而地分”几个字。他闻报即派御史逐个审问在陨石旁边居住的人，见没有人承认，便把他们全部杀掉。但他还是“不乐”，于是又“使博士为仙真人诗及行所游天下，传令乐人歌弦之”。听不到老百姓歌功颂德，他就利用大权命乐人歌颂。再如，他所订的法律之所以有“诽谤者族，偶语者弃市”这样空前绝后的苛酷条款，就是因为害怕人民在一起议论他的罪行，予以严禁。即使原六国的历史书籍对秦国“有所刺讥”，他也不能容忍，下令烧毁。至于自我反省，那就更谈不上了。故他开始虽因术士们的欺骗而非常愤怒，但并未下令杀害。而一听到诸生们“或为妖言，以乱黔首”，也即损坏了他自以为高大无比的形象，伤害了他那狂妄骄横的虚荣心，危及了他的极端专制统治，他就无比暴怒，断然下令“坑儒”了。

王莽的“社会主义”

王莽，字巨君，其姑母王政君是汉元帝的皇后，汉成帝的生母。自汉成帝起，王家就掌握了朝政大权。王莽的父亲死得早，没有封侯，他折节恭俭，孝敬母亲及寡嫂，抚养侄子，对伯父、叔父均很尊敬，赢得较好的名声。长大以后，受封为新都侯。他更加谦恭，拉拢名士，交结权贵，声誉日隆，被擢为大司马。汉哀帝（刘欣）年间一度家居。汉平帝（刘衎）即位后，太后临朝称制，复任王莽为大司马。他掌管朝政以后，“附顺者拔擢，忤恨者诛灭”，大封汉宗室和亲信，征集数千士人到京师，扩大太学生名额，由此取得官僚和士人的拥护。对劳动人民，他也表示一定的同情。曾令次子王获为被其杀死的奴隶自杀偿命；郡国发生灾荒，献出钱一百万，田三十顷，助给贫民；免除贫民的租税；给有疫地区的病人医治，并出钱将死者安葬；建造房屋，让贫民居住。他的作为在地主阶级、知识分子和劳动人民中都产生了良好的影响。吏民上书歌颂其功德者有四十八万七千五百七十二人，公卿、大夫、博士、列侯等提议给他加九锡（古代帝王赐给有大功或有权势的诸侯大臣的九种物品，后世权臣篡位之前，辄先赐九锡）者九百零二人。初始元年（8），他废掉孺子刘婴，建立王氏王朝，国号“新”。

白居易诗云：“周公恐惧流言日，王莽谦恭未篡时。向使当初身便死，一生真伪复谁知？”王莽的名声一直因为篡汉而受到谩骂。不过，这是从谁打天下谁就坐天下的观念出发的。从当时的实际情况看，西汉末年的阶级矛盾十分尖锐，人们对刘家王朝已经失去信心。何况他并非依靠暴力，而是通过禅让“和平长入”“新”王朝的。如果他能妥善地解决好社会问题，未必不是好事，不能仅仅因为其篡汉而加以否定。问题在于他执政能否顺应人心，符合社会需要。

王莽上台以后马上推行改制，改制在政治制度上仅仅是恢复了古代官制名称等，没有实质性内容。其重点在社会改革方面，主要有两项。

一、实行“王田”制，禁止买卖奴隶

他颁布诏令说：“今更名天下田曰‘王田’，奴婢曰‘私属’，皆不得买卖。其男口不盈八，而田过一井者，分余田予九族邻里乡党；故无田，今当受田者，如制度。敢有非井田圣制，无法惑众者，投诸四裔，以御魑魅。”宣布全国土地为“王田”，均归国家所有，私人不得买卖；一家有男子八人，可受田一井，即九百亩；不满八人，土地超过九百亩的，须将多余的土地分给本族或邻里乡党；原来没有土地的，男子每人给田一百亩。将民间奴婢改称“私属”，不得买卖。如果有人敢于攻击井田制度，无视法令，煽惑民众，则将其流放至边境地区。

二、推行五均六管

五均是在首都长安及洛阳、邯郸、临淄、宛、成都五大城市设立市官，下设交易官和钱府官。交易官负责管理市场物价，每季度评定出各种货物的标准价格。如果市场物价高于标准价格，政府就将控制的库存物资按平价出售，以平抑物价；市场价格低于标准价格，则听任百姓自由买卖。钱府官负责收税和赊贷。收税的对象包括所有工商业者。赊贷为政府办理贷款，贫民祭祀、丧葬或欲经营工商业而无资金的，可以向政府借贷。祭祀借贷和丧事借贷在规定的时间内归还，不收利息；工商贷款收取纯利十分之一的利息。盐、酒、铁实行国家专卖，铜钱由国家专铸。征收山泽生产税，加上五均赊贷，称为六管。

生产资料公有制一向被看作社会主义的基础，由此看来，王莽的改制应该具有社会主义性质。而王莽的土地国有制又完全来自西周的井田制，西周理应也具有社会主义性质。过去我们讲到封建社会主义、空想社会主义等，只讲外国的，不讲中国的，恐怕不妥。讲社会主义发展史，在中国可以上溯到西周，虽然还不是现在所说的社会主义，但毕竟是社会主义。

实事求是地说，王莽改制的主观愿望是好的。他实行土地国有制，是因为看到秦始皇破坏了井田制以后，强者占有田地以千数，弱者则无立锥之地。开设市场买卖奴婢，“与牛马同栏”，很多奴婢是被恶人用暴力抢掠来的，主人可以任意杀之，违反了“天地之性人为贵”的经训。西汉豪强兼并土地，租给农民耕种，收一半的租税，租田人“父子夫妇终年耕耘，所得不足以自存”。禁止买卖土地和奴婢，显然意在改善劳动人民的处境和生活。实行五均六管，其指导思想是“齐众庶，抑兼并”，即均贫富，使富人不得压迫穷人。

然而，推行的结果，无一不以失败而告终，王莽本人也被农民起义送上了不归路。其所以失败，不外三个原因。

首先，违背社会发展方向，复古倒退。

王莽改制又称托古改制，其推行的制度，包括更改官制与官名，分封，礼乐，刑罚，车服，等等，皆是仿照《周礼》《诗经》《尚书》等经典制定的。土地国有制是照搬西周的井田制。井田制从春秋开始就发生了变化，秦以后转为私有制为主，至西汉末已成为土地制度的主要形式，为社会所公认。王莽企图废除尚有旺盛生命力的土地私有，实行国有，不是顺应社会发展方向，而是开历史倒车，根本行不通。事实上，这一政策根本推行不下去，如南阳豪强樊重家就有田三百余顷，阴子方家有田七百余顷，并未将多余的土地分给别人。始建国四年（12），中郎区博向王莽进谏说：井田虽是圣王之法，其废已久。周道既衰，而民不从。秦知顺民之心，可以获大利，故灭井田而置阡陌，遂王诸夏，迄今海内未厌其敝。今欲违民心，追复千载以往之事迹，虽尧舜复起，而无百年逐渐变化之过程，也不能行。天下初定，万民新附，诚未可施行。王莽知道民怨，不得不取消“王田”和“私属”的禁令，准许土地和奴婢买卖，其改制的主要部分归于失败。

其次，损害了社会各阶层的利益，遭到强烈反对。

不可否认，实行土地国有包含着为劳动人民利益着想的心愿在。但在私有财产所有权确立的时代，私有财产是受到法律保护的，私人侵犯即为非法，国家以公权力强制推行在人们看来亦不合理。地主的土地是经过多年经营取得的，他们视为生命，绝对不会俯首帖耳地听从王莽摆布，势必予以强烈抵制。

五均六管亦非王莽的创造发明，而是汉武帝煮盐、冶铁、铸钱官营政策的继续。他实行此策是想与富商大贾争利，同样会遭到他们的反对。贫民因祭祀和丧葬向政府贷钱虽然不取利息，但如到期不还，就会被罚作罪徒。征收工商税的对象不仅有大商人，也包括一切中小工商业者，如工匠、医生、巫、卜等，凡在山林川泽中捕捉鱼鳖鸟兽或饲养家畜、养蚕、纺织、缝补、摆摊、开旅店等，都得向政府缴纳纯利的十分之一。所报不实，财物没收，罚做苦工一年，这又引起中小工商业者的群起反抗。六管每一令颁下，“为设科条防禁，犯者罪至死，吏民抵罪者浸众”，“天下愈愁，盗贼起”。因此，到了末年，王莽不得不宣布解除征收山泽生产税的禁令。

官府铸钱更为害民，招致全国从上到下的一致反对。原来通行的货币是西汉时的五铢钱，王莽称帝后进行了几次币制改革，越改越坏。每更换一次货币，物价飞涨一次，百姓就要遭受一次盘剥。百姓知其没有信用，皆私下以五铢钱进行交易，讹言大钱当罢，不肯携带。王莽居然下令说，凡携带五铢钱，言大钱当罢者，要和攻击井田制一样，流放至边境地区。此令一下，“农商失业，食货俱废，民人至涕泣于市道，及坐卖买田宅、奴婢、铸钱，自诸侯、卿大夫至于庶民，抵偿罪责者不可胜数”。百姓仍不用新造的钱币，盗铸钱的愈多，王莽又加重处罚，规定一家铸钱，五家连坐，没收为官奴婢。结果，被没收为官奴婢的“以十万数”，“其男子槛车，儿女子步”，以长铁链锁其脖颈，送到官府。“到者易其夫妇，愁苦死者什六七。”人民被害到如此地步，心中的愤恨就非言语所能形容了。

一些官僚豪强也十分不满王莽所为，如安众侯刘崇、徐亭侯刘快、陵乡侯刘曾、扶恩侯刘贵，均先后举兵反对。

总之，王莽改制遭到社会各阶级阶层的强烈反对，完全丧失了社会基础，失败已不可避免。

再次，官员俸禄太少，用非其人。

王莽所用的大小官吏，开始都没有俸禄。官吏非常穷困，“贪残日甚”，郡县赋敛，递相贿赂，搞得黑白混淆，清浊不分。天凤三年（16）颁布了吏禄制度，却不能兑现，“吏终不得禄，各因官职为奸，受取赇赂以自供给”。第二年许下给公侯伯子男俸禄，然而“复不能尽得”。因此，天下官吏都以权谋私，大获奸利，郡守县令的家产多至一千金。地方官送一部分给朝官，得到庇护，有恃无恐，作恶更甚。王莽见官吏“为奸利增产致富者，收其家所有财产五分之四”。并派人分传天下，审查贪污，启发吏告其将，奴婢告其主，希冀禁奸，而“奸愈甚”。

王莽用来推行五均六管的，大多是贪得无厌的富商大贾。他们把原为平抑物价的五均，变成贱买贵卖的机构，营私肥己。他们到各地去督察，“乘传求利，交错天下，因与郡县通奸，多张空簿，府藏不实，百姓愈病”。

官吏都是贪腐之辈，加以五均六管所造成的危害，人民纷纷起来造反。

地皇二年（21），王莽见“四方盗贼往往数万人攻城邑，杀二千石以下，太师王匡等战数不利”，知道“天下溃叛，事穷计迫”，准备派遣官员分行天下，宣布废除井田、奴婢、山泽、六管之禁。“即位以来诏令不便于民者，皆收还之。”也就是取消所有的改制，实际是承认改制彻底失败。然而，起义的烈火已燃遍中原各地，派遣官员已经来不及了。

当年的十月二日，起义军攻入长安宫中，王莽尚装腔作势地坐在占卜时日的器具之前，学着孔子“天生德于予，桓魋其如予何”的口气，说道：“天生德于予，汉兵其如予何！”死到临头，犹幻想天命相救。次日，他迷信的天命破产了，被杀身死，肢节肌骨脔分。其头被送至起义军首领处，悬挂于宛市，“百姓共提击之”，并切碎分食了他那条用以骗人的长舌。

隋炀帝这样展示中国形象

在历代皇帝中，汉文帝的节俭最值得称道。他在位二十三年，“宫室苑囿狗马服御，无所增益”。有次他想建个露台，召来工匠一估计，需要百金方能建成。他说：“百金，相当于十户中等人家的财产。我住在先帝留下的宫室，常恐羞愧，还再建什么露台！”立即取消了建露台的打算。他经常穿黑色的衣服，也不让宠幸的慎夫人穿拖地的衣服，用文绣的帏帐，以示敦朴，为天下先导。他为自己修建逝世后下葬的霸陵，皆以瓦器，不以金银铜锡装饰。《史记·孝文本纪》写道：“专务以德化民，是以海内殷富，兴于礼义。”

隋代开国皇帝隋文帝（杨坚）的生活也很节俭，从不铺张浪费。他曾教训太子杨勇：“从古帝王没有好奢侈而能久长的，你当太子，应该首先崇尚节俭。”后来发觉杨勇奢侈好色，将其废黜；发觉儿子秦王杨俊多造宫室，挥霍无度，将其禁闭。他在位期间，统一了四分五裂的中国，奖励好官，严惩污吏，“躬节俭，平徭赋，仓廪实，法令行，君子咸乐其生，小人各安其业，强无凌弱，众不暴寡，人物殷阜，朝野欢娱。二十年间天下无事，区宇之内宴如也”。史学家的这种褒扬难免有溢美之嫌，但朝廷的富饶却是实实在在的，当时的府库都堆满了东西，放不进的只好堆积在廊庑之下。

隋炀帝（杨广）在为太子之前，奢侈好色并不亚于杨勇，只因他善于伪装，加以其母独孤皇后和大臣杨素为其美言，杨勇废黜以后，便被立为太子。他是历史上最著名的色鬼、标准的暴君、不折不扣的独夫民贼。其作为一点不类其父，他在仁寿四年（604）即位以后，像一个穷光蛋一夜之间突然变成了亿万富翁一样，过着穷奢极欲、醉生梦死的生活，而且在向外国人展示本国的富强形象方面，也大摆阔气，极力炫耀，位居各国榜首。

大业三年（607），突厥的启民可汗入朝，隋炀帝将各地的三万多戏剧、音乐和杂技人员招集到洛阳，让他们穿着锦绣彩色的服装表演。同年，隋炀帝到了榆林，准备再次接见启民可汗及其率领的部落酋长数十人，先将专门为他服务的能工巧匠宇文恺（建东都时，任营东都副监，转升将作大匠，拜工部尚书）调来，令其建造了一个能坐数千人的大帐。接着在帐下接见了启民可汗等人，赐给他们大宴，观看杂技表演，并送给启民可汗二千万段丝织品，其他酋长也按等级予以赏赐。后来隋炀帝率大军出榆林，又令宇文恺建观风行殿（能容数百人，下装轮轴，可推移）和行城。这些突厥的游牧人看见在平地上突地冒出个大城市和大殿，骇怪至极，以为是神功，吓得望见隋炀帝的御营，在十里外就跪倒叩头。

在西域诸国面前，隋炀帝展示中国富强形象的办法又与突厥有别。西域各国商人一向在张掖与中国进行贸易，隋炀帝令裴矩驻张掖掌管通商事务，以厚利引诱西域诸国入朝。裴矩最会揣摩隋炀帝的心理，他马上派人游说。西域商人见有利可图，纷纷前来洛阳，沿途一切招待迎送费用，都由所经郡县支付，“糜费以万万计，卒令中国疲弊”，直到隋王朝灭亡为止。

大业五年（609），隋炀帝西巡，在燕支山接见高昌王及西域二十七国官员。裴矩命令武威、张掖的男男女女都穿上最漂亮的衣服，骑马前往围观，人马长达数十里，以示中国强盛。隋炀帝大为高兴，给裴矩加官银青光禄大夫。

大业六年（610），西域诸国众多使者和商人齐集洛阳。隋炀帝命裴矩把各地最好的技艺调来，排列在皇城端门外大街上，置下盛大的百戏场，让十多万演奏人员都身穿锦绮，头戴金翠，于正月十五日夜间为西域人演奏百戏。戏场中仅奏乐人员即有一万八千之多，声闻数十里，灯火通明，耀同白昼。又勒令百官及男女百姓穿上华丽新鲜的服装，列坐在棚阁之内观看，直到正月底才停演。西域人到洛阳的三个市场进行商品交易，隋炀帝先令本市的商人买进大量珍贵货物，店铺张灯结彩，大肆装饰市容，连大街上的树木也用丝织物缠起来。商人都得穿华美的服装，就是卖菜的人也得用龙须席铺地，陈列蔬菜。一切准备妥当之后，才与西域人进行贸易。又勒令各酒店、食品店老板，凡见西域人经过门前，必须热情邀请他们入座，提供最优质的服务，让他们吃得酒醉饭饱，高高兴兴地出门，分文不取。还要告诉他们，中国非常富饶，外国客人的酒食照例是不收钱的。

隋炀帝不管全国人民的死活，将搜刮剥削得来的大量民脂民膏用来夸富，讨好外国人，把通商变成中国民众的大害，是一种极其虚伪而愚蠢的行为。且不说如此别出心裁地展示中国的美好形象给经济上造成的巨大损失，就是他想换取外国人夸耀中国富强、文明，满足自己虚荣心的目的，也没有达到。外国人在中国得到了许多好处，口头上自然不免要感谢称赞一番，甚至大相惊叹，谓中国为神仙。然而，他们不是白痴，不是瞎子，隋炀帝的弄虚作假没有也不可能瞒过他们的眼睛。当时就有外国人指着用丝织物缠饰的树木问市民：中国为什么不给赤身露体的穷人做衣服，却把丝织物用来缠树？市民们未奉到隋炀帝的圣旨，不知道如何回答，只好紧闭嘴巴。假象一下子就被戳穿了，隋炀帝枉费心机，得到的只是本国人的谩骂和外国人的讥笑而已。

唐太宗从善如流

唐代翰林学士李绛总结历史经验说："自古纳谏昌，拒谏亡。"可见纳谏与拒谏对于王朝的兴亡关系何等巨大。所谓谏，就是进行规劝，使之改正错误。纳谏的意思是倾听不同的意见，判断是非，择善而从；如果择非而从，就不能叫作纳谏。拒谏的意思就是拒绝倾听不同的意见。这里所说的纳谏与拒谏都是指皇帝而言。

古人有言：君明臣直，君暗臣谄。仪凤元年（676）九月，狄仁杰对唐高宗说："犯颜直谏，自古以为难。臣以为遇桀、纣则难，遇尧、舜则易。"这些话确为至理。故能否纳谏便成为专制时代区别明君与昏君的一个重要标准。

拒谏的国王或皇帝并不少见，因拒谏而亡国的，则有商纣王、秦二世胡亥和隋炀帝等人。

商纣王穷极侈靡，淫荒无度，大肆搜刮民财以奉己用，引起人民激烈反对。进谏的王子比干被处以剖腹之刑，箕子被囚禁，微子吓得逃走远方。周武王率五千人马讨伐他，他发兵七十万迎敌。可是，战斗一打响，其士兵全部倒戈，他走回宫苑自焚而死，商遂以亡。

胡亥即位的第二年，右丞相冯去疾、左丞相李斯、将军冯劫进谏说：关东“群盗”并起，发兵打死很多，犹不能禁止，其原因就在于他们以为劳役太苦，赋税太重，无以为生。请停止建筑阿房宫，减少劳役。胡亥非但不听，反而说：“人之所以贵有天下，在于能够肆意极欲。只要施行严刑峻法，下面就不敢为非。今朕即位二年之间，群盗并起，你们不能禁止，又欲去掉先帝所为，上无以报先帝，次不为朕尽忠力，何以在位！”遂将他们三人逮捕议罪。冯去疾、冯劫自杀，李斯被赵高处死。陈胜起义后，胡亥还以危乱灭亡为讳，将报告起义的人逮捕。赵高恐怕胡亥杀他，令其婿阎乐率兵杀入宫中，胡亥令左右的人抵抗，左右的人皆不敢战斗。胡亥对留在身边的一个宦官说：“你何不早告诉我，乃至于如此。”宦官说：“臣不敢言，故得保全，若是早言，早已被杀，安能活到今天。”胡亥乞求做个普通的百姓也未得到允许，只好自杀，秦亦亡国。

隋炀帝尤其拒谏，他曾对名士虞世南说：“我生性不喜人谏。如果已是达官，还想进谏以求名，我更不能饶他。如是卑贱士人，我还可以饶他，但决不让他有出头的日子。你记住吧！”在其统治末年，各地起义不断，天下大乱，他还要离开洛阳去江都（扬州）游玩。出发时，一个小官上书说盗贼充斥，不宜巡幸。他大怒，下令将其杀死。走到汜水，又一个小官上书谏其回西京，他仍将此人杀死。到梁郡（开封），有人拦路上书说，你如果真去江都，天下就不是你的了，他又杀死这个人。不论谁谏，他是来一个，杀一个。从此，谁也不敢以实际情况禀报。最后，他在江都被发动政变的将领宇文化及杀死，隋朝灭亡。

商纣王、胡亥和隋炀帝拒谏，并非因为他们过于平庸或智商太低，恰恰相反。如商纣王，“资辨捷疾，闻见甚敏，材力过人，手格猛兽，知足以拒谏，言足以饰非，矜人臣以能，高天下以声，以为皆出己之下。”隋炀帝对侍臣说：“天下皆谓朕承藉绪余而有四海，设令朕与士大夫高选，亦当为天子”。他们自负才学比什么人都高，“自谓德盛唐尧，功过夏禹，穷侈极欲，以恣其心”，极其骄傲，以才凌人，恶闻直言，谓直言者为诽谤，谓规过者为妖言，退诽谤之人，杀直谏之士，以致上下情隔，天下大乱无人敢告，身处灭绝之中而不自知。一些皇帝拒谏虽未亡国，但也搞得政治异常腐败，社会暗无天日，百姓穷苦无告，人人怨恨。

自古以来，圣明的国王或皇帝都以纳谏容直为盛德，其他皇帝也想在驾崩之后落个美名，流芳万世。因此，国王或皇帝喜欢纳谏的亦不在少数。欢迎纳谏的首推齐威王，他曾宣布：“群臣吏民，能面刺寡人之过者，受上赏；上书谏寡人者，受中赏；能谤讥于市朝，闻寡人之耳者，受下赏。”能够公开悬赏指责其过错，其改过的胆略与勇气世罕其匹，令人无限钦佩。其他如汉文帝等均能听从不同意见。金世宗（完颜雍）亦准许臣下批驳诏旨，他曾几次对大臣们说：“朕旨虽出，宜审而行，有未便者，即奏改之。”“凡已奏断，事有未当，卿等勿谓已行，不为奏闻改正，朕以万机之繁，岂无一失，卿等但言之，朕当更改，必无吝也。”“朕年老矣，恐因一时喜怒，处置有所不当，卿等即当执奏，毋为而从，成朕之失。”“求谏非难而受谏为难，受谏非难而从谏为难。”爱听颂歌，不爱听批评，属于人之常情。皇帝身处高位，虚荣心、疑忌心特别严重，在遭遇重大自然灾害和社会极度动荡不安时，也许不难下诏求谏，但能否接受不同意见，尤其是批评意见，就很难说了。少数皇帝虽然讨厌阿媚，令臣下对自己的缺点错误和关于国计民生的利害直言无隐，说得对的予以奖励，说得不对的不予加罪，但也未必真正实行。因此，在中国古代历史上能够称得上从善如流、受到好评的皇帝，少之又少，唯有唐太宗传为千古佳话。

武德九年（626），唐太宗即位之初，孔颖达对他说："若其位居尊极，炫耀聪明，以才凌人，饰非拒谏，则上下情隔，君臣道乖，自古灭亡，莫不由此也。"唐太宗深深以为他说得很对。臣下的上书，皆贴在房屋的墙壁上，以便出入省览。

皇帝至高无上，尊崇无比，具有雷霆之威，与臣下相比，有如天地，臣下莫不畏惧。胆小的忠直之臣进谏时总要反复思考讲些什么，怎么讲，开始想说十件事，唯恐有不测之祸，进而去其五六，及至将要上奏，则又减掉一半，故上奏的不过是其想说的十分之二三。那些疏远一些的臣子怕不见信，更不愿说了。唐太宗威容严肃，百官寻常奏事，往往也很恐惧，说起话来语无伦次。他由此想到，寻常奏事尚且如此，臣下谏诤，必定更加畏祸，忠贞之臣不是不想竭诚进谏，实是竭诚极难。为了听到谏诤，了解政教得失，他听百官进谏时总是和颜悦色，消除他们的顾虑。纵然进谏者说得不合其心意，也不加以斥责，以便让人敢于进言。他刚即位时，没有敢进言的人。大理少卿孙伏伽上书进谏一件小事，规劝他不要以天子之尊，像少年那样走马射箭，以免出现危险。他阅过之后，予以厚赐，以示勉励。不久，唐太宗要杀元律师，孙伏伽以为法不当死，唐太宗又赏赐他价值百万的兰陵公主庄园。有人说赏赐太厚。唐太宗说："朕即位以来，未有谏者，故赏之。"百官一看他态度如此，其后论事者唯恐言不刚直，谏不穷极，不再顾虑忌讳。非但如此，唐太宗还经常鼓励百官谏诤："朕今志在君臣上下，各尽至公，共相切磋，以成治道。公等各宜务尽忠谠，匡救朕恶，终不以直言忤意，辄相责怒。""人欲见其形，必资明镜；君欲自知其过，必待忠臣。苟其君愎谏自贤，其臣阿谀顺旨，君既失国，臣岂能独全！如虞世基等谄事（隋）炀帝以保富贵，炀帝既弑，世基等亦诛。公辈宜用此为戒，事有得失，毋惜尽言。"

尤其值得称赞的是，唐太宗不以君主之是非为是非，将臣下驳回圣旨视为大逆不道，在他看来，驳回圣旨是臣下应尽的责任。如贞观三年（629）四月，他对群臣说："中书省、门下省都是掌管国家军政机密的官署，诏敕有不稳便的，皆应发表议论，提出意见。但近来唯见顺从，不闻违异。若是只管传递公文，则谁不可为，何必选择贤才呢？"自今以后，"如怀疑诏敕有不稳便之处，必须提出意见，不要有所畏惧，知而不言"。贞观四年（630）的某一天，他曾问宰相房玄龄等人隋文帝是个什么样的君主，房玄龄讲他虽然不很英明，但也是一位励精图治的君主。唐太宗听了说道：你们只知其一，未知其二。此人对事物不了解，却喜欢苛求，他的天下是从孤儿寡妇手中夺得的，性格多疑，以为群臣皆不可信任，遇事都是自己决定。虽然劳神苦形，处理事情却未能尽合于理。群臣即使知道他错了，也不敢谏诤，唯有依照他的意旨办事，这就是隋代二世而亡的原因。接着命令各衙门："自今诏敕发布或下达，如有未便者，皆应把自己的意见上奏，不得违心服从，务尽臣下之意。"

唐太宗既然鼓励群臣进谏，自然能够虚心采纳。如贞观四年（630），他下令修洛阳宫、乾阳殿以备巡幸，给事中张玄素上书进谏。唐太宗召见他，问道：“卿谓我不如隋炀帝，比夏桀、商纣如何？”张玄素答道：“若此殿修建成，就是所谓同归于乱。洛阳未有巡幸之期而预修宫室，非今日之急务。陛下初平洛阳时，太上皇（指唐高祖李渊）令将大殿、高门一并焚毁，陛下以瓦木可用，不宜焚毁，请赐与贫人。事虽不行，然而天下顺和，讴歌至德。现在不到十年，却又想营缮洛阳宫、乾阳殿，何以前日恶之而今日效之？趋舍顿异，何以昭示子孙，光布四海！重新营缮，即是隋役复兴。且以今日财力，何如隋世？陛下役疮痍之人，袭亡隋之弊，恐又甚于隋炀帝！”唐太宗听了叹道：“我思之不熟，遂至于此。”对房玄龄说：“玄素所言有理，所有作役，应即停止。然以位卑冒犯位尊，古来不易，非玄素忠直，安能若此。可赐彩二百匹。”

其后，唐太宗仍不断对执政的诸臣说：“朕闻主贤则臣直，人苦不自知，公宜面论，攻朕得失。”“朕常恐因喜怒妄行赏罚，故欲公等极谏。公等亦宜受人谏，不可以己之所欲，恶人违之。苟自不能受谏，安能谏人。”

贞观十八年（644），唐太宗对侍臣说：“夫人臣之对帝王，多顺旨而不逆，甘言以取容。朕今发问，欲闻己过，卿等须言朕愆失。”长孙无忌、李勣、杨师道等都说：“陛下圣化致太平，臣等不见其失。”侍中刘洎认为唐太宗在群臣言事时，常常引证古今，以致群臣多不能对，便道：“陛下化高万古，诚如无忌等言。然顷上书人不称旨者，或面加穷诘，无不惭退，恐非奖进言者之路。”唐太宗说：“卿言是也，当为卿改之。”

唐太宗虽然十分虚心听取谏言，接受绝大多数正确意见，但其心胸也不是像无边的大海，可以包容一切，听到逆耳之言，也难免有不冷静、不理智的时候。然而，他很快就能意识到自己不对，及时改正。例如，贞观十一年（637），他的儿子吴王李恪几次外出打猎，损坏了乡民的农作物，后又因赌博受到处罚。唐太宗说："长史（官名，总管王府内事务）权万纪服事我儿，不能匡正，罪当死。"侍御史柳范马上接道："房玄龄服事陛下，犹不能停止打猎，岂得独罪权万纪！"唐太宗被顶撞得无言可答，气得拂衣而入。以后单独召见柳范，问："你为何当面顶撞我？"柳范答道："臣闻主圣臣直，陛下仁明，臣不敢不尽愚直。"唐太宗听了大为高兴。

由对待魏征的态度，尤能看出唐太宗是何等的从善如流。魏征少年孤贫，有大志，出家为道士。隋末参加瓦岗起义军，失败后降唐。后被窦建德俘虏，任为起居舍人。窦建德失败后，魏征再次归唐，任职太子洗马，尽心服事太子李建成。他曾劝李建成早日除掉李世民，李建成与其弟李元吉也一心想谋害李世民。武德九年（626），李世民为了自卫，先发制人，率尉迟恭等伏兵玄武门，杀死李建成和李元吉，其父李渊遂立他为太子，两个月后传位于他。魏征属于李建成的"太子党"，实为其仇人。他召见魏征，责问道："你为何离间我兄弟！"魏征举止自若，答道："先太子（指李建成）早从征言，必无今日之祸。"李世民见其回答得如此坦率，非但未予处置，反而改变神色，加以礼遇，引为詹事主簿，后又将其提拔为谏议大夫。过了两年，任其为秘书监，使其参与朝政，而后又升其为尚书左丞。

唐太宗特别喜欢魏征有经国之才，为国家着想，性格刚直，敢于坚持自己的意见，不随声附和，所以经常召其入宫，询问如何搞好国家大政。魏征以为遇到了知己明主，也竭诚报答，知无不言。君臣二人如鱼得水，关系非常融洽。

贞观元年（627）十二月，唐太宗与魏征谈过注意不拘小节的问题后，魏征说："臣幸得奉事陛下，愿陛下使臣为良臣，勿使臣为忠臣。"唐太宗问："忠臣与良臣有区别吗？"魏征答道："良臣，稷（后稷，传说为周的始祖）、契（传说为商的始祖）、皋陶（传说为东夷族的首领）。忠臣，龙逄（即关龙逄，夏末大臣，夏桀荒淫无道，龙逄多次直谏，不听，被杀）、比干（商末大臣，纣王淫乱残暴，他犯颜直谏，为纣王剖心而死）是也。良臣使身获美名，君受显号，子孙传世，福禄无疆。忠臣身受诛夷，君陷大恶，家国并丧，空有其名。二者相去太远了。"这话既是为自己着想，更是希望唐太宗做个贤明的皇帝。唐太宗说："君但莫违此言，我必不忘社稷之计。"赐其绢五百匹。

贞观二年（628）正月，唐太宗问魏征："人主何为而明，何为而暗？"魏征答道："兼听则明，偏信则暗。过去尧虚心详细地询问百姓，故能得知有苗（有苗也称三苗，为古代部族）之恶；舜明四目，达四聪，故共、鲧、驩兜（共即共工，三人均为古代传说中的人物）不能蒙蔽。秦二世偏信赵高，以成望夷之祸（赵高杀秦二世胡亥于望夷宫）；梁武帝偏信朱异，以取台城之辱（侯景之乱，梁武帝被囚，饿死于台城）；隋炀帝偏信虞世基，以致彭城阁之变（宇文化及等发动兵变，缢杀隋炀帝于彭城阁中）。是故人君兼听广纳，则贵臣不得壅蔽，而下情得以上通也。"唐太宗说："好。"

贞观六年（632）正月，文武百官屡请封禅（古代帝王祭天地的典礼。在泰山上筑土为坛祭天，称为封；在泰山南梁父山上辟地祭地，称为禅。秦汉后历代王朝都视封禅为国家大典），又称述功德，以为“时不可失，天不可违，今日行之，臣等犹谓其晚”。唐太宗说：“卿辈皆以封禅为帝王盛事，朕意不然。若天下乂安，家给人足，虽不封禅，庸何伤乎！昔秦始皇封禅，而汉文帝不封禅，后世岂以文帝之贤不及始皇邪！且事天扫地而祭，何必登泰山之巅，封数尺之土，然后可以展其诚敬乎！”

群臣犹不断请求，唐太宗也想听从他们的意见。魏征独以为不可。

唐太宗问：“公不欲朕封禅者，以功未高邪？”

魏征答道：“高矣。”

“德未厚邪？”

“厚矣。”

“中国未安邪？”

“安矣。”

“四夷未服邪？”

“服矣。”

“年谷未丰邪？”

“丰矣。”

“符瑞（吉祥的征兆）未至邪？”

“至矣。”

唐太宗又问：“然则何为不可封禅？”

魏征答道：“陛下虽有此六者，然承隋末大乱之后，户口未复，仓廪尚虚，而车驾东上泰山，千乘万骑跟随前往，沿途吃的住的要花费很多的人力物力。且陛下封禅，则万国都来，远夷君长，皆当扈从，今自伊水、洛水以东至于东海、泰山，烟火尚稀，草木丛生，此乃引戎狄进入腹中，向他们显示虚弱。况赏赐不可估计，不能满足远人之望；免除租税徭役连年，不能偿百姓之劳；崇虚名而受实害，陛下将焉用之！”适逢黄河南北数州大水，封禅之事遂止。

同年，唐太宗在宴请群臣时说：“魏征往昔实为我仇，但其尽心任事，足够嘉奖。每每犯颜切谏，不许我为非，所以我非常看重他。”

贞观八年（634）十二月，中牟县丞皇甫德参上书说：修洛阳宫，役使人民；收地租，太重；风俗好高髻（在头上挽成的高高的发结），都是从宫中学来的。唐太宗大怒，对房玄龄等说：“皇甫德参是想国家不役使一个人，不收一斗租，宫中的人皆无头发，才可其意！”欲治其谤讪之罪。魏征当即谏道：“昔日贾谊上书汉文帝云：‘可为痛哭者一，可为长叹息者六。’自古上书，率多激切，若不激切，不能动人主之心，激切即似讪谤，所谓‘狂夫之言，圣人择焉’，希望陛下裁断审察。”唐太宗想了想说：“非公无人能说出这样的话。朕要是处罚了这个人，以后谁还敢再谏。”不仅没有处罚，反而赐予皇甫德参二十匹绢。

也是这一年，唐太宗欲分遣大臣巡行各地，黜陟官员，未得其人，李靖推荐魏征。唐太宗说：“魏征箴规朕的过失，不可一日离开左右。”没有同意。

贞观十年（636）十二月，唐太宗听人说三品以上的官员多轻视其子，大怒，责备三品以上的官员说：“隋文帝时，一品以下皆为诸王所凌辱，他们岂非天子的儿子！朕但不听诸子纵横，闻三品以上皆轻之，我若纵之，岂不能折辱公辈乎！”房玄龄等皆惶惧流汗拜谢。独魏征正色道：“按照礼法，大臣与王子是平等的。三品以上皆公卿，为陛下所敬重，以礼相待。”“隋高祖不知礼义，宠树诸王，使行无礼，寻以罪黜，不可为法，亦何足道！”唐太宗闻听此言，喜形于色，对群臣说：“凡人言语理到，不可不服。朕之所言，当身私爱；魏征所论，国家大法。朕往昔忿怒，自谓理在不疑，及见魏征所论，始觉大非道理。”于是切责房玄龄等人，赐魏征绢一千匹。

贞观十一年（637）七月，河南发生水患，唐太宗诏令百官极言过失。魏征连上两疏，谏请居安思危。唐太宗阅后，赐其手诏褒美道：“省频抗表，诚极忠款，言穷切至。披览忘倦，每达宵分。非公体国情深，启沃义重，岂能示以良图，匡其不及！”“公之所陈，朕闻过矣，当置之几案。”

贞观十二年（638），唐太宗与魏征有这样一段对话：

“朕政事比往年怎样？”

“声威和德行超过了贞观初年，人心悦服则不及贞观初年。”

“远方畏威慕德，所以来服，若其不及，为何会这样？”

“陛下过去以未治为忧，故德义日新；今以既治为安，所以不及。”

“今天所为和往年有何不同？”

“陛下贞观之初，恐人不谏，常常引导使人说话，心中悦而从之。现在则不然，表面虽然勉强听从，犹有难色。”

唐太宗又问有什么事实证明，魏征举了一些例子。唐太宗叹道："诚如公言，非公无能道此者。人皆苦不自觉，公向未道时，都自谓所行不变。及见公论说，过失堪惊。公但存此心，朕终不讳公语。"

有一天，唐太宗当着群臣的面又问魏征："你进谏的时候，我不听从，与你讲话，你为何不答应？"

魏征说："臣因为事情不可做，所以才陈说，若是陛下不听，而臣答应，恐怕此事就要施行了，故而不敢答应。"

唐太宗说："你当时姑且答应，以后再加陈说，不也可以吗？"

魏征说："当面听从，退有后言，不是稷、契服事尧、舜之意。"

唐太宗大笑，说："人言魏征举动粗疏简慢，我却觉得妩媚，正是这个缘故。"

有了皇孙以后，唐太宗极为欢喜，设宴招待公卿，对他们说："贞观以前，从我平定天下，周旋艰险，房玄龄之功，无所与让。贞观之后，尽心于我，献纳忠说，安国利民，犯颜直谏，匡朕之过者，唯魏征而已。古之名臣，何以加也。"

贞观十三年（639），魏征见唐太宗近年颇好奢纵，很为担心，上疏进谏，列举比贞观之初"渐不克终"者十条，请其采择。唐太宗深为嘉奖，告诉他："人臣事主，顺旨甚易，忤情尤难。公作朕耳目股肱，常论思献纳。朕今闻过能改，庶几克终善事。若违此言，更何颜与公相见？复欲何方以理天下？自得公疏，反复研寻，深觉词强理直，遂列为屏障，朝夕瞻仰。又寻付史官，冀千载之下，识君臣之义。"遂赐其黄金十斤，厩马二匹。

正像唐太宗自己所说，他一日不能离开魏征。有次魏征卧病在床，未去上朝。唐太宗以手诏问候，且言：“不见数日，朕过多矣。若有闻见，可封状进来。”当时太子承乾失德，魏王泰有宠，群臣日有异议。唐太宗说：“方今群臣，忠直无逾魏征，我派他去辅佐太子，用绝天下之疑。”立即任魏征为太子太师。

唐太宗有时也害怕魏征的刚直。一日，魏征问他：“听说陛下欲幸终南山，外边都装备齐全了，而又不去了，是何原因？”唐太宗笑道：“开始实有此心，怕你生气，所以停止了。”还有一次，他正用手臂架着一只鹞子玩得高兴，忽然望见魏征来了，急忙将鹞子藏在怀中。魏征奏事很久，他不敢拿出来，鹞子竟被闷死。唐太宗有时还会恼怒，一天罢朝后极为气愤地说：“一定要杀了这个乡下佬。”长孙皇后问是谁，他说：“魏征在朝廷上当面侮辱我。”长孙皇后退下，旋即换上朝服，正色立于庭中。他一见大惊，忙问其故。长孙皇后说：“妾闻主明臣直，今魏征直，是由陛下明之故，妾敢不贺！”唐太宗一听气就消了。

贞观十七年（643）正月，魏征去世。唐太宗亲临恸哭，赠其司空，谥曰文贞，并亲自为他撰写碑文，复又亲自书写于石碑之上，对侍臣说：“以铜为镜，可以正衣冠；以古为镜，可以知兴替；以人为镜，可以明得失。朕常保此三镜，以防己过。今魏征殂逝，遂亡一镜矣。”说罢哭泣了好久。以后又追思不已，把他随事谏正，比喻为“如明镜鉴形，美恶必见”。下诏说：“昔惟魏征，每显予过。自其逝也，虽过莫彰。朕岂独有非于往时，而皆是于兹日？故亦庶僚苟顺，难触龙鳞者欤！所以虚己外求，披迷内省。言而不用，朕所甘心；用而不言，谁之责也？自斯以后，各悉乃诚，若有是非，直言无隐。”

唐太宗的文治武功超过了以往任何一位皇帝，他为何能做到从善如流呢？

一是他非常虚心，极有自知之明，能够正确对待自己，从不以为自己穷尽了天下真理，所言所行皆绝对正确。有次他对大臣萧瑀说："我少年时就喜爱弓箭，得到好弓十几张，自以为再不会有更好的弓。近来给造弓的人看，他说，都不是好弓。我问缘故。他说，木心不直，自然脉理都邪，弓固然很硬，发箭却不能直。我才知道过去的鉴别不够精确。我用弓箭平定天下，还不能真正懂得弓箭，何况天下的事务，我怎能都懂得？"于是，命五品以上的京官轮流在中书内省值班，经常延见，询问民间疾苦和政事得失。他清楚地知道，天下的事情繁多，绝非一个所知有限的人能够办好。他常对群臣说：一个人要完全做到清醒明白，是很困难的，以天下之广，若独断于一人之思虑，安能尽善？因此，人君必须有忠良辅助，举其过错。有了这样的卓识，自然就有了纳谏的宽容肚量。

二是唐太宗对国家和人民具有强烈的责任心，考虑问题的出发点主要是国家能长治久安，人民能安居乐业。即位之初，他每日坐朝，欲出一言，"未尝不三思，恐为民害"。对群臣说："人君必须至公无私，才能服天下人的心，我和你们每天的衣食，都是从民众取得，所以设立官职，要为民众做事。选用贤才时，不能按关系的亲疏、资格的新旧和官职的大小。""正直的君主用不正派的大臣，不能达到整治好国家的目的；正派的大臣服事不正派的君主，也不能达到整治好国家的目的。唯有君臣相遇，有同鱼水，才可使海内平安。我虽不明，希望诸公多多匡救，贡献良谋，致天下于太平。"每当闲居静坐的时候，他就反省自己，害怕上不称天心，下为百姓所怨，很想让正人匡助进谏，了解天下情形。有次在宫中赐宴，座中有些过去的老朋友，互相道旧以为笑乐。他说："别人之言，或许当面阿谀。公等都是朕之故人，请以实告朕，现在的政教，对于百姓如何？人间疾苦吗？"一天，他问谏议大夫褚遂良：舜和禹制造盛食物的器具，用漆涂饰，这么一件小事，为何有十几人苦谏？褚遂良解释说，当时这些都是奢侈品，而后说道："所以忠臣爱君，必防其渐，在不好的事情刚刚发生的时候就设法防止。"他听了道："为人君主，不忧百姓而好事奢淫，危亡之机很容易到来。朕有过错，你也要在事情刚刚发生的时候就设法防止。朕见前世帝王拒谏者，多云业已为之，或云业已许之，终究不改。如此，欲无危亡，岂可得乎！"正因对国家和人民具有强烈的责任心，他才能做到虚心纳谏。

皇帝愈能虚心兼听，择善而从，朝廷的权力就愈益坚固，国家就愈益兴盛，社会就愈益安定。"贞观之治"能在唐太宗时出现，同他的从善如流密不可分。遗憾的是，到了晚年，也许是因为年龄的关系，也许是"贞观之治"的成就使他骄傲起来，他接受意见不如以前虚心了。虽然如此，唐太宗仍不愧称为一个无人可及的明君。

唐太宗“以古为镜”

一般人都懂得“以史为鉴”的道理，能从历史知识中学些有益的东西。但人不一样，对史实的理解、取舍亦各有异。昏君暴君尽管读史，却藐视历史，对历史上发生的许多惨痛教训毫不记取，结果身败名裂，甚至走上不归路。只有那些想有所作为的皇帝才对历史心存敬畏，真正从中总结经验，吸取教训，做一些利国利民的事情。在这方面，唐太宗同样是一位杰出的人物。

唐太宗非常重视历史，注意历史上的各种重大活动。如他说：“梁武帝只谈佛教的苦行和诸法皆空，以致侯景之乱，百官不能乘马；梁元帝（萧绎）为周师所困，犹讲《老子》，百官戎服以听，此深足为戒！”他是皇帝，与一般人的关注点不同，曾说：“不明古道而能致太平者，未之有也。”又说：“以古为镜，可以知兴替。”并应常保此镜，“以防己过”。

那么，他是如何从历史中总结经验，吸取教训，并将其贯彻到实际的政务活动中去的呢？

鼓励直言进谏，任用正直人士

唐太宗之所以能够从善如流，除了本人虚心，有强烈的责任心之外，吸取历史经验也是原因之一。他曾对房玄龄等人说："自古帝王，能纳谏者固然很难。昔日周武王尚不用伯夷、叔齐，周宣王是位贤主，杜伯犹以无罪见杀。我夙夜向往前圣，恨不能仰及古人。昨责温彦博、王珪，朕甚悔之，公等勿以此而不进直言。"

贞观六年（632），唐太宗对侍臣说："朕尝读书，见桀杀关龙逄，汉诛晁错，未尝不废书叹息。公等但能正词直谏，裨益政教，终不以犯颜忤旨，妄有诛责。朕比来临朝断决，亦有违背律令者，公等以为小事，遂不驳正。凡大事皆起于小事，小事不论，大事又将不可救，社稷倾危，莫不由此。隋主（炀帝）残暴，身死匹夫之手，全国百姓，罕闻叹息悲痛者。公等为朕思考隋氏灭亡之事，朕为公等思考龙逄、晁错之诛，君臣保全，岂不美哉！"

贞观十二年（638），唐太宗对群臣说："近代平一天下，拓定边境者，惟有秦始皇、汉武帝。秦始皇暴虐，传至儿子而亡。汉武帝骄奢，皇位几绝。朕提三尺剑以定四海，远夷率服，百姓太平无事，我自认为不比他们二人差。然而每每想到秦始皇、汉武帝的末路皆不能自保，我就自惧危亡，必不敢懈怠。惟藉公等直言正谏，以相匡弼。若惟扬美隐恶，共进谀言，则国之危亡，可立而待。"

又曾问侍臣："朕观隋炀帝文辞奥博，亦知是尧、舜而非桀、纣，然而行事何其相反呢？"魏征答道："人君虽然圣哲，犹当谦虚以接受别人的意见，故智者献其谋，勇者竭其力。隋炀帝恃其俊才，骄矜自用，故口诵尧、舜之言，而身为桀、纣之行，曾不自知，以至覆亡。”唐太宗说：“前事不远，吾辈之师。”

直言进谏并非人人皆能做到，只有正直者才敢犯颜直谏。要想经常听到谏言，必须任用正直之士。唐太宗很清楚这个道理，也确实这样做了。贞观二十一年（647），他对群臣论成功的原因时说：“人主多恶正直，阴诛显戮，没有一个朝代没有这种事情。朕即位以来，正直之士，比肩于朝，未尝黜责一人。”

以至诚治天下，不用权术

唐太宗刚刚即位，就有人上书请去佞臣。唐太宗问佞臣为谁？其人答道：“愿陛下与群臣言，或阳怒以试之，彼执理不屈者，就是直臣；畏威顺旨者，就是佞臣。”唐太宗说：“君，源也；臣，流也；浊其源而求其流之清，不可得。君自作诈，何以责臣下之直！朕方以至诚治天下，见前世帝王好以权谲小术待其臣下，常窃以为耻。卿策虽善，朕不能采取。”

贞观元年（627），唐太宗说：“朕看古来帝王以仁义为治者，国祚延长；任法治理者，虽可救弊于一时，败亡亦短促。既见先前帝王成事，足为借鉴。今欲专以仁义诚信为治，望能革去近代浮薄之社会风气。”

不久，他从容问侍臣：“周武王讨平商纣之乱，以有天下；秦始皇因周之衰，遂吞六国。其得天下相同，国运长短为何如此悬殊？”尚书右仆射萧瑀答道：“商纣为无道，天下苦之，故八百诸侯不期而会。周室衰微，六国无罪，秦氏专任智力，蚕食诸侯。平定虽同，人情则异。”唐太宗说：“不然，周既克殷，务弘仁义；秦既得志，专行诈力。非但取之有异，亦因守之不同。国运之长短不同，大概就是因为这个吧。”

居安思危，治不忘乱

贞观元年，关中大饥，一斗米值绢一匹。由于唐太宗妥善安置，民众虽然流动，未尝嗟怨。四年（630），天下大丰收，流散者均归乡里，一斗米不过值三四钱，岁终判处死刑者仅二十九人。数年以后，“贞观之治”的情景出现在人们面前：“海内升平，路不拾遗，外户不闭，商旅野宿。”就是在这种情况下，唐太宗对侍臣说：“朕有二喜一惧：比年丰收，斗粟三钱，一喜也。北虏久服，边境无虞，二喜也。治安则骄侈易生，骄侈则危亡立至，此一惧也。”他在安全时仍能考虑到可能潜伏的危机。宰相房玄龄奏道：“看府库甲兵，远胜隋朝。”意思是有了强大的军队，就不会灭亡。唐太宗不同意他的观点，说：“甲兵武备，诚然不可缺少。然而，隋炀帝的甲兵难道不足吗？最后仍亡了天下。若公等尽力，使百姓太平无事，这才是朕的甲兵。”

贞观五年（631），唐太宗对侍臣说：“自古帝王亦不能经常教化成功，假令内安，必有外忧。当今远夷率服，百谷丰稔，盗贼不作，内外宁静。此非朕一人之力，实由公等共相匡辅。然安不忘危，治不忘乱，虽知今日无事，亦须思其终始。常得如此，才是可贵。”

十二年（638），唐太宗问侍臣：“创业与守成相比，哪个更难？”房玄龄说：“国家草创、秩序未定之时，群雄并起，互相争夺天下，而后使之臣服，创业难！”魏征说：“自古帝王，莫不得之于艰难，失之于安逸，守成难。”唐太宗说：“玄龄与我共取天下，出百死，得一生，故知创业之难。魏征与我共安天下，常恐骄奢生于富贵，祸乱生于所忽，故知守成之难。然创业之难，已经过去；守成之难，当与诸公慎重对待。”

十四年（640），唐太宗又对侍臣说：“平定天下，朕虽有其事，守成失于谋划，功业亦复难保。秦始皇初亦平定六国，据有四海，及末年不能善守，实可为诫。公等宜念公忘私，则荣名高位，可以克终其美。”

非但内忧外患令唐太宗不安，就是君臣父子问题亦令其忧虑。贞观六年（632），他对侍臣说：“自古人君为善者，多不能坚守其事。汉高祖是泗上一个亭长，起初亦能拯危诛暴，以成帝业。然而过了十数年，纵逸之败，亦不可保。何以知之？孝惠帝（刘盈）为嫡嗣之重，温恭仁孝，而汉高祖惑于爱姬之子（指戚夫人之子如意），欲行废立；萧何、韩信功业虽高，萧何却无故系狱，韩信亦滥被贬黜，其余功臣黥布之辈惧而不安，至于造反。君臣父子之间悖谬若此，岂非难保之明验？朕所以不敢恃天下之安，每思危亡以自戒惧，用保其终。”

只有居安思危，才能做到有备无患。

力戒骄奢，使百姓安乐

唐太宗既然把百姓太平无事视为甲兵，必然要减轻百姓负担，使其得到安乐。他即位之初，封德彝指出，唐代大封宗室超过以前任何朝代。“封爵既高，必然多给供王府使唤的兵丁差役，这恐怕不是示天下以至公。”唐太宗说：“说得对。朕为天子，是为了抚养百姓，岂可有劳百姓养我自己的宗族。”于是除了有功的数人，唐太宗把宗室的其他郡王都降为县公。

贞观二年（628），唐太宗对黄门侍郎王珪说：“隋开皇十四年（694）大旱，人多饥乏。是时，仓库盈溢，竟不许赈给。隋文帝不怜百姓而惜仓库，及至末年，总计天下储积，可以供给五六十年。隋炀帝恃此富饶，奢华无道，遂致灭亡。凡治理国家，务必积粮于人，不在堆满仓库。古人云：‘百姓不足，君孰与足？’但使仓库存粮可备凶年，此外何烦储蓄！后来人若为贤者，自能保其天下，如其不肖，多积仓库，徒然益其奢侈，危亡之本也。”

贞观九年（635），唐太宗更明确地对侍臣说：“往昔初平京师，宫中美妇珍玩无院不满。隋炀帝意犹不足，征求无已，加以东征西讨，穷兵黩武，百姓不堪，遂致灭亡。此皆朕亲眼所见，故夙夜孜孜，惟欲清静，使天下无事。遂得徭役不兴，年谷丰收，百姓安乐。夫治国犹如栽树，本根不摇，则枝叶茂荣。君主能清静，百姓何得不安乐？”

如何才能减轻百姓负担，使其得到安乐？作为皇帝，自身就要力戒骄奢。唐太宗即位之后对侍臣说：“君依于国，国依于民，剥削人民以奉君，犹割肉以充腹，腹饱而身毙，君富而国亡。故人君之患，不自外来，常由自身而出。夫欲盛则费广，费广则赋重，赋重则民愁，民愁则国危，国危则君丧。朕常以此思之，故不敢纵欲。”又说：“昔大禹凿山治水，而民无怨谤者，是因与人同利。秦始皇营建宫室而民怨叛者，是因害人以利己。夫美丽珍奇，固然是人之所欲，若纵之不已，则危亡立至。朕欲营一殿，材用已具，鉴秦而止，王公以下宜体朕此意。”由是二十年间，风俗素朴，衣无锦绣，公私富饶。

贞观九年（635），唐太宗对魏征讲：“顷读（北）周、（北）齐史，末代亡国之主，为恶多相类似。齐主深好奢侈，所有府库用之略尽，乃至关市无不税敛。朕常谓此犹如馋人自食其肉，肉尽必死。人君赋敛不已，百姓既弊，其君亦亡，齐主即是。”

贞观十六年（642），唐太宗对魏征说：“近观古代帝王有传位十代者，有一代两代者，亦有自身得到自身失去者。朕所以常怀忧惧，或恐抚养生民不得其所，或恐心生骄逸，喜怒过度，然不自知，卿可为朕言之，当以为法式。”

贞观十九年（645），唐太宗对侍臣说：“朕观古来帝王，骄矜而取败者，不可胜数。不能远述古昔，至如晋武帝平吴，隋文帝伐陈以后，心逾骄奢，自以为超过别人，臣下不敢复言，政道因此废弛紊乱。朕自平定突厥、击破高丽以后，兼并铁勒，席卷沙漠，以为州县，夷狄远服，声教益广。朕恐怀骄矜，恒自抑折，日旰而食，坐以待晨。每思臣下有谠言直谏，可以施于政教者，当拭目以师友待之。如此，也许可以达到康乐平安。”

有时他也会忘记自己执政的理念，但经人指出，便能立即改正。十一年（637）二月，唐太宗前往洛阳宫。行至显仁宫，见储备物资不全，谴责官吏。魏征谏道：“陛下这样做法，臣恐下边承风相煽，异日民不聊生，恐非行幸之本意。昔日隋炀帝让郡县献食，视其丰俭以为赏罚，故海内叛之。此乃陛下所亲见，奈何欲效法乎！”唐太宗听后大惊，说：“非公不闻此言。”故对长孙无忌等人说："朕昔日过此，买饭而食，赁舍而宿，今供给如此，岂得犹嫌不足！"

二十二年（648）正月，唐太宗撰写《帝范》，赐给太子李治。内有十二篇，即《君体》《建亲》《求贤》《审官》《纳谏》《去谗》《戒盈》《崇俭》《赏罚》《务农》《阅武》《崇文》。并告诫他说：你应当更求古代贤明的君主为师，像我，不足效法。取法于上，仅得其中；取法于中，不免为下。我有许多过错，你不要以为对而加以效法。但我广泛救助百姓，其益多；创造中国，其功大。益多损少，故人不怨；功大过微，故业不毁。然而比之尽美尽善，固多惭愧。你无我的功勤而承继我的富贵，竭力为善，则国家仅安；骄惰奢纵，则一身不保。且成迟败速者，国家；失易得难者，皇位。能够不珍惜吗？能够不谨慎吗？过了一年多，他就去世了。

十六年（642），唐太宗问谏议大夫褚遂良："你主持起居注（记载皇帝的言行录），比来记我行事善恶？"褚遂良答道："史官之设，君举必书，善既必书，过亦无隐。"唐太宗说："朕今勤行三事，亦望史官不书我恶。一则鉴前代成败之事，以为元龟；二则进用善人，共成政道；三则斥弃群小，不听谗言。吾能守之，终不转也。"他把以史为鉴列为没有过错的首条，可见其自以为做得很好。

以前，起居注是不准皇帝看的。唐太宗对监修国史的房玄龄说："朕每观前代史书，表彰善的，谴责恶的，足为将来规诫。不知自古当代国史，何因不令帝王亲见？"房玄龄答道：因为史官对帝王的善恶皆记，若是帝王见了，必然发怒，故不敢献上。唐太宗道："朕之心意殊不同于古人。今欲自看国史者，盖有善事，固不须论；若有不善，亦欲以为鉴诫，使得自修改耳，卿可撰录进来。"

房玄龄等遂删略国史为编年体，撰高祖、太宗实录各二十卷呈上。唐太宗见记述武德九年六月四日玄武门之变，即李世民为自卫杀死太子李建成和兄李元吉之事，语多深奥隐晦，对房玄龄说："昔周公诛管、蔡（周公即姬旦，周文王第四子；管叔，文王第三子，蔡叔，文王第五子。武王死后，成王年幼，周公摄政，管叔、蔡叔挟持商纣王之子武庚叛乱。周公发兵平乱，杀武庚、管叔，放逐蔡叔）而周室安，季友鸩叔牙（春秋时，鲁庄公有兄弟三人，即庆父、叔牙、季友。庄公病重，因无嫡子，欲立庶子子般为嗣，问叔牙谁可继位，叔牙说庆父可为君。又问季友，季友说，我至死也要立子般。后来，季友便毒死叔牙，立子般为鲁国国君）而鲁国宁。朕之所为，义同此类，盖所以安社稷，利万民耳。史官执笔，何烦隐讳？宜即改削虚浮不实之词，直书其事。"唐太宗虽然打破了帝王不准看起居注的规定，但他并没有让史官只记自己的功绩。此外，他还指示史官，群臣上书论事，只要词理切直，有益于治理国政，不论他从与不从，皆须备载。这都说明，他看起居注，也是为了治理好国家，而非美化自己。

总之，唐太宗"以古为镜"，从历史上正反两方面接受的经验教训都是有益于社会和民众的。他把民众视为巩固统治的甲兵，非常关注他们的需求和福祉，这是十分难能可贵的。能做到这一点，就不愧称明君。正因如此，人们在他的一生中找不到暴君昏君的诸多恶行，也看不到贪官污吏遍地的腐败乱局。像他这样正确对待历史经验教训的，后世能有几人？

武则天的另一面

武则天是中国历史上唯一当过皇帝的女人。一些史学家在评论这段历史时，往往只强调她很有政治才能，坚执刑赏大权，明察善断，选拔人才，知人善用，从谏如流，发扬文化，对进一步巩固国家和保持社会安宁做出了贡献；歌颂她是封建统治中杰出的人物，而对其他方面则一带而过，并加以辩护。作为历史学家，扬善固然必须，隐恶未必直笔。看一个人的作为，政治表现固然是主要的，但要还原一个有血有肉、活生生的真实的武则天，就必须全面地审视其他方面。本文所谈的重点即在武则天的另一面。

据《旧唐书》和《新唐书》记载，武则天是山西文水人，父亲武士彟，大伯武士棱，二伯武士逸，家中广有财产。武士彟好结交，有次李渊行军，在他家休息，受到热情招待，李渊让他当了行军司铠。隋末各地起义时，武士彟也劝李渊起兵，并随李渊打进京城。李渊建立唐朝后，任其为光禄大夫，封太原郡公。后升工部尚书，封应国公，历任利州、荆州都督，贞观九年（635）去世。

武则天十四岁时，唐太宗闻其长得相当漂亮，召她入宫。其母杨氏知道此后母女相见很难，恸哭与其诀别。武则天非但毫不悲伤，反而非常高兴，劝慰说："见天子岂知非福，何必这么悲哀呢？"

武则天入宫后，唐太宗选为才人，赐号武媚，让她当了一个普通的小妾。贞观二十三年（649）唐太宗逝世，其小妾均被赶出后宫，迫令削发为尼，武则天在感业寺当了尼姑。

这一年武则天二十五岁，正值青春年华，哪会看破红尘，斩断七情六欲，甘心伴随青灯古佛，寂寞凄凉地度过一生？好在她预先就进行了感情投资，在宫中时就不顾人伦礼教，与太子李治私通。唐高宗（李治）即位后怀念旧情，有一天前去感业寺看望她，她施展起狐媚手段大加诱惑。唐高宗也很荒唐，居然又把她召入后宫，做了自己的小老婆。这样就造成了后来徐敬业起兵讨伐武则天时，骆宾王在檄文中所列举的武则天的一大罪状："陷吾君于聚麀"（麀，母鹿；聚麀：公鹿父子共同与一头母鹿交配；后指人间乱伦）。

对唐高宗的这种行为，王皇后没有反对，因为她没有儿子，嫉妒正受唐高宗宠幸的萧淑妃，想利用武则天转移唐高宗对萧淑妃的宠爱。但她想错了。武则天极有权谋，兼涉文史知识，开始时在王皇后面前装得特别谦虚恭顺，小心谨慎地侍候。王皇后果然高兴，数次对唐高宗称赞她贤惠。唐高宗同样以为她很爱自己，封其为昭仪，宠幸逐渐超过了萧淑妃。武则天仍不满足，又与王皇后争宠，于是三个女人互相攻击。武则天用银钱和小恩小惠收买笼络了一些宫女、太监，了解王皇后及萧淑妃的一举一动，向唐高宗大吹枕边风，说她们的坏话。此时的唐高宗头脑还颇清醒，对她的话一概不听。武则天没有办法，只好等待。后来她生了个女儿，王皇后到她宫中看望，逗着孩子玩了一会就走了。武则天得知，忽然心生毒计，马上用被子把女儿闷死。唐高宗来看望女儿，她装得高高兴兴地去抱孩子，却发现女儿死了，故作大惊失色，忙问宫女谁曾来过，宫女回答刚才王皇后来过，她立即痛哭失声。唐高宗在这件事情上非常不理智，未能即时察觉其中的诡谋倒也罢了，而竟真的怀疑是王皇后所杀，大为愤怒。也不想想，在众多宫女面前，王皇后怎么会有施展手脚的可能？从此以后，唐高宗就听进了武则天的谗言，对她愈加信爱，封其为宸妃。

为了当上皇后，永徽六年（655），武则天又诬陷王皇后与其母亲用巫术害人。唐高宗仍然不察，要废王皇后。唐太宗时期的老臣长孙无忌、褚遂良等人拼死固争，而唐高宗竟然听了中书舍人李义府、卫尉卿许敬宗两个阴险小人的话，下诏将王皇后和萧淑妃废为庶人，囚禁在别院；王皇后的母亲和哥哥以及萧淑妃的兄弟都发配流放到岭外；立武则天为皇后。

当上皇后，武则天马上露出了狰狞面目，施展各种阴谋权术，只要她认为谁妨碍其实现当女皇的野心，或于己不利，或有点宿怨，都不放过，哪怕是自己的亲戚、家人和亲生儿孙。

首先，她极其残忍地处死了王皇后和萧淑妃。萧淑妃对武则天恨入骨髓，被囚禁时破口大骂：“愿阿武（武则天）为老鼠，我作猫儿，生生地扼住其喉咙。”别看武则天凶如母夜叉，忌讳却挺多，听说后下令宫中不得养猫。唐高宗尽管将王皇后和萧淑妃废为庶人，但对她们还有些感情，一天想念她们，前去看望，见她们的屋子封闭得极为严密，只开一个窟窿递送食物，心中非常难过，喊道：“皇后、淑妃在哪里？”王皇后哭着答道：“妾等得罪，废为宫婢，哪能还有尊称，名为皇后？”悲咽了一阵，又说：“今天皇上想起往昔，如能使妾等再见日月，出入院中，望改此院名为回心院，实为妾等再生之幸。”唐高宗说：“朕就去处置。”不料此事被武则天知道了，马上令人把王皇后和萧淑妃各打一百棍，截去手足，投入酒瓮之中，并恶狠狠地说：“让这两个老婆子骨醉。”没过几天，王皇后和萧淑妃就被折磨死了。可是，武则天却经常梦见她们二人死时披发沥血的形状，醒来既十分厌恶，又非常害怕，请巫婆祝祷也不管用，迁到蓬莱宫居住仍然常常梦见，吓得赶快躲到东都洛阳去了。这就是此后她经常住在洛阳的主要原因。

其次，她让唐高宗立自己亲生的儿子为太子。唐高宗共有八个儿子，长子李忠为后宫刘氏所生，由王皇后主张立为太子；二子李孝为郑氏所生，任遂州刺史；三子李上金为杨氏所生，封杞王；四子李素节为萧淑妃所生，封雍王。五子李弘、六子李贤、七子李显、八子李旦均为武则天所生。王皇后被废为庶人后，武则天让唐高宗将太子李忠降为梁王，立她亲生的长子李弘为太子。

过了一年多，唐高宗患了风湿病，相当痛苦，不能多管政务，把百官的奏章交给武则天处理。这一来她更加专权跋扈，把阻挠她当皇后的老臣褚遂良赶出朝廷，连唐高宗的话也不听。以后又逼迫长孙无忌自杀，罢斥他们一派的官员二十余人。并把已降为梁王的李忠废为庶人，徙居黔州。

麟德元年（664），武则天召术士郭行真到宫中害人，被宦官王伏胜举发。唐高宗看到自己多年无权，行动不自由，深为后悔，已有废掉武则天之心，闻报大怒，立召西台侍郎上官仪，让他起草诏旨。武则天得到亲信禀报，立即向唐高宗诉说辩解。唐高宗为人懦弱，又听信了她的甜言蜜语，待之如初。武则天遂指使许敬宗诬陷年仅二十二岁的李忠与上官仪等谋反，将李忠赐死于流放所，把上官仪杀死。同年，唐高宗的第二个儿子李孝也死了。

武士彟初娶妻子相里氏，生有儿子元庆、元爽；后来又娶了个小老婆杨氏，生有三个女儿，大的嫁给贺兰越石，生有一个女儿贺兰氏，一个儿子贺兰敏之，早就当了寡妇；二女即是武则天；三女嫁给郭孝慎，已经死去。武士彟逝世后，因为杨氏是小老婆，武则天的侄儿武惟良、武怀运和同父异母兄武元爽、武元庆等对杨氏不大尊重。武则天当上皇后，唐高宗封其母杨氏为荣国夫人。这时武元庆、武元爽和武惟良都在朝中做官，杨氏痛恨他们过去对自己失礼，让武则天假装谦虚退让，向天下人表示对娘家的人没有私心，上疏请求把他们调到外地任职。于是唐高宗调武元庆为龙州刺史，武元爽为濠州刺史，武惟良为始州刺史。武元庆到龙州以后即忧病而死。

武则天的寡姐及其女儿贺兰氏同为唐高宗的情妇，寡姐被封为韩国夫人。贺兰氏不仅年轻，而且生有倾国倾城之貌，更受宠爱。韩国夫人死后，唐高宗又封贺兰氏为魏国夫人，并准备封其为妃嫔，只因她是武则天的外甥女，一时难于决定。武则天看到外甥女渐渐夺去了皇帝对自己的宠幸，醋劲大发。乾封元年（666），唐高宗到泰山封禅，武惟良和弟弟淄州刺史武怀运也去了，并跟着回到京师。武则天一见有机可乘，心生歹念，就与唐高宗到了贺兰氏的住所，武惟良等设宴招待。武则天密令心腹将毒药储于贺兰氏食物中，贺兰氏吃了当即暴毙。武则天遂归罪于武惟良、武怀运，把他们杀死。并让他们改姓蝮氏，家属流放到岭外，武元爽也因受到牵连而死。

如此一来，武士彟家就后继无人了。武则天遂让寡姐的儿子贺兰敏之作为武士彟的后人，赐姓武，承袭封爵。谁知她母亲杨氏看上了年少英俊的外孙，而贺兰敏之又是个大大的色鬼，于是二人演出了一场乱伦的丑剧。贺兰敏之有恃无恐，越发胡作非为。咸亨二年（671），杨氏去世，武则天拿出金钱令他造佛像追福，他却把这笔钱吞没下来。旋听说唐高宗及武则天亲自为太子所选的妃子特别漂亮，马上就要订婚，竟丧心病狂地把她强奸了。在杨氏的丧期内，他还去掉丧服，招来妓女，并奸污了太平公主（武则天的女儿）的宫女。武则天得知这些事情，怒不可遏，把他配流到雷州，恢复了他原来的姓氏。他行至韶州，自缢而死。为了武家不至绝嗣，武则天又将武元爽的儿子武承嗣从岭南召还，作为武士彟的后人，拜为尚衣奉御，承袭祖爵。

上元元年（674），唐高宗号称天皇，武则天号称天后，群臣并称他们为“二圣”。上朝时，殿中垂着帘子，唐高宗与武则天并坐，生杀赏罚唯武则天所命。其后唐高宗病情愈益严重，天下大事全部付于武则天处理。

俗话说，虎毒不食子。武则天比猛虎还要毒，为了当上女皇，连亲生儿子都忍心杀害。上元二年（675），唐高宗想禅位给仁孝谦谨、贤德闻天下的太子李弘，武则天厌恶他聪明，妨碍自己行事，即用毒酒将他药死，立亲生的次子李贤为太子。

李贤处理政务颇有才干，为时论所称，在士大夫中很有声望。

但他极为忧惧，写了《黄台瓜辞》，希冀感悟武则天。其辞曰：“种瓜黄台下，瓜熟子离离。一摘使瓜好，再摘使瓜稀，三摘犹为可，四摘抱蔓归！今陛下已一摘矣，慎无再摘！”武则天又找借口将李贤废为庶人，流放于巴州，立其第三子李显为太子。

唐高宗一见两个比较有才干的儿子相继被杀被逐，束手无策。不久李显的儿子李重润出生，唐高宗特立这个初生婴儿为皇太孙，破例给他开府，设置官属，希望太子、太孙名义既定，有官属拥护，或可保住李家的帝位。然而，这对武则天来说，丝毫不起作用。

弘道元年十二月（684），唐高宗病故，遗诏太子继承帝位，军国大事有不能决定的，请示武则天。唐中宗（李显）即位，尊武则天为皇太后。武则天临朝称制（代行皇帝的职权）。由于她扶助唐高宗执政十几年，威势养成，满朝文武大臣均不敢表示异议。继而，她命人往巴州逼令年仅三十二岁的李贤自杀，并杀其子光顺；废唐中宗为庐陵王，加以幽禁，并废皇太孙李重润为庶人；立其第四子李旦为皇帝，此即唐睿宗，她仍然临朝称制。

柳州司马徐敬业、括苍令唐之奇、临海丞骆宾王见武则天胁逐天子，不胜悲愤，在扬州起兵讨伐，欲迎庐陵王，旋被武则天所派的大军击败。接着武则天杀害了中书令裴炎和左威卫大将军程务挺。一日召见群臣，她声色俱厉地说：“朕无负于天下，你们知道吗？”紧接着又大肆咆哮：“朕辅助先帝逾三十年，天下爵位富贵，都是朕给的！天下安逸，都是朕培养的！先帝去世时以社稷为托，而将相们这么快就背叛了朕。朕告诉你们，裴炎伉直难制，徐敬业能合亡命，程务挺宿将善战，都是人豪，他们不利于朕，朕能戮之！你们如果自以为才能有超过他们的，就趁早站出来把朕推翻，不然就老老实实地跟着朕办事，不要贻笑天下！”群臣吓得急忙顿首，不敢仰视，齐说：“惟陛下所命。”

徐敬业兵败以后，武则天怀疑天下之人大多反对自己，又以为自己专政太久，宗室大臣怨望不服，欲立威以制天下，就用大肆诛杀进行威胁。下令设置铜匦，大开告密之门。有告密者，不论是谁，即使农夫樵民，皆给马供给，予以召见，或给官做，讲得不实也不追究，于是四方告密者蜂起。她又擢用酷吏索元礼、周兴、来俊臣、邱神勣等人，屡兴大狱，任意陷害无辜。他们的残酷刑法，有“定百脉”“突地吼”“死猪愁”等名号。在这种惨无人道的酷刑之下，被囚之人，无不诬服，许许多多无辜的文武大臣和庶僚被害。

武则天家的女人均极淫荡，她母亲与外孙乱搞，姐姐和外甥女同做唐高宗的情妇。其亲生女儿太平公主长得颇像武则天，又有权谋方略，武则天以其类似自己，经常让她参与谋议。她嫁给薛绍，后来薛绍被诬告处死，武则天又杀死了娘家堂侄武攸暨的妻子，让武攸暨娶了太平公主。太平公主又和张昌宗、胡僧惠范等人通奸。

武则天更是淫荡无耻，唐高宗在世时她还不敢十分明目张胆地胡搞。唐高宗一死，她掌握了最高统治权，便无所畏惮了，公然不顾自己的身份，在宫内与姘夫尽情淫乐。她的第一个姘夫是和尚薛怀义。薛怀义本名冯小宝，长得身高马大，健壮有力，在洛阳开小商店，是个市井小人，与千金公主姘居。千金公主为了取得武则天的宠爱，主动把自己的姘夫奉献给武则天，说：“小宝有特别的本事，可以入侍。”武则天虽说已是六十岁的老太婆了，听了淫心大动，性欲大增，立即召见，上床试验，大感欢畅快活，命其天天进宫，宠冠一时。为了掩蔽人们的耳目，使冯小宝便于出入宫中，武则天让他削发当了和尚，做了洛阳白马寺的寺主。由于他不是士族，又令他改名薛怀义，与太平公主的丈夫薛绍合族，让薛绍以叔父对待。从此以后，他就在宫内道场念诵，出入乘马，连武则天的侄儿、权贵武三思、武承嗣等人都像奴隶似的侍候他，为他牵马执辔。他还聚集了上千无赖少年，度为僧人，纵横犯法，人莫敢言。御史冯思勖屡次欲绳之以法，薛怀义倚恃有武则天做后台，猖狂至极，差一点把冯思勖打死。武则天非但不加惩处，反任其为左威卫大将军，封为梁国公。补阙王求礼见武则天与薛怀义闹得太不像话，上奏请将薛怀义阉割，"庶不乱宫闱"。武则天正与薛怀义打得火热，自然舍不得将其阉为如太监一样的人。

垂拱四年（688），武承嗣伪造了一块瑞石，上面写有"圣母临人，永昌帝业"八个字，令人献上。武则天如获至宝，命之曰"宝图"，加快了当女皇的步伐。这时宗室李氏诸王都分散在外地，朝中无人掌权。韩王李元嘉等见武则天要篡夺李家天下，准备讨伐，正在筹划之中，不料博州刺史、琅琊王李冲已经起兵了，其父豫州刺史、越王李贞继起。由于李氏诸王尚未联络准备好，仓促之间，无人响应，所以很快就被武则天派大兵讨平了。李元嘉与鲁王李灵夔等皆自杀。为了杜绝宗室的人再用武力"谋反"，武则天用株连的办法将李氏诸王公及宗室的人几乎全部杀死，子孙年幼的包括婴儿都流配到岭外去了。后又派遣六道使进行杀害。

次年十一月，武则天给自己起了个名字"曌"。

载初元年（690），武则天任命薛怀义为辅国大将军，改封鄂国公、柱国，令其与法明等和尚伪造《大云经》，说武则天是弥勒佛降生，应为天子。武则天即命将《大云经》颁示天下，“稍图革命”。然而又畏人心不附，命酷吏周兴、来俊臣等诬告李上金和李素节谋反，把他们召到京城，下令勒死李素节；李上金恐惧，上吊自杀。至此，非武则天所生的唐高宗之子全部被害。天下一片白色恐怖。

就在这时，侍御史傅游艺率领关内父老奏请“革命”，改皇帝姓氏为武。武则天立即将其晋升为给事中。又威胁群臣固请。唐睿宗害怕，与六万余人上表请改国号。武则天知道时机成熟，遂宣布“革唐命，改国号为周，改元为天授”，自称“圣神皇帝”，降唐睿宗为皇太子。经过三十多年的苦心经营和面首薛怀义制造的神话，她终于如愿以偿地当上皇帝。并立即封武承嗣为魏王，武三思为梁王，武攸暨等十二人为郡王。

当上皇帝，武则天的权势欲满足了，而情欲却得不到满足，愈益放荡，整天涂脂抹粉，精心护理，求得姘夫欢心。但年龄不饶人，在其将近七十岁时，薛怀义对她厌倦了，不再常去宫中。她难以忍耐，找了个御医沈南璆当面首。薛怀义既恨且妒，纵火烧了两座宫殿。武则天不去追究，反令他监督重新修造。可薛怀义却越发骄横。武则天见其太不像话，密令女儿太平公主准备将其拿下。一天薛怀义入宫，太平公主一声令下，数十个健妇齐上，牢牢地将其捆住。武则天命人将其打死，用拉大粪的车子将尸体送还白马寺。

为了让老母身心畅快，欢度晚年，太平公主慷慨割爱，把自己的姘夫张昌宗推荐给老母。武则天极为欢喜，张昌宗于是又向她推荐年方二十余岁的哥哥张易之。武则天立即召见“面试”，“龙颜大悦”。从此“二张”兄弟便成了武则天淫邪放荡的宠儿。武则天让他们涂上朱粉，穿着锦绣衣服，赏赐不可胜计。又任命张昌宗为云麾将军，行左千牛中郎将；提拔张易之为司卫少卿，赐予一处宅第以及奴婢、驼马等；提升其父为襄州刺史。武承嗣、武三思等皆为他们争执鞭辔，谓张易之为“五郎”，张昌宗为“六郎”。她仍不满足，继设奉宸府，以张易之为奉宸令，选取俊美少年多人为左右奉宸供奉，供其享受玩弄。右补阙朱敬则谏曰：“臣闻志不可满，乐不可极。嗜欲之情，愚智皆同，贤者能节之，不使过度，则前圣格言也。陛下内宠，已有薛怀义、张易之、昌宗，固应足矣。近闻尚舍奉御柳模自言子（柳）良宾洁白美须眉，左监门卫长史侯祥云阳道壮伟过于薛怀义，专欲自进，堪充奉宸内供奉。无礼无仪，溢于朝听。臣愚职在谏诤，不敢不奏。”武则天不以为羞耻难堪，反因此谏实质上为其提供了新的玩弄人选，劳之曰：“非卿直言，朕不知此。”赐彩百段。

武则天虽然将李氏天下改为武氏天下，但见武承嗣、武三思等人得不到文武百官的拥护，又把降为庐陵王的唐中宗召还，立为皇太子，将唐睿宗降为相王。她七十六岁时精力已经衰退，可是，并不把政事交给太子处理，而是委诸张易之、张昌宗。皇孙李重润与妹妹、妹夫私下议论“二张”兄弟任意出入宫中，擅权专政。事为张易之探得，添油加醋地告诉了武则天。武则天闻听这些年轻的孩子竟敢揭露她的荒淫无耻，立令他们自杀。

过了两年，武则天病倒了，宰相等大臣很少能够进见，只有“二张”侍候在侧。这时张易之贪赃受贿的事情暴露了，被御史台揭发。“二张”唯恐祸生不测，暗中引用私党，加紧准备，阴谋发动政变。左台御史中丞宋暻得知，上奏调查，被武则天包庇下来。

神龙元年（705）初，居住在迎仙院的武则天病情加重。宰相张柬之等人见机不可失，立向太子（唐中宗）建策消灭“二张”，请武则天传位，得到首肯。于是，张柬之说服了统领北门卫兵的右羽林大将军李多祚，率领文武官员和羽林兵至玄武门，斩关而入，杀死张易之、张昌宗，走进武则天的寝宫长生殿。

武则天惊起，问道：“是谁作乱？”

张谏之等答道：“张易之、张昌宗谋反，臣等奉太子令将其诛杀。”

武则天见太子也来了，对他说：“是你呀，小子既诛，你可以回东宫去了。”

司刑少卿桓彦范说：“太子安得再还东宫！昔日天皇（指唐高宗）以爱子托陛下，今年齿已长，久在东宫，天意人心，久思李氏。群臣不忘太宗、天皇之德，故奉太子诛贼臣。愿陛下传位太子，以顺天人之望。”

武则天看见李义府之子、右散骑侍郎李湛，说：“你也是为了诛张易之将军吗？我对你父子不薄，竟有今日！”

李湛面现惭愧，不能答对。

武则天又对同平章事崔玄暐说：“别人都是经人举荐上来的，惟有你是朕亲自提拔的，也在这里？”

崔玄暐答道：“这样做正是报陛下之大德。”

接着，张谏之等又诛杀了张易之的几个兄弟和同党。武则天命太子监国，第二天传位于太子。唐中宗恢复了唐朝的国号和一切制度，迁武则天居住于上阳宫。当年，八十二岁的武则天病逝于上阳宫的仙居殿。

有种观点认为，武则天是历史上最伟大的妇女，攻击女人不该做皇帝，是男尊女卑、不许妇女参加政治生活的旧思想。此外，私人生活更是末节小事，在皇权专制时代，男皇帝可以有千百个小老婆，女皇帝有几个男妾，不值得大惊小怪。此说完全脱离了社会现实，违背了社会道德。男皇帝荒淫，女皇帝也应该荒淫？当时男人可以当皇帝，皇帝可以有成千上万的嫔妃，有地位有钱的男人也可以有三妻四妾。女人则不能。武则天当皇帝，确实前无古人，后无来者。与众多男人淫乱，也确有勇气。但这并不表明她这样做是为了反对专制秩序，要求男女平权，提倡妇女参加政治生活。因为她从未制定过一个法律，发布过一个命令，规定妇女都可以有“三夫四男妾”，都有与众多男人通奸的自由，都有权参加政治生活和当皇帝。而且依照上述观点，武则天的思想还远远说不上解放，称不上最伟大的妇女。因为供她淫乱的男妾与秦始皇、汉武帝、晋武帝的嫔妃上万人相比，相差太多；即令与有一百二十个嫔妃的王莽相比，也较逊色。照此逻辑，只有人尽可夫的娼妓才具有“反潮流”的大无畏精神，称得上反对礼教束缚的巾帼英雄。

武则天是一个只知有己、不知有人、六亲不认、胆大妄为、几近疯狂的女人。为了达到自己的目的，可以不顾一切，无所不用其极。她做皇帝，生活淫荡，只不过是满足自己的权力欲、性欲而已，并不是为广大妇女着想。

还有种观点认为，唐皇室的血统为胡汉混杂，性格、风俗、性观念自由开放，妇女地位高；或说北方受鲜卑统治的影响，礼法束缚比较微弱，妇人有较多发挥才能的机会，武则天称帝与这种文化背景和社会风气有关。此论值得商榷。若论血统，唐太宗的母亲出自鲜卑族，其皇后长孙氏（唐高宗的生母）的父系、母系皆为鲜卑人，唐高宗可以说有四分之三的血统是承袭了鲜卑族的。如果说唐高宗以其父亲的小老婆为妻，是承袭了鲜卑族风俗尚可说得通的话，那么，毫无鲜卑血统的武则天就不该那么淫荡了，而事实相反。再说，北方妇女性观念自由开放并非淫乱，也不一定要"当家做主"。别人且不论，以纯鲜卑血统的长孙皇后而言，她就很能"礼待"丈夫，而且绝不干预朝政。唐太宗常与她论及赏罚之事，她总是说："牝鸡司晨，惟家之索。妾以妇人，岂敢预闻政事。"太宗坚持与她说，她竟不答。非但如此，当唐太宗欲以其兄长孙无忌（与太宗为布衣之交，又是佐命元勋）掌握朝政时，长孙皇后坚决反对，奏道："妾既托身紫宫，尊贵已极，实不愿兄弟子侄布列朝廷，汉之吕、霍，可为切骨之戒，特愿圣朝勿以妾兄为宰执。"自己不干预朝政，也不为娘家人谋取高官厚禄。武则天想当家做主，完全可以像西汉的吕雉一样，以皇太后身份临朝称制，岂不一样可以做到，何必一定要当皇帝？

淫荡、酷虐、专制对极少数女人来说是其性格特征。如晋惠帝（司马衷）的皇后贾氏为太子妃的时候，就很忌妒、权诈、酷虐。当上皇后，害死了执政的大臣和皇太后，遂"专制天下"。"荒淫放恣，与太医令程据等乱彰内外"，并经常把一些"端丽美容止"的小青年偷偷载入宫中，"共寝欢宴"，事后即将人杀死，淫荡并不亚于武则天。南朝又有一个山阴公主，她"淫恣过度"，对宋废帝（刘子业）说："妾与陛下，虽男女有殊，俱托体先帝。陛下六宫万数，妾惟驸马一人，事不均平，一何至此！"宋废帝极其慷慨，一次为其置面首三十人。她要求“男女平权”“性解放”的思想和淫荡的行为比武则天皆有过之而无不及。这两个女人都生活在南方，并未沾染北方少数民族的风气，可见单纯用风俗或思想解放等为武则天的淫荡行为辩护，是解释不通的。

武则天称帝也为史学界出了一道难题，至今仍然未能得到妥善解决。依照传统的观点，她实行“革命”，当上皇帝，改国号唐为周，就是改朝换代，唐朝的历史至此中断。从其称帝至其被赶下皇帝宝座这段历史，应当属于武周王朝，不再属于李唐王朝了。而《旧唐书》仍把这段历史列入唐朝，把武则天列入本纪，称其为则天皇后，不称皇帝，显然自相矛盾。《新唐书》既把她列入本纪，又把她列入后妃传，同样矛盾。当年武则天死后，唐中宗之所以在其陵前立下一块无字碑，恐怕也与不知该称其为皇帝还是皇后有关。今人编写唐朝历史，称其为皇帝，亦不妥。如果一定要把她称帝的这段历史放在唐朝历史之内，也不是不可以。因为她在死前留下遗制说“去帝号，称则天大圣皇后”，表示她有了悔意，放弃了皇帝的称号，重回李家来当唐高宗的皇后，重做唐朝的人。但有一个条件，只能称她为皇后，叙明她曾背叛李氏唐朝，改了国号，自称皇帝，绝对不能承认她为皇帝。如果承认其为皇帝和改国号，就不能将这段历史列入唐史之中，只能另写一部武周王朝的史书。二者必居其一，否则，不能自圆其说。

唐德宗“走访”农民

贞元三年（787）的一天，唐德宗（李适）到新店打猎，路过农民赵光奇家，进去问道：“百姓快乐吗？”

赵光奇不知道他是干什么的，率直地答道：“不快乐。”

唐德宗又问：“今年丰收了，为什么不快乐？”

赵光奇气愤地答道：“诏令无信。先前说两税之外一切科目都废除，现在各种苛捐杂税比正税还要多。后来又说和籴（官府按市价购买农民粮食），而实际上就是强夺，民众何曾见过一文钱！起初说所籴粟麦送到附近地点就成，现在又令送到西京行营，一走就是几百里，车坏马死，就得破产。民众愁苦到如此，有什么可快乐！也常常有诏书说从优抚恤，无非是一纸空文！想来皇帝在深宫里，不知道这些实情。”

唐德宗这次“走访”并非故意作秀，让全国人民都知道他访贫问苦，如何爱民，只不过是在打猎过程中一时高兴，顺便问问而已。当初他颁布两税法时，曾下严令：“敢在两税外加敛一文钱，以枉法论。”赵光奇的答话正是针对这个问题和官员违法乱纪的，而且对政府的诚信表示极端不满。他若有整肃贪官和改正弊病的决心，本应再继续“走访”其他农民，深入了解下去，但他本人就极其贪财，喜欢地方官员进奉。地方官员加征赋税满足他的贪欲，并趁机吞没下大部分归己，他怎能再惩办地方官员？

不过，唐德宗虽未再发问，也没有像酷吏和文痞一样给他扣上一顶诽谤朝政的大帽子，把他打成什么分子，逮捕关押，反而下令免去了他家的赋役。可见唐德宗头脑还算清醒，心中有一定的是非标准，没有昏到颠倒是非、混淆黑白的程度。

然而，免去赵光奇一家的赋役，只能暂时缓解他家的困苦，不能永远使他家不再困苦，更不能永远缓解全国广大农民群众的困苦。正如司马光所说：“夫以四海之广，兆民之众，又安得人人自言于天子而户户复其徭赋乎！”要想根本解决问题，只有严惩贪官污吏，严格落实政策。有法不依，等于无法，是不可能使广大民众得到快乐并拥护朝廷的。

“天书”与“五鬼”

宋真宗（赵恒）初年，经济正处于发展时期，国家却遭到辽（契丹）军的不断侵扰。景德元年（1004），辽大军南下，直趋澶州，威胁汴京。宋真宗恐惧，召见群臣，询问方略，参知政事（副宰相）王钦若等人都主张迁都。宋真宗问宰相寇准。寇准坚决反对，说：“谁为陛下画此策？罪可斩也。陛下神武，将臣协和，若大驾亲征，敌当自遁。”主张宋真宗亲征。宋真宗至澶州南城，寇准又奏请他到前线鼓舞将士。宋真宗遂渡河，上了北城门楼，众军望见，踊跃欢呼。宋军虽然打了胜仗，终因宋真宗畏敌，与辽议和，每年向辽输银十万两，绢二十万匹，辽兵方才退去。此即历史上所称的“澶渊之盟”。其时西部的党项族首领李继迁接受辽的封号，称为夏国王，也经常袭击宋军。李继迁死后，其子德明又攻占甘州和凉州。宋真宗无力制止，只好妥协，每年给银万两，绢万匹，钱两万贯，换取苟安。

澶渊之役后，寇准自以为贤能，颇有得色。宋真宗也认为他立了大功，愈益重用。王钦若因与寇准不和，改任资政殿学士，深为嫉妒寇准，极力想把他赶走。一日，问宋真宗："陛下敬寇准，是为其有功于社稷吗？"宋真宗答道："是的。"王钦若接着说："城下之盟，《春秋》耻之。澶渊之举，以万乘之尊贵，而为城下之盟，还有比这更耻辱的吗？"宋真宗听了非常不快。王钦若又挑拨说："陛下知道赌博吗？赌者的钱将要输光了，就把所有的钱押上去，谓之孤注。寇准让陛下亲到澶渊督师，实际上是让陛下孤注一掷，当时陛下是极其危险的。"宋真宗听了他的谗言，逐渐疏远了寇准，不久免去他的宰相，任用王旦为相，王钦若、陈尧叟为枢密使（枢密院的长官，负责军国要政）。

然而，国家并没有强盛起来，威望大损。宋真宗为此郁郁不乐，问王钦若有无办法。

王钦若知道宋真宗不愿打仗，故意说："陛下以大兵攻取幽燕，才可雪耻。"

宋真宗说："黄河以北的生灵刚免战争之苦，朕怎能这样做？应想其他办法。"

王钦若说："那就唯有封禅可以镇服四海，夸示外国了。然而自古封禅，当得天瑞稀世绝伦之事才可为。"既而又说："天瑞安能必得，前代有以人力为之者。惟人主深信而崇奉之，以明示天下，则与天瑞无异也。陛下以为河图、洛书真的有吗？没有的，不过是圣人以神道设教罢了。"

宋真宗沉思许久，担心王旦不赞成。

王钦若说："臣将圣意讲明，他会同意的。"

王旦为人比较正直，但在这件事情上听王钦若一说，勉强同意了。

宋真宗仍然有些犹豫，问龙图阁直学士杜镐：“古代所谓河出图、洛出书，是怎么回事？”杜镐不知其意，随便答道：“此乃圣人假托鬼神之道以治人。”宋真宗听后，觉得封禅之事可行。遂召王旦喝酒，赐给他一只袋子，对他说：“到家后与妻子共同拆看。”

王旦回到家中，打开一看，里面皆是美珠，立即悟出了真宗赐予的意旨，从此不敢再对封禅表示异议。

可是，封禅劳师动众，花钱很多，宋真宗又向署理三司使丁谓询问。丁谓回答说财政有余，经费不成问题。宋真宗决心始下。

大中祥符元年（1008）正月，宋真宗对群臣说：“去年冬天十一月的一个晚上，我正在睡觉，忽然室中光亮耀眼，只见一位神人戴着星冠，穿着绛衣，对朕说：‘下个月宜于正殿建黄箓道场一月，当降天书大中祥符三篇。’朕竦然起对，已经不见。自十二月初一日，即斋戒于朝元殿，建道场等待神人赐予。恰好皇城司奏报有黄帛挂在左承天门南的鸱尾上，令宦官去看，说是帛长约二丈，包着的物件如同书卷，缠着青线，封处隐隐有字，大约是神人所谓天降之书。”

王旦等皆跪拜祝贺。

宋真宗马上走到承天门，瞻望再拜，令两个宦官爬到屋顶将“天书”取下，交给王旦。王旦跪下进献，宋真宗再拜接受，亲自放置轿中。旋至道场，命陈尧叟启封宣读。书有黄字三幅，词类《洪范》《道德经》，开始言皇帝能以至孝至道继承大业，其次谕以清净俭朴，最后述皇统延永之意。读完，放入金匮。群臣遂入崇政殿祝贺，说天赐符命，实为盛德之应，高呼万岁。宋真宗赐宴，派遣官员祭告天地、宗庙、社稷，大赦，改元，将得天书之事布告天下。

王钦若之计既行，陈尧叟、丁谓、杜镐和秘书郎陈彭年又以经义附和，于是天下争言祥符了。

二月，山东人士及朝内朝外文武官员纷纷奏请到泰山封禅。宋真宗装腔作势一番，下诏于十月前往。命王旦兼任封禅大礼使，王钦若为封禅经度制置使，丁谓为计度粮草使，郎中林特为行在三司副使，提举京师诸司库务的宦官刘承规为发运使，陈彭年详定仪注。五月，王钦若又奏报两处发现祥瑞，一是泰山醴泉出，二是锡山苍龙见。宋真宗十分高兴，密谕道："我又梦见神人，说来月当赐书于泰山。"王钦若心领神会，六月又上言，泰山也发现"天书"。与此同时，宋真宗又下令营建道观玉清昭应宫（宋真宗是个道教的狂热信徒和鼓吹者）。一些官员提出反对。宋真宗问丁谓："怎么办？"丁谓答道："陛下有天下之富，建宫是为了遵奉上帝，也是为了祈祷皇子。如果群臣有阻止陛下者，陛下就对他们这么说。"王旦上密疏谏止，宋真宗按照丁谓的意思讲了，王旦果然不敢再言了。宋真宗遂任命丁谓为修建玉清昭应宫使，林特和刘承规为副使。

十月，宋真宗由庞大的仪卫扈从，高官随驾，去泰山行封禅礼。返回京都，群臣争颂功德，说是帝王盛事。

封禅之后，士大夫更加争奏符瑞，进献赞颂。独有崔立说："水发徐、兖，旱连江、淮，无为烈风，金陵大火，是天所以戒骄矜也。而中外多上云雾草木之瑞，此何足为治道言哉！"宋真宗不听。大中祥符二年（1009）四月，丁谓又上《封禅祥瑞图》，在朝堂上向百官展示。

大中祥符四年（1011），群臣上表请祭祀汾阴。龙图阁待制孙奭上疏，力陈有十不可，而且说：“陛下才毕东封，又议西幸，非先王五年卜征重谨之意。今国家土木之功，累年不息，水旱作沴，饥馑居多，乃欲劳民事神，神其飨之乎！”又针对群臣争奏祥瑞上疏说：“方今野鸡、山鹿，并形奏简；秋旱、冬雷，率皆称贺。将以欺上天，则上天不可欺；将以愚下民，则下民不可愚；将以惑后世，则后世不可惑。夫‘国将兴听于民，将亡听于神’，陛下何为而不思也！”宋真宗虽然认为他有忠心，却不能听从。又下诏将六月六日“天书”再降日定为天贶节，并以王钦若为天书仪卫副使，丁谓为天书扶侍使，林特为行在三司副使，刘承规为发运使，带着大队人马，从京师奉“天书”出潼关，祭祀汾阴。

大中祥符六年（1013），丁谓献芝草三万七千本，宋真宗命人奉献“天书”于朝元殿。

次年正月，宋真宗再次以丁谓为奉祀经度制置使，陈彭年为副使，带着大队人马，去亳州太清宫祭祀道教的教祖老子（太上老君）。

天禧三年（1019）三月，巡检朱能又诈为“天书”。此时寇准正判永兴军，为了恢复以往的地位，他不惜迎合宋真宗，立将“天书”上奏。对此，朝内朝外皆知其诈。谕德鲁宗道说：“奸臣诞妄，以惑圣听。”孙奭说：“乞斩朱能，以谢天下。”宋真宗一概不理，下诏将“天书”迎入宫中。而寇准却因此又重新当上了宰相。

王钦若相貌短小，脖子上长了一个瘊子，时人目为“瘿相”。他智数过人，每当朝廷有所兴造，他都委曲迁就，让皇帝满意。又善花言巧语，敢于虚妄欺骗。丁谓机敏有智谋，邪佞狡猾过人。林特天性邪险，善于附会。陈彭年非常机敏，博闻强记，尤好刑名之学，而又奸险谄谀，时人号为“九尾狐”。由于伪造“天书”和祥瑞，假托神仙，封禅祭祀，营造宫观等“大勋绩”，没几年，他们就当上了宰相、副宰相。刘承规也升了官，因病辞职后受到特别优待。由于执掌政权，控制封禅祭祀、营造宫观，他们贪污的钱财、接受的贿赂不可胜计。尤有甚者，在他们五人的奉迎、倡导和主持下，不仅各地官员群起效法，争言符瑞，闹得全国乌烟瘴气，而且耗费了无数民财。仅到泰山封禅，即耗费钱八百余万贯。祭祀汾阴，又耗费钱一百二十万贯。去亳州祭祀老子，耗费不知确数，估计也不少。修建的玉清昭应宫，共有房屋二千六百一十间，用了七年时间方才建成，金碧辉煌，极其精丽。此外，全国各地也都因“天书”降临，修建天庆观，更不知耗费了多少人民的血汗钱。总之，他们是朝中和整个社会的最大祸害。

乾兴元年（1022），宋真宗逝世。宋仁宗（赵祯）即位后对大臣们说：“王钦若久在政府，观其所为，真奸邪也。”宰相王曾答道：“王钦若与丁谓、林特、陈彭年、刘承规，时人谓之‘五鬼’。奸邪憸伪，诚如圣谕。”

宋真宗不思从政治、经济、军事、民生诸方面进行整顿和改革，树立威望，却听从小人之言，以伪造“天书”和祥瑞证明自己的英明，这种自欺欺人的愚蠢办法，实际上谁也骗不了，所得到的并非国家强盛，而是全国百姓的怨恨。

王安石变法失败于狂妄刚愎

熙宁二年（1069）二月，宋神宗为摆脱面临的危机，任命王安石为参知政事。王安石即设置三司条例司，推行变法。起初人们对他期望很大，但最终却归于失败。对于失败的原因，学者提出不少卓识，笔者亦谈一点浅见。

王安石变法以“富国强兵”为目标，基本主张则是“民不加赋而国用足”，说穿了，就是敛钱。因此，他在政治上军事上均无多大作为，变法重点放在竭尽所能增加朝廷的财政收入方面。如果真正做到“民不加赋而国用足”，未尝不是好事。问题在于，“民不加赋”，“国用足”的钱从何而来？看看变法的具体情况就知道了。

青苗法是在夏秋未熟以前，官府借青苗钱给农民，收成后加百分之二十的利息偿还。借钱有限额，一等户十五贯，二等户十贯，三等户六贯，四等户三贯，五等户一贯五百文。这个规定虽然比高利贷利率低了一些，但仍是对农民的严重盘剥。在运作中，又实行强迫借贷交息，不管是否需要，都得向官府借贷。为防止借户逃亡，还规定由地主或富裕农民作保。借贷与否本应由个人自愿，谁也无权非法强迫他人借贷。青苗法却不管人民是否需要，强令所有农民借贷，收取利息。实际上就是利用专制权力公然对农民进行掠夺，变相"加赋"于民。其打击的对象不仅有大地主，还包括中小地主、自耕农和贫困农民。

原来的各种差役，根据家资多少，各出钱雇人充役，称免役钱。新的免役法规定：各地依差役多少，自定额数，供当地费用；定额之外，另加百分之二十收缴，称免役宽剩钱。原来不负担差役的坊郭户、单丁、女户、寺观、官户等，亦按定额的半数缴纳役钱，称助役钱。免役钱本应由那些应该服役而不想服役的人出，让那些不服役的坊郭户及单丁、女户、鳏寡孤独之人也出钱"助役"，便是扩大剥削范围，使他们的生活变得日益穷困。仅此一点，就足以表明变法的本质在于敛财，根本不顾穷困人民的利益。

免行法是让各行商铺包括中小商人依据盈利的多寡，向市易务交纳免行钱。

市易法规定，管理市场的市易务向商人收购或出售货物，向商人贷款或赊购货物，收取年息百分之二十。该法确实可以抑制大商人垄断市场，使中小商人免受大商人压榨。但在运作过程中，管理市易务的官员吕嘉问聚敛十分贪狠，竟然违背立法原意，"挟官府而为兼并之事"，动用政权力量，代替大商人垄断了市场，强迫商人卖货或买货于市易务，"率皆贱买贵卖，重入轻出，广收赢余"，多取利息以图奖赏，大小商人"不胜其怨"。

保甲法以乡村居民十户组成一保，五十户为一大保，十大保为一都保。由主户中"物力最高"和"有材干心力者"充当保长、大保长和都保正。凡家有两丁以上者，不论主户或客户，出一人为保丁，接受军事训练，夜间轮流巡警。保丁多由贫下户充当，经常受到保长、保正的压榨虐待和剥削勒索。军训不好，还受毒打。同保内有犯盗窃、杀人、放火等案，知而不告，连坐治罪；如有强盗三人以上居住三天，邻人虽不知情，也要治罪。显然，此法虽然对维持治安起了些作用，但其主旨则在保护富人的利益，镇压穷困人民。

此外，为了敛钱，他们甚至将天下的祠庙，包括有纪念意义的都卖出去。宋神宗阅过奏疏，大为震怒，批道："慢神辱国，无甚于斯！"卖祠庙之风才被刹住。

事实说明，王安石变法不仅打击了大地主、大商人，同时也加重了对其他阶级、阶层和劳动人民的压迫，他要的是"国富民穷"，不是增进全社会的福祉。以司马光为首的反对派并非大地主和大商人的代表，他们对变法的批评，特别对青苗法和免役法的指责，反映了全国大多数人民的心声。

不独司马光等人反对变法，王安石的两个亲弟弟王安礼和王安国对变法亦无好评。熙宁初年，王安国至京师，宋神宗以其为王安石之弟，特予召见，问道："卿兄秉政，外论谓何？"王安国直率地回答："恨知人不明，聚敛太急尔。"后任秘阁校理，他又"屡以新法力谏安石，又质责曾布误其兄，深恶吕惠卿之奸"。元丰三年（1080）七月，彗星出现，宋神宗诏令群臣直言阙失。王安礼上疏曰："人事失于下，变象见于上。……意者左右大臣，是非好恶，不遵诸道，乘权射利者，用力殚于沟瘠，取利究于园夫，足以干阴阳而召星变。"所指皆变法敛钱害民。吴充与王安石为姻亲

（吴充之子娶王安石之女），他也“心不善安石所为，数为帝言新法不便”。王氏兄弟及吴充的态度足以说明变法的实质和遭到强烈反对的真实原因。变法既然遭到社会舆论的强烈反对，便注定了必然失败。

表面看来，变法失败是由反对派的势力过大造成的。而究其实，则主要在于王安石的为人。

王安石自命不凡，极其狂妄。他瞧不起唐太宗、魏征与诸葛亮就颇能说明问题。

熙宁元年（1068）四月，宋神宗问他：“唐太宗何如？”

他答道：“陛下当法尧、舜，何以太宗为哉？尧、舜之道，至简而不烦，至要而不迂，至易而不难。但末世学者不能通知，以为高不可及尔。”他以为根本不必学习唐太宗，只要遵守尧、舜之道就可以了。而对尧、舜之道，一般学者所知无几，只有他“能通知”。

又一日，宋神宗对他说：“唐太宗必得魏征，刘备必得诸葛亮，然后可以有为，二子诚不世出之人也。”

王安石则说：魏征和诸葛亮“皆有道者所羞，何足道哉！”他蔑视魏征和诸葛亮已是大言不惭，而唐太宗是中国历史上最贤明的皇帝，在其治理下，出现了万古流芳的“贞观之治”，他也认为不值一学，简直狂妄得无以复加。

每个人的知识均极有限，不可能将变法设计得面面俱到，万无一失，在推行过程中遇到一些问题并不奇怪，关键在于领导者如何对待。如果领导者具有改革家必备的雄伟气度、宽广胸襟，虚心听取各方面的意见，及时修正措施，改正错误，便会顺利地进行下去。由于王安石极其狂妄，性格“强忮”，刚愎自用，讳疾忌医，“遇事无可否，自信所见，执意不回”，任何意见都听不进去，一听到反对之声，即拒谏饰非，诡辩一番。即使皇帝下令，也拒不执行。

熙宁三年（1070）二月，河北安抚使韩琦上疏说：“臣接读青苗法诏书，务在使小民受惠，不是为了公家增加收入。现在所立的条约，乃令乡户及坊郭户借钱一千，纳一千三百，此是官自放钱收取利息，与初诏相违。又条约虽禁抑勒，然不抑勒，则上等人家必不愿借钱，下等人家虽有愿意借钱者，但借时甚易，还时甚难，将来必有督索同保均赔之患。”请求停止。宋神宗将奏疏交给王安石看，并说：“朕始谓可以利民，今乃害民如此！坊郭户安得青苗，而使者亦强与之。”王安石竟勃然说：“苟从其所欲，虽坊郭何害！”意即只要能多敛钱，就是违法让没有田地的城市坊郭户借钱纳息亦无害处。王安石不仅强辩无害，还倒打一耙，斥责反对者“朋比”，破坏变法。

同年九月，王安石接见自己的学生陆佃，问新政的情况。陆佃说：“法非不善，但推行不能如初意，还为扰民。”安石惊曰：“怎么会这样？”又问外边的议论。陆佃说：“公乐闻善，古所未有，然外间颇以为拒谏。”王安石笑道：“我岂是拒谏的，但邪说营营，顾无足听。”居然把外间的议论视为“邪说”，置之不理。

熙宁四年（1071）五月，知开封府韩维上奏说，诸县成立保甲，“乡民惊扰，至有截指断腕以避丁者，乞候农隙排定”。宋神宗告诉了王安石。王安石说：“此固未可知，就令有之，亦不足怪。”“今士大夫睹新政，尚或纷然惊异，况于二十万户百姓，固有蠢愚为人所惑动者，岂应为此遂不敢一有所为邪？”宋神宗说：“民言合而听之，则理亦不可不畏。”王安石则说：“为天下者，如止欲任民情所愿而已，则何必立君而为之张官置吏也”。“惟陛下果断，不恤人言以行之。”

东明有百姓向宰相投诉助役钱，王安石对宋神宗说：“知县贾蕃，乃范仲淹之婿，好附流俗，致民如是。”又说：“治民当知其情伪利病，不可示姑息。若纵之使妄经省台，鸣鼓邀驾，恃众侥幸，则非所以为政。”

熙宁七年（1074）春，天下久旱，饥民流离。宋神宗忧形于色，欲尽罢此法令。王安石说：“水旱是常事，尧、汤所不免，此不足招圣虑，但当修人事以应之。”宋神宗说：“此岂小事，朕所以恐惧者，正为人事之未修尔。今取免行钱太重，人情咨怨，至出不逊之语。自近臣以至皇后家族，无不言其有害。两宫泣下，担忧京师乱起，以为天旱更失人心。”参知政事冯京说：“臣亦闻之。”王安石蛮横地说：“士大夫不得志者均以冯京为归，故冯京独闻其言，臣未之闻也。”

郑侠原为王安石所奖拔，感其知己，思欲尽忠。后因政见不合，被降为一个监督城门的小吏。熙宁七年（1074），他见饥民在风沙阴霾中扶老携幼，疾病愁苦，身无完衣，吃木实草根，甚至“身被锁械，而负瓦揭木，卖以偿官，累累不绝”，乃绘流民图献上。并奏道：“旱由安石所致，去安石，十日不雨，即乞斩臣宣德门外，以正欺君之罪。”宋神宗反复观图，长吁短叹，一夜没有睡好。王安石见宋神宗对新法犹豫不定，有点不安，请求辞职。宋神宗遂命其出知江宁府。

熙宁八年（1075）二月，王安石再任宰相。十月，彗星出现，宋神宗询问不合于民心的政事，并言：“闻民间殊苦新法。”王安石说：“天寒暑雨，还有人埋怨，这岂足恤！”

总之，不论百姓是死是活，民心如何，只要有钱可敛，王安石就悍然不顾，逞性妄为。此即其豪言壮语——“天变不足畏，祖宗不足法，人言不足恤”的实质所在。真正的改革应该既有益于国，又有益于民。不顾百姓死活，只知敛钱，称不上改革家，只能叫作聚敛之臣。

消除门户之见，团结一切可以团结的人，是保证改革顺利进行的必要条件。由于王安石非常狂妄，忌恨心理特强，因而党同伐异，诛锄异己，凡是与其政见稍有异议者，无不遭到屏斥和贬抑。

翰林学士司马光平时与王安石交情不薄，新法施行后，从帮助朋友的善意出发，三次写信给王安石，进行规劝。王安石非常不高兴。宋神宗欲任司马光为枢密副使，司马光固辞。宋神宗征求王安石的意见，王安石说：司马光“所言尽害政之事，所与尽害政之人，而欲置之左右使预国论，此消长之机也”。在其阻挠之下，宋神宗使司马光出知永兴军。

欧阳修和文彦博过去都曾举荐过王安石，王安石为相后，欧阳修在知蔡州任上要求退休，冯京请留。王安石说：欧阳修“附丽韩琦，以韩琦为社稷之臣。如此之人在一郡则坏一郡，在朝廷则坏朝廷，留之安用？”乃听其退休。文彦博言市易法与民争利，王安石竟阻其上奏，将其贬官。

王安石在未知名时，以韩、吕二族为巨室，欲藉以取重，乃深与韩绛、韩维兄弟及吕公著结交。经过三人在同僚中称扬，王安石之名始盛。后来韩维反映保甲法存在的弊病，王安石深为厌恶，使其出知襄州。吕公著亦以请罢青苗法得罪王安石，贬知颍州。

富弼以反对青苗法解职，王安石谓“尚不足以阻奸”，还将其比为传说中的罪人共工和鲧。

苏轼任职直史馆，宋神宗问其政令得失。苏轼说：“求治太急，听言太广，进人太锐。愿镇以安静，待时之来，然后应之。”王安石得知后极不高兴，命苏轼暂时代理开封推官，“困之以事”。

吏部郎中兼判刑部刘述因与王安石争论谋杀刑名，王安石即通过宋神宗下诏开封府推官王克臣参劾其罪。刘述率御史刘琦、钱颉共同上疏，指责王安石执政以来的种种错误，要求将其罢免。王安石奏贬刘琦、钱颉监处州、衢州盐务，又想把刘述置之开封监狱。在司马光与范纯仁的力争下，刘述被知江州。

王安石与刘恕友善，欲把他安置在制置三司条例司，刘恕以不懂钱谷推辞，且说：“天子方属公以大政，宜恢张尧、舜之道以佐明主，不应以利为先。”王安石遂与其断绝友情。

知开封府滕甫与宋神宗的关系如家人父子，宋神宗知其诚实可靠，什么事都问他。王安石曾与滕甫一同考试，因话不投机，故颇恶其人。他深恐宋神宗相信滕甫说新法的坏话，极力排斥，使其出知郓州。

中书侍郎傅尧俞重厚寡言，素与王安石友善。熙宁初入京，王安石对他说：“举朝纷纷，待君来久矣！将以待制谏院处君。”傅尧俞说：“世以新法为不便，诚如是，当极论之。”王安石大怒，遂不用。

王安石早年与孙觉友善，将其召到京师，任为知审官院，将其作为帮手。施行青苗法后，孙觉条奏其妄。王安石览之大怒，即有驱逐之意，后让他调查畿辅各县散发青苗钱有无追呼抑配之扰。孙觉调查后说："民实不愿与官相交，望赐寝罢。"王安石遂把他贬知广德军。

翰林学士郑獬代理开封府职权，不肯行新法；宣徽北院使王拱辰与王安石议新法不合；知制诰钱公辅言滕甫不宜出知郓州。王安石即出郑獬知杭州，王拱辰判应天府，钱公辅知江宁府。

起居舍人、同知谏院范纯仁奏言："王安石变祖宗法度，掊克财利，民心不宁。"王安石派人告诉他已准备授其知制诰了。范纯仁说这是利诱我，遂将上疏呈送中书。王安石大怒，提出应重贬。宋神宗没有同意，命其知河中府，旋转成都转运使。王安石怒其不行新法，找个由头又把他降职了。

条例司检详文字苏辙与吕惠卿议论多不合，写信给王安石，力陈派人于四方求利不可。王安石大怒，将加以罪名，为陈升之所止，乃任其为河南府推官。

李定是王安石的学生，考中进士后为秀州判官。后至京师，谒见谏官李常。李常问："君从南方来，民谓青苗法何如？"李定说："民众甚便，没有不欢喜的。"李常说："举朝方共争是事，君勿为此言。"李定去见王安石，告知此事。王安石大喜，立即举荐召对。宋神宗问青苗事，李定又将民众喜欢的话说了一遍。于是各种说新法不便的话宋神宗皆听不进去，任命李定为监察御史里行。知制诰宋敏求、苏颂、李大临认为，李定授职不由铨考，不由御史推荐，不合常规，封还制书。结果三人同被免职。接着，监察御史程颢、张戬及右正言李常也因反对任用李定，反对新法，皆被贬到外地。

监察御史陈荐又揭发李定任泾县主簿时，闻母亲仇氏去世，隐匿不服母丧。李定自辩实不知为仇氏所生。王安石为其撑腰，免去陈荐的监察御史，改李定为崇政殿说书。监察御史林旦、薛昌朝、范育又言李定为不孝之人，不宜居于劝讲之地，且论王安石之罪。三人又被王安石罢官。

监察御史刘挚上奏助役钱十害，御史中丞杨绘又言助役钱难以实行。王安石大怒，命知谏院张璪上疏驳斥。张璪推辞不干。曾布自告奋勇，写好上奏。宋神宗把曾布的奏疏发给杨绘、刘挚，使各陈述。杨绘前后四次上疏自辩，刘挚则指斥政府用人“忠厚老成者，摈之为无能；侠少儇辩者，取之为可用；守道忧国者，谓之流俗；败常害民者，谓之通变”。王安石怒不可遏，欲将刘挚放逐岭外。宋神宗没有答应，贬杨绘知郑州，流放刘挚监衡州盐仓，张璪亦被贬职。

直学士院陈襄上疏论青苗法之害，请求贬斥王安石。宋神宗问其可用之人，陈襄说司马光、韩维、吕公著、苏轼等。王安石极其讨厌他，挑出他书写诏旨中的一点小毛病，并指使御史参劾，使其出知陈州。

即使“一切阴助之，而外若不与同者”的曾公亮，王安石也因其不尽阿附自己而听其罢相。

王安石是个极端专制主义者，他自以为绝对正确，别人只能服从，不能持有异议，否则便是改革的阻力，必须清除出去，不惜以怨报德。也不想想，皇帝还允许批评指责，自己只不过是个奉皇帝之命行事的宰相，哪能不让别人发表不同意见呢！其心胸如此狭隘，树敌过多，得不到绝大多数官员的支持，怎能将变法进行到底！

正因王安石只许听到一个拥护变法的声音，在用人上必然是任用绝对拥护自己的，而他任用的同党，可以说无一不是谄谀献媚、争权夺利之辈。他与同党的关系又如何呢？

吕惠卿是王安石最为信任的主要助手。他为真州推官时见到王安石，与其讨论经义，意见多合，遂定交。熙宁初，王安石为政，对宋神宗说："惠卿之贤，岂特今人，虽前世儒者未易比也。学先王之道而能用者，独惠卿而已。"及设置三司条例司，任吕惠卿为检详文字，"事无大小必谋之，凡所建请章奏皆其笔"。吕惠卿也极力迎合王安石，后因父丧离职。丧期过后，王安石又大力援引，使其官至翰林学士。熙宁七年（1074），王安石辞职，吕惠卿使其党徒变易姓名，天天上书请求留下。王安石见其对自己忠心耿耿，力荐其为参知政事。吕惠卿得志以后，一心想的是自己执政，"遂欲迎闭其途，凡可以害王安石者，无所不用其智"。他借郑侠之狱陷害王安石之弟王安国，又利用李士宁狱以倾王安石。王安石闻知，开始对他怨恨。

熙宁八年（1075）二月，王安石再度拜相，与吕惠卿意见时有不合。《三经新义》颁行后，王安石因《诗义》经吕惠卿、吕升卿兄弟修改，不合己意，上疏说明，提出《诗义》仍用旧本。吕惠卿上疏说，所有修改均曾送给王安石详定，王安石何至忘记？又请用旧本，不知何意？王安石之子王雱因参与修撰《三经新义》，授为龙图阁直学士，他力辞不就，吕惠卿劝宋神宗允其所请，这又得罪了王雱。王雱遂授意御史中丞邓绾弹劾吕惠卿兄弟强借秀州富民钱财买田之事，还想以别的事情陷害吕惠卿。吕惠卿闻知，上章自辩，并控告王安石："尽弃所学，隆尚纵横之末数，方命矫令，罔上要君。此数恶力行于年岁之间，虽古之失志倒行而逆施者，殆不如此。"又揭发王安石在私信中写有"无使上知"之语。二人的关系完全破裂。

曾布本为县令，经知府韩维和王安石推荐，上书言为政之本，大体上都是王安石的意思。宋神宗对其颇为赏识，命为太子中允、崇政殿说书，加集贤校理、判司农寺、检正中书五房，与吕惠卿制定青苗、助役、保甲诸法。许多官员以为不妥。曾布上疏言："陛下诚推赤心以待遇君子而厉其气，奋威断以屏斥小人而消其萌，使四方晓然皆知主不可抗，法不可侮，则何为而不可，何欲而不成哉！"欲坚宋神宗意志，专任王安石，威胁众官，使他们不敢言政。因此，王安石对他的信任仅亚于吕惠卿。吕惠卿遭父丧去职后，王安石即荐其代替。

熙宁七年（1074），曾布见宋神宗对王安石有所责问，便出面攻击主管开封府市易务的吕嘉问搜刮聚敛太甚。王安石大怒，后以曾布奏事不实罪，将其贬知饶州。

曾布与吕惠卿也互相攻讦，在市易法问题上即攻击吕惠卿。王安石信任的章惇为相时，曾布在起草的皇上的命令中极其称美，希冀章惇引其同为执政。章惇怕他争权，未满足其要求，他又攻击章惇引用小人，"专恣弄权，日甚一日"，终至分道扬镳。

其他谄谀之辈，如反复无常的邓绾等人就不必说了。有个叫唐坰的小人物，在熙宁初上书说："青苗法不行，宜斩大臣异议如韩琦者数人。"王安石一见大喜，荐其召对，赐进士出身，任其为崇文校书。后宋神宗命其知钱塘县，王安石欲留下他，授其太子中允之职。过了数月，王安石怀疑他会背己立名，又改变了主意。唐坰怒其轻贱自己，接连上奏二十疏，评论时事，皆被留中。他又在百官起居之日请求召对，行至御坐前，看着王安石说："王安石近御坐，听札子。"王安石迟迟不动。他呵斥道："陛下前犹敢如此，在外可知！"王安石只好悚然而进。唐坰大声宣读奏疏，大略说王安石"专作威福，曾布等表里擅权，天下但知惮安石威权，不复知有陛下。""逆意者虽贤为不肖，附己者虽不肖为贤。"唐坰还具体指明了王安石的一些厮仆、家奴、爪牙和鹰犬，并将王安石诋为唐代的李林甫。

由此可见，王安石不仅全力打击反对派，而且也不能团结同党齐心协力，共渡难关，一个个叛他而去，他成了地地道道的孤家寡人，连相信他的宋神宗也厌恶了。变法失败也就势所必然了。

蔡京：借变法之名，行利己之实

蔡京，字元长，兴化仙游人。早先追随王安石变法，已经暴露出是个投机家、野心家。元祐元年（1086），宋哲宗即位，高太后临朝听政，起用司马光为宰相。司马光恢复差役法，以五日为期。官员都以为时间太过紧迫，独独当时知开封府的蔡京按时完成任务，所属各县无一违者。他到政事堂告诉司马光，司马光大喜，说："使人人奉法如君，何不可行之有！"不久，蔡京受到谏官奏参，改到外地为官。后来蔡京入都代理户部尚书，又依附掌权的变法派章惇，主张施行王安石执政时的免役法。只此一点，足见其反复无常，奸猾无比，谁当权就投靠谁。他曾觊觎宰相之位，被变法派的枢密使曾布阻止，只任他为翰林学士承旨，从此又与曾布结下仇恨。继而谏官纷纷参劾他交通宦官等恶迹，被免职，居住杭州。

宋徽宗是著名的书画家，酷爱花石，命宠幸的大宦官童贯到杭州搜访书画奇巧。蔡京也是有名的书画家，闻知童贯到来，以为出头之日到了，喜出望外，与其交游，不舍昼夜，极力巴结，将自己所画的屏障、扇子等进献。童贯送达皇宫，且附言论奏蔡京才大可用。道士徐知常也在宫中活动，宫妾、宦官一致称誉蔡京，宋徽宗遂起用蔡京知定州，又改知大名。建中靖国元年（1101）十一月，蔡京被任为翰林学士承旨。崇宁元年（1102）五月，升为尚书左丞。但他与曾布议事意见分歧，攻击曾布任用亲家为侍郎，御史也说曾布的坏话，曾布离朝而去。七月，宋徽宗以蔡京为尚书右仆射兼中书侍郎，位列宰相。命下之日，宋徽宗问道："神宗创法立制，先帝继之，两遭变更，国是未定。朕欲上述父兄之志，卿何以教之？"蔡京顿首谢，说："敢不尽死。"

其后二十多年间，宋徽宗虽然也曾怀疑过蔡京奸恶，先后三次将其短暂罢相，但在大部分时间里还是任用他。他打着继承王安石变法的旗号，与童贯、翰林学士王黼等结成一伙，掌握军政大权，互相勾结，狼狈为奸，被人称为"北宋六贼"之首。

蔡京一上台，就竭力排除异己。当时元祐年间的群臣几乎全被贬官流放，蔡京犹未惬意，命人按罪状轻重，定司马光、文彦博、吕公著、吕大防、范纯仁、韩忠彦、苏轼、苏辙、范祖禹、程颐等一百二十人为元祐奸党，请宋徽宗书写刻石，立于朝廷端礼门。如此做了，他仍不解恨，又自书奸党为大碑，颁于郡县，令各刻石。还把后来上书的五百余人列为"邪等"，予以降责，并毁掉司马光等十人在景灵宫的绘像以及范祖禹、三苏（苏洵、苏轼、苏辙）、黄庭坚、秦观的文集。

更为恶劣的是，蔡京仿照三司条例司的旧例，设置讲议司制定法令制度，除了方田法在部分地区恢复外，其余诸法均变成了对广大人民群众的恣意敲剥。免役法恢复后，不断增加各种名目的雇役钱，任意勒索。如巩州的役钱，为元丰年间的七十五倍。各地加征的“地里脚费”，也增加数倍。原先的榷茶法禁止私贩茶叶，由官场专卖。蔡京改为准许商人向园户买茶贩卖，由官府抽税后批给“茶引”，茶税的定额比以前提高了好几倍。又改盐钞法，一变再变，大小商人皆受亏损。“富商巨贾尝赍持数十万缗，一旦化为流丐，甚者至赴水及缢死。”还设立一个“西城括田所”，专管掠夺私人田地为朝廷所有，强迫原来的业主充当佃户，收取租税。掠夺的田地多达三万四千多顷，成千上万的农民因此丧失了田地，冻饿致死。

有昏君就有谄臣。蔡京时时揣摩宋徽宗的心思，知其昏庸无能，荒淫腐朽，便投其所好，取得宠信，巩固自己的相位。为使宋徽宗纵情享乐，他“务以侈靡惑人主”。有次宋徽宗觉得使用玉器过于奢华，担心有人指责。蔡京不以为然，对他说：“事苟当于理，多言不足畏也。陛下当享天下之奉，区区玉器，何足计哉！”继而，他创造了“丰亨豫大”之说，极力蛊惑宋徽宗在富足隆盛的太平安乐时代，就应该“越拘挛之俗，竭四海九州之力以自奉”，把朝廷的场面尽量搞得富丽堂皇，集奇花异石于首都汴梁，以供观赏。此说正中宋徽宗的下怀，于是蔡京就千方百计、死心塌地地为宋徽宗的享乐大效其劳。

崇宁元年（1102）在苏州、杭州设置造作局，由童贯主管。每天役使数千名工匠，为皇室制造象牙、犀角、金玉、竹藤、雕刻、织绣等工艺品，所有原料，全向当地民间征敛。三年以后，又在造作局之外设置应奉局，蔡京命朱勔管领，向东南各地居民搜刮花石竹木和珍异物品。百姓家中凡有一石一木可供赏玩者，皆带领兵士抢走，甚至拆墙拆屋搬运，毫不顾惜。如有违抗，即指为对皇帝“大不敬”，予以治罪。不论是深山中的奇石，还是深渊中的异物，都迫使工役去开采。朱勔等供奉局的人也借机大肆讹诈勒索，无数人家被弄得倾家荡产，有些甚至要卖儿卖女来供他们需索。他们把搜刮所得的一切，用大量船只运往汴梁，每十船组成一纲，称为“花石纲”。舳舻相接，络绎不绝。有时为了运送一块巨大的太湖石，竟用上千人拉纤，民间用钱三十万缗。路经城镇桥梁难以通过时，便扒开城墙，拆毁桥梁。船夫们也“倚势贪横，陵轹州县，道路以目”。在陆地上也用役夫快步运送，使花果到达汴梁时色香不变。沿途州县叫苦不迭。

为求宋徽宗宠爱，蔡京还设立专门机关，亲自领导兴建明堂。每天役使工匠上万人，用铜二十二万斤铸造九鼎，饰以黄金，建造九座大殿安放。又让童贯等人分领工役，修建延福宫，备极华丽，中间遍布名花佳木，怪石岩壑，奇异禽兽，殿、阁、亭各具其妙。在城外修建景龙江，两岸种植奇花珍木，用人工筑万岁山，周围十余里，所用山石都由各地限期运来。几年下来，蔡京把官府过去积累的钱谷全部用光，为弥补财政亏损，又增收御前钱物、朝廷钱物、户部钱物，多次铸造钱币，造成币制混乱，通货膨胀。

过去，凡是诏令，皆由中书省、门下省讨论，而后命学士书写。蔡京恐怕有人反对，便改变办法，自己写好呈进，请宋徽宗亲自书写下达，谓之“御笔手诏”，违者以违制论罪。事无大小，皆用此法进行，即使发现有不像宋徽宗书写的，百官亦不敢言。

改革必须使广大人民群众受益。蔡京的所谓变法恰恰相反，严重危害了民众的利益，实为打着变法的旗号谋取个人与小集团私利的伪改革。

蔡京专政，任人唯亲，从朝内到朝外，把持政柄的官员不是其门生故吏，就是其亲戚朋友。其子蔡攸、蔡絛、蔡翛以及蔡攸之子蔡行，皆官至大学士，视同执政。到了晚年，蔡京眼睛昏花，不能视事，也不让其他大臣插手，而让其子蔡攸处理，并代其入奏。蔡攸经常出入皇宫，和王黼在宫中穿着短衫、窄裤，涂抹青红，和艺人一起嬉笑取乐。并对宋徽宗说："所谓人主，当以四海为家，太平娱乐。岁月几何，岂能徒自劳苦！"蔡京的另一个儿子蔡鞗娶茂德帝姬为妻。宋徽宗曾前后七次坐着小车到他家饮酒作乐，赏赐极多。

蔡京搜刮民财，贪污受贿，以千万计。他可以在家办公，以家为府，大小官员，都要行贿，"营进之徒，举集其门"，即使童仆奴隶也可得到肥缺。每年到他的生日，全国各地官府还要贡献大宗礼物，称为"生辰纲"。童贯、王黼、朱勔等人都公开卖官鬻爵，官位各有定价："三千索，直秘阁；五百贯，擢通判。"各省官员编制不再有限制，数目因此大增，比以前多至十倍。政府支出的官俸和兵饷，为宋神宗元丰年间三倍多。这笔沉重的负担自然也落在百姓身上。

蔡京等人倚仗权势掠夺大量田园房舍。宋徽宗赐给蔡京一所最为宏敞的宅第，园内树木如云，他仍不满足，又在宅西强行拆毁民屋数百间，建筑西园，居民流离失所，悲愁哭泣，投诉无门。他家的土地很多，在江南的一所永丰圩即有水田近千顷。蔡京在生活上极度奢靡，做一碗羹要杀鹌鹑数百只。一次留官员吃饭，单是蟹黄馒头一项，就用钱一千三百多贯。他家蓄养的姬妾成群，甚至有在厨房专管切葱丝的婢女。

童贯家中的金币宝玉堆积如山，“私家所藏，多于府库”。

朱勔的田产“跨连郡邑，岁收租课十余万石，甲第名园几半吴郡”，多达三十万亩。

蔡京、童贯、王黼、朱勔等是一个极其腐朽的官僚集团，整天过着醉生梦死的生活，极度腐烂。人民对他们恨之入骨，民间流传说：“打破筒（童），泼了菜（蔡），便是人间好世界。”正是他们的黑暗统治，引起方腊起义，导致北宋灭亡。

宋钦宗即位以后，金兵加紧南侵。此时蔡京业已罢相，为了保全自己，携带全家和金银财宝南下。据说，他和家人在南下途中，一路之上，非但没有一人肯卖食物给他们，而且颇多辱骂。他行至潭州（今长沙），穷饿而死。虽然如此，天下之人犹以不正典刑为恨。

清代鼎盛时期最黑暗

清王朝是满族人建立的，经过近百年的发展，至乾隆年间，经济繁荣，人口增加，边疆开拓，国家统一，已达鼎盛时期。然而，这些成就的取得并非政治先进、思想开放的结果，恰恰相反，这个时期是政治、思想、文化领域最黑暗的时期，大兴文字狱就是其集中的表现。

文字狱从康熙皇帝时已经开始，著名的方苞与戴名世狱就是此时发生的。以后为雍正皇帝继承下来。乾隆皇帝妄自尊大，自以为是“千古第一全人”，所兴起的文字狱也达到登峰造极的地步。不仅定罪范围大大超过以前，案件也急剧增至一百余起，焚毁书籍达三千部之多。

乾隆刚即位时，鉴于前朝文字狱在统治集团中造成的恐怖气氛及给整个社会带来的动荡不安，曾一度采取缓和的政策。以后，他对汉人的疑虑日益加深，又大兴文字狱，加强对汉人的思想统治，控制民间的反满思想。其镇压的对象，主要是一般的汉人文士。而这些人不过是对清廷的一些政策和个别地方官员有不满情绪，真正企图推翻清王朝的几乎没有。至于罪名，则是各种各样，这里略举几例。

乾隆二十年（1755），江苏遭遇灾荒，地方官办理赈济不力，灾区人民生活极为困苦，于是常熟人朱思藻便摘取了四书中斥责暴君污吏的语言，连缀成文，进行发泄。乾隆阅过，认为他“怨望谤讪，狂悖不法”，“侮圣非法，实乃莠民”，将其发配到黑龙江。

同年，乾隆见前广西学政胡中藻的《坚磨生诗钞》中，有“又降一世夏秋冬，三代而下，享国之久，莫如汉、唐、宋、明”，就指责说，本朝繁荣昌盛，远远超过汉、唐、宋、明，胡中藻却说“‘又降一世’，是尚有人心者乎?”见有“一把心肠论浊清”，又穿凿附会地歪曲为反清，说“加‘浊’字于国号（清）之上，是何肺腑?”见有“老佛如今无病病，朝门闻说不开开”之句，又极其荒诞地认为是咒骂他怠于政事，说：“朕每日听政，召见臣工，何乃有朝门不开之语！”见胡中藻所出的试题内有《乾三爻不象龙说》，他无中生有地指斥为“定三爻不在六龙之内”，是咒骂他不配做皇帝，说：“‘乾隆’乃朕年号，‘龙’与‘隆’同音，其诋毁之意可见。”“胡中藻之诗，措词用意实非语言文字之罪可比，夫谤及朕躬犹可，谤及本朝则叛逆耳。”遂下令将胡中藻处斩。

蔡显，江苏华亭人，举人出身，七十一岁，在诗文中对当地官员、乡绅的不法行为有所揭露，引起乡绅嫉恨，三十二年（1767）向松江府检举其恣行诽谤。乾隆见书中称“戴名世以《南山集》弃市，钱名世以年（羹尧）案得罪”，有“风雨从所好，南北杳难分”，“莫教行化乌场国，风雨龙王欲怒嗔”等句，便极其武断地硬说蔡显“是有心隐跃其词，甘与恶逆之人为伍”。下令将其凌迟处死，其长子斩立决，次子、三子、妾和未嫁的三女俱给功臣之家为奴；为该书作序的闻人倓、刘朝栋、吴承芳发往伊犁当苦差；门人倪世琳、凌日跻杖一百，徒三年；监生黄锦堂、李保成、吴秋渔、戴晴江、王充之看过其书，并不告发，各杖一百，流三千里；连刻字匠和卖书之人都受到了惩处，书籍全部销毁。

四十二年（1777），江西举人王锡侯编了一本书，名曰《字贯》，实际就是摘编的《康熙字典》，使散字连贯起来，以便检索，刻印发卖赚钱，并无其他意图，却被仇家告发。乾隆发现书前凡例中公然开列康熙、雍正及乾隆的名字，不知避讳，便认为他对皇帝不忠不敬，说：“此实大逆不法，为从来未有之事，罪不容诛！”遂将王锡侯斩决，其儿子与孙子五人斩监候，所著书概行销毁。如此残暴的惩处他尚不解恨，又大肆株连，将为该书题诗的工部侍郎李友棠革职，将未能检出《字贯》“悖逆重情”的江西布政使周克开、按察使冯廷丞革职，交刑部治罪，将吉安、南昌的知县、知府交刑部分别议处，大学士高晋也以失察而遭到降一级留任的处分。

乾隆严惩地方官员，目的在于让他们时刻留心查察，加强统治。各省官员畏于惩处，先后设立机构，专门负责检查书籍，编织成了一张对思想文化严加控制的密网，加强并放大了乾隆制造的文字狱。

江苏东台县举人徐述夔著有《一柱楼诗》，去世以后，其子徐怀祖将书刊出。四十三年（1778），同县人蔡嘉树因与徐怀祖之子徐食田争控田地，挟嫌告发。乾隆看后发出上谕：徐述夔诗“有‘明朝期振翮，一举去清都’之句，借朝夕之‘朝’作朝代之‘朝’，且不言到清都，而云‘去清都’，显有欲兴明朝、去本朝之意。而其余悖逆词句不可枚举，实为罪大恶极，是以提犯解京，命廷臣集讯，定徐述夔等以大逆不道之罪”。后将徐述夔和其子徐怀祖剖棺戮尸，孙子徐食田、徐食书斩监候，秋后处决；其他校对人员，为徐氏作传之人，以及经办人员，有的论死，有的革职，发往军台效力。

四十四年（1779），乾隆看到了湖北兴国州的候选训导（县学中的低级官员）冯王孙所呈进的著作《五经简咏》，认为“诗内各句悖妄狂诞，不可枚举，且有‘复明削清’之语，并于庙讳（皇帝父祖的名讳）全然不避，悖逆显然，实属可恶”，将其处死。

同年，乾隆阅过江西德兴生员祝廷诤所作《续三字经》中，有“发披左，衣冠更，难华夏，遍地僧”等语，以为这是“明寓毁谤”，下令将其戮尸；其孙祝浃保存此书，也被斩决。

四十五年（1780），广西平南县秀才吴英向布政使朱椿投递策书一本，提出免除钱粮、添设义仓等条，请求代奏。只因其不知避忌，内有“皇上遵太后遗命，免各省钱粮，其恩未远，其泽未长”，“天子无戏言，今又若此，不几失信乎？”和“其德非不弘也”，“圣上有万斛之弘恩”二句，又冒犯了乾隆的名字“弘历”，乾隆以其丧心病狂，将其处死。

其后，文字狱虽然渐趋缓解，但若有乾隆不愿听的话，仍会遭到厄运。如内阁学士尹壮图在五十五年（1790）上疏，对于官员处分中的罚银之弊进行批评，并且揭露：“各省督抚借罚银之名，派累属员，致仓库多有亏缺。”乾隆非常反感，令其将所指具体人事复奏。尹壮图复奏说：“各督抚声名狼藉，吏治废弛，经过各省地方，体察官吏贤否，商民半皆蹙额兴叹。”乾隆大发雷霆，说：朕临御五十五年，普免天下钱粮四次，各省漕粮二次，倘遇水旱偏灾，不惜巨款，赈贷兼施，家喻户晓。“小民等具有天良，方将感戴之不暇，何至‘蹙额兴叹’，相聚怨咨！”“尹壮图为此‘蹙额兴叹’之言，直似方今天下，民不聊生，不特诬及朕躬，并将亿兆黎民爱戴悃忱全为泯没。”遂令其自备旅费，与侍郎庆成一起前往山西、直隶、山东、江苏等地盘查仓库，实即进行惩罚。庆成对乾隆的旨意心领神会，每到一地，先游山玩水，大吃大喝，等到当地官员挪借补足了亏空，方才前往盘查，因此，一点问题也未能发现。尹壮图只好违心上疏，自认愚妄之罪。乾隆以其莠言乱政，将其革职留任，不久又以其母年老，令其回乡，逐出北京。

乾隆连续制造大量文字狱，说明他对自己的统治缺乏自信，否则就不会那么多疑猜忌。他加给一些人的罪名，绝大多数都是捕风捉影，吹毛求疵，真可谓欲加之罪，何患无辞！

乾隆大兴文字狱，目的是要臣民绝对服从统治，当个忠顺的奴隶，不能有任何不满，更不能指责朝政。在其残酷无比的暴力镇压下，听到的没有指责之言，只有颂扬之声。他自以为处处莺歌燕舞，功莫大焉，自吹有“十全武功”，自称“十全老人”，并自诩为“盛世”，飘飘然，陶陶然，得意至极。实际上，大兴文字狱不但使中国古代文化遭受了一场规模空前的浩劫，犯下了不可饶恕的罪行，同时也对当时和后来社会的发展产生了极为恶劣的影响。

大兴文字狱造成了整个社会动荡不安，势利小人乘机挟嫌控告，告讦之风盛行，搞得人心惶惶；打击的对象除被视为主犯的文人，还广为株连师友、刻字匠、书商，甚至不能察觉的官吏；官员为了自保，往往对案犯进行严处，又造成许多冤案。这些非但没有达到加强统治的目的，反而使得许多并不反对清王朝统治甚至拥护清王朝统治的士民产生怨恨，愤而走上对立面，扩大并激化了社会矛盾，削弱了专制统治，使清王朝由盛转衰。

更为重要的是，大兴文字狱严重地禁锢了知识分子的思想，扼杀了他们的学术创造性，阻碍了中国社会的进步和文化事业的发展。当时中国的经济虽然相当发达，而西方一些国家则进入了资本主义时代，中国要想赶上西方国家，势必要同他们进行文化交流，学习他们先进的知识。而乾隆非但顽固地坚持闭关锁国政策，还极其野蛮地大兴文字狱，实行文化专制，钳制言论自由，使整个社会陷入一片白色恐怖之中。知识阶层人人自危，为避免招来横祸，“不敢治史，尤不敢言近代事”。明末清初注重社会现实问题的经世致用学风消失殆尽，纷纷转向脱离实际的考据学，思想学术上的创造完全停滞，大大落后于西方世界，从而导致了近代以后被动挨打的局面。

有人认为，文字狱虽然制约了一定的思想灵性，但起码维持了社会稳定。事实并非如此。其时吏治已是极端腐败，“今天下之吏亦众矣，未闻有以安民为事者，而赋敛之横，刑罚之滥，朘民膏而殃民命者，天下皆是”。官吏贪污受贿成风，一个最为典型的例子便是被乾隆倚为心腹的和珅。嘉庆皇帝抄了他的家，其财产不下八亿两白银，而当时的国库一年收入才七千万两。其他督抚、布政使贪污案，一次抄没资产动辄数十万两。官员在征收钱粮和捐税时，还在定额之外提取一部分作为官员的额外开支，名为“陋规”，将不合法的贪污合法化。由于库存已告匮竭，又大开捐纳，让人出钱买官。因此，仅乾隆退位前的二十年间，就发生了王伦在山东领导的起义，苏四十三领导的甘肃循化厅撒拉尔族人民起义，田五领导的甘肃通渭新教回民起义，林爽文领导的台湾天地会起义，还有湘黔一带的苗民起义和川楚陕白莲教起义。这些起义的规模和激烈程度均大大超过了前期。而民间还在秘密酝酿着更大的起义风暴。社会不是更稳定了，而是埋下了更深重的危机。

以民为本

《尚书·五子之歌》中有句话："民惟邦本，本固邦宁。"意即百姓是国家的根本，百姓安居乐业，国家就能安宁。其后，老子提出"圣人无常心，以百姓心为心"；孟子提出"民为贵，社稷次之，君为轻"；管仲提出霸王应"以人（即民）为本"，"王以民为天，民以食为天"；均与"民惟邦本，本固邦宁"一脉相通。这种民本思想强调人民力量的伟大，依靠人民的重要，是对统治者提出的严正规劝和警告：得民心者昌，失民心者亡。

民本思想是从现实斗争中得出的经验教训，在春秋战国时期形成一股强大的潮流。它虽然还不属于近代意义上的民主政治，但在封建社会中却闪耀着明亮的光辉。除了独夫民贼以为有权可以宰治天下，肆意虐害人民以外，它对后世众多稍有理性和开明的皇帝产生了极为深远的影响，起到了积极作用。

不少皇帝都接受了民本思想，懂得"君者，舟也；庶人者，水也；水者载舟，水者覆舟"的道理，深知要巩固政权，首先必须取得民众对自己的好感。因而尊重民意，执政为民，使人民安居乐业。如汉文帝、汉景帝（刘启）免除租税，尽量减轻人民负担。宋太宗欲尽除天下之赋，以纾民力。宋真宗定盐酒价钱，以为“苟便于民”，不要管官府岁收。李自成攻入北京后，明毅宗（崇祯）在万寿山树上吊死前，在衣襟上写道：“朕凉德藐躬，上干天咎，然皆诸臣误朕。朕死无面目见祖宗，自去冠冕，以发覆面，任贼分裂，无伤百姓一人。”临死不忘保护人民。康熙皇帝认为取民地扩建庙宇，“有碍民生”，下令永行禁止。他“诚念民为邦本，政在养民”，“本朝家法，惟以爱民为事”，“凡事必期便民”，以“合天下之心以为心，公四海之利以为利”，在位期间，迭次免除租税，普免天下钱粮。如此等等，不一而足。

在此，还应特别提到唐代宗室、右金吾将军兼检校雍州长史李晦对百姓的尊重。他在雍州的私人院落建有楼房，下临一间酒店，有天酒店老板对他说：“我们虽然不大讲礼教，然而家里有长有幼，不想让外人看见。我家在你楼下，出入不便，要搬走了。”若是根本无爱民之心的权贵，听了此言，定然称心如意，因为不需要依靠官府权力强行拆迁，有碍自己的酒店就消失了。可李晦并不以为是酒店老板妨碍了自己，而是自己楼高不利于酒店老板一家保守隐私，即日将其楼毁掉。这虽是一个绝无仅有的事例，却也说明，真正执政为民的统治者的确能为民着想。

减免钱粮、赈济灾民等，一般统治者尚不难办到，但是否真心为民，还要看其如何对待群体事件和暴力反抗。

对待这个问题，只有少数有识之士能客观地进行分析并找到事发的原因，从而确定正确的政策。试举几例如下。

东汉时广陵人张婴率众数万，杀死地方官员，在扬州、徐州一带扰乱十余年，朝廷曾派郡守带领兵马讨平，但均没有达到目的。后来专权的大将军梁冀派奏劾过他的御史张纲为广陵太守，想借故加以陷害。张纲到任后，仅带十余人直接去见张婴，张婴见其诚信，出来拜谒。张纲请他上坐，询问疾苦，然后说："前后太守多肆贪暴，故致你们怀愤相聚，太守诚然有罪。然而你们行事也不对。今主上仁圣，欲以文德服叛，故遣我来，不愿以罚刑相加，今诚转祸为福之时。"接着讲了成败利害，请他考虑。张婴十分感动，愿意投降，但又害怕遭到杀戮。张纲发誓，决不如此。次日张婴率领所部万余人与妻子归降。张纲单车至其营垒，会见众人，置酒为乐，散遣部众，亲为他们寻找住宅田地，有子弟想当吏的，均加引招。人情悦服，南方安然。朝廷论张纲之功当封，为梁冀遏绝。但汉顺帝（刘保）仍然嘉奖，欲晋升张纲，张婴等上书乞留，得到允许。张纲在郡一年即逝世，无数百姓老幼相携到府哀悼。张婴等五百余人制服行丧，将棺材送到其家乡四川犍为，背土筑成坟墓。

东汉末年，零陵、桂阳"山贼为害"，公卿商议派遣军队讨平。尚书陈蕃认为这是官吏贪虐侵暴百姓造成的，坚决反对。上疏驳道："昔高祖创业，万邦息肩，抚养百姓，如同赤子。今二郡之民，亦陛下赤子也。致令赤子为害，岂非所在贪虐使其然乎？宜严敕三府隐核牧守令长，其有在政失和、侵暴百姓者，即便举奏，更选清贤奉公之人，能班宣法令、情在爱惠者，可不劳王师而群贼弭息矣。"

唐太宗刚当皇帝，即与群臣议论如何禁止"盗贼"。有人提出，应当实行严厉的刑法。唐太宗有个执政的信念——"为君之道，必须先存活百姓”，因而他不同意以严刑对待，笑道：“民众之所以为盗，是因为赋税多、徭役重，官吏贪婪，饥寒切身，便顾不得考虑廉耻了。朕当去奢省费，轻徭薄赋，选用廉吏，使民众衣食有余，则自不为盗，不必用严厉的刑法。”

宋仁宗（赵祯）亦不主张捕杀抢夺粮食的饥民。一日，国子监直讲杨安国进言说：“现在民众手持兵器夺取别人的粮食，如果一切宽纵，恐怕无以禁奸。”宋仁宗说：“天下皆吾赤子，迫于饿殍，至起为盗。州县既不能赈恤，而又捕而杀之，岂非过甚！”

辛弃疾也认为民众为盗都是官吏逼出来的，反对单纯派兵镇压。乾道六年（1170），他上奏宋孝宗说：“比年李金、赖文政、陈子明、李峒相继窃发，皆能一呼啸聚千百，杀掠吏民，死且不顾，至烦大兵翦灭。良由州以趋办财赋为急，吏有残民害物之状，而州不敢问；县以并缘科敛为急，吏有残民害物之状，而县不敢问。田野之民，郡以聚敛害之，县以科率害之，吏以乞取害之，豪民以兼并害之，盗贼以剽掠害之，民不为盗，去将安之？夫民为国本，而贪吏迫使为盗，今年剿除，明年铲荡，譬之木焉，日刻月削，不损则折。望陛下深思致盗之由，讲求弭盗之术，无徒恃平盗之兵。申饬州县，以惠养元元为意，有违法贪冒者，使诸司各扬其职，无徒按举小吏以应故事，自为文过之地。”他的意见受到宋孝宗（赵昚）奖谕。

然而，大多数统治者都站在维护权贵利益的立场上，不能正确对待这一问题，把闹事和暴力反抗的群众一概目之为“寇”“盗”“贼”，坚主镇压，不予宽容。

如王莽，他在做皇帝之前，曾对贫民做过一些有益之事。做了皇帝之后，就丧失了对贫民的同情心，不容他们暴动起义反抗他的统治了。天凤四年（17），临淮的瓜田仪等人“为盗贼”，琅琊的女子吕母亦起义。王莽派遣使者前去赦免，使者回来报告说：“盗贼”解散后又聚合在一起，问其缘故，都说“民穷，悉起为盗贼”。王莽听了大怒，将使者免职。有人顺其旨意说“民骄黠当诛”，他就高兴，予以升迁。次年，王莽以大司马司允费兴为荆州刺史，召见时问其到任后的方略。费兴答道：荆、扬的民众大都依阻山泽，近来国家向山泽地区征收生产税，“妨夺民之利，连年久旱，百姓饥穷，故为盗贼”。我到任后，准备下令明确宣告，“盗贼”均归田里，借贷犁牛种粮，少收租赋，希望这样可以使他们解散。王莽又大怒，免去费兴的官。同年，赤眉、樊崇等在琅琊起义，王莽下令发兵剿击。地皇二年（21），长安附近地区“盗贼”蜂起，王莽设置捕盗都尉官率兵平乱，又派大将率兵进攻青州、徐州一带的起义军，并斥责辅佐大臣们说：当官就应该“抑强督奸，捕诛盗贼”，今则不然，不能捕“盗”，还说“盗发”是因为贫穷。又说：贫困饥寒，犯法为非，不过两类，大者为群盗，小者为偷窃，“今乃结谋连党以千百数，是逆乱之大者，岂饥寒之谓邪？”你们要严令官员，牧养善民，急捕盗贼，如有不同心并力，“而妄曰饥寒所为”，即加逮捕监禁，以治其罪。如此一来，下边的官吏愈加恐慌，不敢禀报“贼情”，亦不得擅自发兵，各地起义如同烈火燎原，不可遏制。王莽知道天下溃叛，愈益恐慌，派遣大司空王邑与司徒王寻发兵百万，前去平定，但无济于事。不久，起义军攻进长安，将王莽的头颅砍下。

即使明知农民暴动真实原因的，也是如此。如明代宰相张居正，其头脑相当清醒，说：“民之亡且乱者，咸以贪吏剥下，而上不加恤，豪强兼并，而民贫失所故也。”又说：“非民之好乱，本于吏治不清，贪官为害耳。”甚至认为：“彼激乱启衅者，死何足恤哉！”然而，他虽然对农民暴动表示些微同情，但绝不赞成拥护，一旦出现暴力反抗，他就主张残酷镇压，彻底消灭：“见贼即杀，勿复问其向背。”“须尽歼之，毋使易种于斯土。”

乾隆皇帝曾经多次减免过钱粮，也知道各地民众的反抗斗争大多由于当地官吏的苛征暴敛。但他认为，“尊卑之分决不可逾，法度之严决不可犯”，即使地方官政事办理不善，老百姓可以到总督、巡抚和司道官员那里据实陈诉控告，静听申理，而不能铤而走险，犯上作乱。所以他一再颁布谕旨说：“百姓罢市，闹入官署，此风断不可长。必应严加惩治，以儆刁风，不可少为宽纵。”严禁刁民“传单胁官恶习”，“整饬刁悍民风”。更不能因为“刁民闹事而即参知县”，“若因刁民滋事，将地方官即登白简，将来愚顽之徒，必且以此胁制官长，殊非整饬刁风之道”，“将使刁风益炽矣”。

在此，乾隆大讲特讲“尊卑之分决不可逾，法度之严决不可犯”，也不想想自己的老祖宗当年是否遵守过。他们倚仗武力向关内进犯，屠杀无辜的汉人的行为是否合法？不用说，他认为祖宗所做的一切都是光明正大的，否则，自己如何统治全国人民？祖宗可以以武力夺取明王朝的政权，现在“百姓罢市、闹入官署”，反抗州县官员，就是“刁民”，这就是他的逻辑：没有权就夺权，有了权就不准任何人反对。

乾隆强调民众对州县官员不满，应当按照法定程序向上级官员陈诉控告，无疑是对的。但他把上级官员都看作清正廉洁、执法公正的人，就完全错了。他当政期间就发生过许多重大案件，仅牵涉省级高官的就有云贵总督李侍尧、闽浙总督陈辉祖、浙江巡抚常安、江南河道总督周学健、山东巡抚鄂乐舜、湖南布政使杨灏、云贵总督恒文、山东巡抚蒋洲，等等。依靠这样的人执法，定然不能为百姓伸张正义。百姓控诉无门，为维护自身利益，只有找州县官员闹事了。

任何时代，一般平民百姓都处于社会的最底层。他们可能都做过升官发财的美梦，但美梦再美，也代替不了严酷的现实。他们无权无势，生活艰难，只求能安居乐业。只要不受官吏欺凌，谁也不愿与官府对抗，自找苦吃。他们闹群体事件，甚至暴动、起义，都是贪官污吏逼出来的，即所谓官逼民反。执政者如果仅以强势镇压民众，而不严惩贪官污吏，这就颠倒了引发群众反抗的因果关系，非但不能从根本解决问题，“执政为民”的漂亮口号也变成了骗人的假话。

辑二 | 澄清吏治

人民爱戴清官

在过去的“正史”中，好官称为“循吏”“良吏”“廉吏”，老百姓也称为“清官”。清官虽然是维护封建统治的，但他们廉洁奉公，勤政爱民，对人民做过一些好事，对推动历史发展起过一定的作用，因而一向受到人民的爱戴歌颂。相对于贪官污吏而言，清官为数不多，但每个朝代都有，史不绝书。

清官廉洁奉公主要表现在以下几个方面。

一、以收贿为耻，以行贿为羞；除了薪俸，其他的钱，包括可以合法拿到的额外部分，分文不取。举例如下。

东汉杨秉余自任刺史、郡守，除了薪俸，其余钱物一概不入私门。有故吏送其钱百万，他闭门不受。

杨震前赴东莱太守之任，道经昌邑县，当时正是他以前举荐的王密任昌邑县令，王密夜晚去见他，以金十斤相赠。杨震说：“故人知君，君不知故人，何也？”王密说：“黑夜无人知道。”杨震立即严肃地说：“天知，神知，我知，你知，何谓无知？”说得王密惭愧地退出。

金代吴王阇母（即完颜阇母）问侍卫亲军都指挥使王政：“你为官很久了，而贫不加富，是何原因？”王政答道：“政以杨震四知（天知，神知，我知，你知）自守，安得不贫。”

宋代刘甲署理四川制置司事，到任后就将原来的“所谓互送礼，实贿赂也”，下令废止。

明代顺天府尹谢杰以右副都御史巡抚赣南，举荐了几个属吏跟着同去，属吏为了表示感谢，送钱给他。他说：“贿而后荐，干戈（比喻战争）之盗；荐而后贿，衣冠（士绅）之盗。”断然拒绝。

魏大中任吏科给事中时，有地方官向他行贿，他立即举发，从此无人敢至其门。

御史崔景荣监刘綎、吴广辈军，刘綎携带金帛至其家为其父祝寿，实即行贿，崔景荣上疏进行弹劾。

嘉兴知府杨继宗因不同意御史孔儒越权管地方之事，孔儒怀恨在心，临行，突入府署，打开杨继宗的小箱子一看，仅旧衣数袭而已，惭愧而去。有个宦官道经嘉兴，杨继宗送给他一点当地土产菱芡，外加历书，宦官不满，声言要钱。杨继宗即发牒取出库金，说：“金具在，与我印券。”宦官一见要写收据，吓得咋舌，不敢接受。杨继宗到京觐见皇帝，汪直想见他，他没有答应。明宪宗（朱见深）问汪直：来朝见的官员谁廉？汪直答道：“天下不爱钱者，惟杨继宗一人耳。”任满以后，杨继宗升为浙江按察使。闻知母丧，立即出署，把署中的器物全部登记，交付管理部门，仅携一仆和书数卷而还。

清代康熙年间，陈璸在十年之间，历任知县、刑部主事、郎中和四川提学道佥事，为官一直清介，杜绝馈赠的礼物。后调台湾厦门道，对在官应得的薪俸以外的公费，一概不取。超擢巡抚时，他进京觐见，向康熙奏道："官吏妄取一钱，即与百千万金无异。人所以贪取，皆为用不足。臣初任知县，即不至穷苦，不取一钱，亦自足用。"退下时，康熙看着他的背影说："此苦行老僧也！"他去世后，康熙又对大学士说："陈瑸居官甚优，操守极清，朕所罕见，恐古人中亦不多得也。"

邵嗣尧由知县升为道员，为官"持躬清介，苞苴杜绝"。积劳病逝，"身无长物，同官敛资致赙乃得归葬"。

周克开在乾隆年间历任知县、知州、知府、道员、署布政使，以督工劳瘁逝世，"殁无余资，天下称清吏"。

嘉庆年间，李毓昌以知县发往江苏，总督铁保令其查办山阳县赈灾之事，他查出知县王伸汉问题严重，王伸汉畏惧，贿以重金，他不为所动。

另外，有的官员固辞赏赐。如孙权任吕蒙为南郡太守，封孱陵侯，赐钱一亿，黄金五百斤。吕蒙固辞，孙权不许。吕蒙将其收藏起来，一文未用，去世前令主事者在其命绝之日全部上缴。宋代石公弼任起居郎兼定王嘉王的记室（秘书）时，非但坚辞不受照例应得的金缯（丝织品）二百万，而且以后他升任御史中丞，也不购买"内部供应"的价钱低廉的缣帛。

二、刚正不阿，平反冤案，为民请命，不畏权势，不怕丢官，拒绝请托，不以权谋私。举例如下。

包拯性格耿直，铁面无私，不妄取一毫，也谢绝故人亲党的求请。他对贪污受贿深恶痛绝，知开封府时为政严明，贵戚宦官为之敛手。京师中流传着这么一句话：“关节（暗中行贿）不到，有阎罗包老。”“人以包拯笑比黄河清，童稚妇女，亦知其名，呼曰‘包待制’。”

明代御史凌汉审理案件公平，依法定罪。有个人为了感谢他的恩德，一天在路上遇到他，送他很多钱。他对其人说：“你的罪就应当那样判，律有定法，不是我有私于你，何以送钱给我！”

吏部尚书王翱掌握人事大权，始终谢绝请谒，推荐官员不使人知。科举考试之年，他不让在太学读书的孙子应举，说：“不要妨碍寒士的仕路。”他的女婿贾杰在京城附近做官，见岳母常去其家接回女儿，愤怒地对妻子说：“你父亲掌管人事大权，把我调到京师，易如反掌，哪里用得着经常往来，这么麻烦呢！”王翱的夫人也出面求情，调回女婿。但王翱不为所动。正统七年（1442）冬，他由提督辽东军务任上还朝，有个宦官与其同事，对他相当看重，送他明珠数颗。王翱固辞。宦官说：“此是先朝赏赐的，你是不是以为赃物而拒绝我呢？”王翱不得已收下。后来宦官去世，王翱又将明珠还给他的侄子。

弘治十五年（1502），明孝宗（朱祐樘）命御史王哲巡按江西。王哲到江西后，平反了两起冤狱。老百姓为之歌道：“江西有一哲，六月飞霜雪；天下有十哲，太平无休歇。”

龚鉴在雍正初年授江苏甘泉县知县。他耻为俗吏，一心以有惠于百姓、振兴文教为己任，拒绝一切请托。某侍郎之子为其朋友，有所嘱托，被他拒绝。同城有个官员与大吏的关系非常密切，他打着大吏的旗号请托，也被拒绝；世家大族宴请他，又被拒绝。西湖圣因寺和尚明慧，倚仗着从前在宫廷法会的恩宠，求取遍于江、浙，一日，派人找到龚鉴，龚鉴下令用棍子将来人打了一顿，驱逐出去。

刘统勋为官清正，历经雍正、乾隆两朝，对高官的贪污受贿案不讲情面，一律依法处置。他去世之后，乾隆痛哭流涕，对诸臣说："朕失一肱股！""统勋乃不愧为真宰相"，"其神敏刚劲，终身不失其正。"

谢仲坃任湖南常宁知县，峻拒馈遗。后升常德同知，历署襄阳等七府知府，护理衡永郴桂道，均摒绝请托。后以眼疾请求离职时，贫困如故。

嘉庆年间，知府李赓芸天天坐堂，重门洞开，打官司的人可以直接进入。即使案前书写讼词，也不收钱。百姓皆欢呼曰："李公活我！"他逝世以后，家中无钱，其友盐法道孙尔准为其办理了丧事。

清官勤政爱民主要表现在：经常出巡辖境各地，延见父老，询问疾苦，体察民情，抑制豪强，严禁胥吏为恶，捕治盗贼，剔除秕政，减轻人民赋税徭役负担，兴修水利，开辟荒地，劝课农桑，发展生产，安置流民，振兴文教，创设义学、义仓和养济院，救灾恤贫，等等。总之，以民为忧，做一切有益于百姓之事，使百姓安居乐业。这方面的例子很多，就不一一列举了。

更有一些官员将自己的钱粮分送孤寡贫穷之家，救灾救民，甚至献出宝贵的性命。试举几例。

后晋安彦威在归德为官，黄河在滑州决口，他自己出钱募民筑堤防堵。

南朝陈国晋陵太守孔奂，清白自守，不带妻子赴任，所得薪俸，分赡孤寡，郡中大悦，号曰“神君”。有位富人殷绮，见其居处素俭，送其衣服一袭，毡被一具。孔奂予以拒绝，说：“身为太守，这些东西还买得起，但百姓有困难，不容我独享温饱耳。”

东魏敷城太守阎庆胤，在任五年，频年饥馑，常以家中粮食千石赈济贫穷。

北齐太守苏琼向当地富户借贷粮食，救济遭遇水灾而绝食的千余户人家。

隋文帝灭陈时，躲避战祸逃难的人很多，不少人生病。息州刺史公孙景茂用俸禄为他们购买稠粥、汤药，赖其全活者以千计。后任道州刺史，悉以薪俸买牛犊鸡猪，散给孤弱不能自存的穷人。

平乡县令刘旷所得俸禄，均赈施穷人。百姓感其德化，更相笃励。及其调走，胥吏和百姓不论老少，皆号泣于路，送出数百里不绝。

新丰县令房恭懿政绩突出，隋文帝闻知嘉奖，赐物四百段。房恭懿把赏赐的都分给了贫穷之家。不久，又得到隋文帝赏赐的米三百石，他也救济了穷人。

岷州刺史辛公义得知当地有一个非常奇怪的风俗习惯——若一人有病，全家躲避，虽父子夫妻不相看养，孝义道绝，因而病者多死。于是，他马上分派官吏检查州内，把生病的数百人抬到厅堂安置，将自己的俸禄全部用来买药，请医生给病人治疗，并亲自劝病人饮食，结果所有病人都痊愈了。在其开导下，该州的风俗也改变了。

宋代的邕州知州兼水陆转运使范旻得知该州风俗轻医药，重鬼神，下令禁止，且拿出自己的薪俸买药给病人，治愈者以千计。百姓为其感化。

泰和五年（1205），天降大雪，民多冻殍。金代的安武军节度使裴满亨把薪俸都周济了受冻挨饿的人，还劝率僚属大姓一同捐出物资赈济。

鲁国公、太子太傅范质廉介自持，前后所得禄赐，多给孤寡。

清代同治六年（1867）秋天，河水骤涨，署祥河厅同知王仁福不避艰危，奔走于风雨泥淖之中，率人抢护七昼夜。钱物俱竭，大堤即将溃决，居民聚集于堤上。王仁福痛哭流涕，对他们说："我为河官，使你们处于死地，我之罪也，当身先你们而死！"说完立即跃入河中，被风浪卷走沉没。河水旋即陡落，残堤得以保全。众人请善于游泳的人下河寻觅其尸，没有找到，只好埋葬他的衣冠。

人民爱戴清官，主要有以下几种形式。

其一，敬爱、歌颂、纪念清官。举例如下。

战国时邺令西门豹除掉了人民深受其苦的"河伯娶妇"之害，开凿水渠，发展农业生产，造福人民。他去世之后，当地百姓专门为他在漳水边建造了祠堂，四季供奉。

西汉末年，县令卓茂"视民如子，举善而教，口无恶言，吏民亲爱"。数年之间，教化大行，道不拾遗。后升部丞，县民老少皆涕泣随送。

诸葛亮身为丞相，鞠躬尽瘁，死而后已，一生清廉，除了吃饭穿衣由公家供应外，没有增殖一点私有财产。及其逝世，蜀中到处有人要求给他立庙，因限于礼制，未得允许，老百姓就在道路旁边私祭。直到蜀汉亡国的前一年，后主刘禅才允许给诸葛亮在沔阳立庙祭祀。

北周名臣裴侠“爱民如子”，任河北郡守时，罢废以前的所有苛制，一无所取，被誉为“裴侠清慎奉公，为天下之最”。民歌称颂他“肥鲜不食，丁庸不取，裴公贞惠，为世规矩”。

隋代齐州别驾赵轨在州四年，考绩连得优等。朝廷征其入朝，父老相送挥泪说：“别驾在官，未用百姓一点东西，是以不敢以壶酒相送，公清若水，请酌一杯水奉饯。”赵轨受而饮之。

明代南康知府翟溥福离任时，当地父老争送金帛，他不接受，众人挽舟泣涕，为其建祠湖堤，又配享白鹿书院之三贤（唐李渤，宋周敦颐、朱熹）祠。

左都御史陈镒凡三次在陕西为官，先后十余年。陕西人戴之若父母，每还朝，必遮道拥车哭泣；再至陕西，则欢迎数百里不绝。

清代方国栋任广东海北道佥事时，昭雪了被诬为海盗的良民多人，一些富户送其千金为报。方国栋说：“我怜悯你们无辜，奈何污我？”予以拒绝。以后在山西宁武道和江南苏松常道任参议，“拊循士民具有恩意”。康熙十六年（1677）去世。“吴民思之，建祠虎丘山麓以祀。”

赵士麟在康熙年间曾任浙江、江苏巡抚，为百姓做了许多好事。浙江人民怀念他，绘图以志其思，并于西湖敬一书院悬挂他的肖像祭祀。

陆在新任松江府学教授，不收学生的贽见礼。其后升为江西庐陵知县，誓不以一钱自污，革除了多收百姓的附加税，并建“问苦亭”，访求民隐。他经常带着干粮行走于山谷之间，帮助百姓解决困难，还曾出钱招募民船救助陷入洪水中的百姓。后因受到前任官员亏空公款、无法抵补之累，忧伤而死。庐陵人民为其罢市三日，请祀名宦祠，其原籍长洲的百姓亦以其为乡贤而祭祀。

张壎任登封知县，立誓不取一钱，不枉一人。他在衙前树立了一块巨石，上面刻着四个大字——“永除私派”。设柜收钱，令民自投，使百姓不再受胥吏的剥削。又招集流亡，督促耕种，大兴文教，骑驴下乡访问百姓疾苦，遇有小的争讼，即在阡陌之间解决。五年之间，人口和物力日益繁盛，各家大书“官清民乐”于门。后因卓异升广西南宁通判。离开之日，人民遮道哭泣，四乡立祠，绘其肖像祭祀，匾额上写着“天下清官第一”。

孝丰知县李梦登，上任时不带家属，只与二三人到县。外出无有仪仗，衙门不设警卫，打官司的直接上厅。无事时就微服独行于乡间，与父老商榷利病，或与俊秀子弟执手论文。但上任仅三月，即因得罪巡抚被劾罢免。罢官后他极其穷困，无钱回家，百姓争着供其食物。他每天早晨起来开门，都会看到门外堆放着一些粮米和蔬菜瓜果，也不知是哪里来的。一年之后，县里人民集资为他筹措了回家的路费，并制造了一辆车子，在青色的车篷上面题名的多至一万人。

石家绍在道光年间历任知县、知州、知府，“所至皆得民心”，“自大吏、僚友、缙绅、士民、卒隶无不称为循吏”。他曾说：“吏而良，民父母也；不良，则民贼也。父母，吾不能；民贼也，则吾不敢；吾其为民佣乎！”他一心只当人民的公仆，故能深得人民的爱戴。他去世后有五个县皆以名宦祭祀，南昌人民尤其感戴他的恩德，建祠于百花洲。

其二，痛哭清官去世。举例如下。

春秋时子产在郑国实行改革，三年，“门不夜关，道不拾遗；

四年，田器不归”；五年，“不令而治”。他去世以后，“丁壮号哭，老人儿啼，曰：‘子产去，我死乎？民将安归！’”

被秦缪公用五张羊皮从楚国赎回的原虞国大夫百里傒，当时年已七十余岁。秦缪公与其谈论国事三日，大悦，授之国政，号曰“五羖大夫”。他相秦六七年，立下了大功。但他“劳不坐乘，暑不张盖，行于国中，不从车乘，不操干戈”，“德行施于后世”。他逝世时，“秦国男女流涕，童子不歌谣，舂者不相杵”。

明代周济出任安庆知府，正值当地遭遇天灾，人民无以为生，卖儿卖女。周济借漕粮赈济，并上奏免去租赋，全活百姓甚众。有饥民抢富户家的粮食，富户控告。周济对他说：百姓饥饿才如此。又让抢粮的百姓收到新谷送到府衙，由他代为向富户赔偿。他死以后，“官民皆罢市巷哭”。

清代于成龙在顺治十八年（1661）任广西罗城县知县，罗城位于万山丛中，流行瘴疠，瑶族、僮族人民非常犷悍。又值战争之后，没有城郭房屋，城中居民仅有六家。他安抚吏民，捕治盗匪，经常下乡问民疾苦，或坐在树下与百姓饮食笑语，奖勤扶惰，使百姓安心生产，“与民相爱如家人父子”。还请求上司宽免百姓徭役，建立学官，创设养济院，几年后，县中大治。康熙年间，历任知州、知府、按察使。后升任直隶巡抚，即禁止州县私收附加税馈送上级官员。次年再升两江总督。他好微服私访，察知民间疾苦和属吏好坏。自奉简陋，每日以粗粝蔬菜食物自给。在外做官，不带家属，生活简朴。病逝之日，将军及僚吏入视，其室内唯竹器中有绨袍一袭，床头有豆豉几罐而已。百姓罢市聚哭，家家绘像祭祀。康熙皇帝对大学士等人说：“朕博采舆评，咸称于成龙实天下廉吏第一。”

姚延著历任知府、按察使、布政使等职，由于为受冤屈的人平反，惩罚犯法的官兵，亲自释放被官兵掠夺的逃难妇女一千七百多人，得罪了领兵的喀喀木，后为坏人陷害而死。就刑之日，江宁（南京）为之罢市，士民顿足痛哭。棺椁归来，数百里祭奠不绝，并在鸡鸣山下建祠，私自祭祀。

康熙七年（1668），年刚十九岁的于宗尧任常熟知县，他革除了漕政积弊和征粮的办法，使百姓大大减轻了负担。又振兴文教，抑制豪强，救济灾荒，治疗流行病，四年如一日，积劳致疾，病逝于任上，年方二十三岁。“民为罢市，凑钱发丧”，将其葬于虞山南麓，在通往坟墓的道路旁题写下四个大字——“万民留葬”。

嘉庆、道光年间的两江总督陶澍一直两袖清风，每遇灾荒，便把大部分俸银捐出去。后来道光皇帝为此奖赏了他三千两银子，他就把其中一部分接济了家乡湖南安化县的贫苦乡民，另一部分在安化县兴办了义学，自己分文未留。他后来病逝家中，安化县数万居民主动挂孝为他送丧，江苏、江西两地许多人闻讯后号啕痛哭。

其三，请求挽留清官。举例如下。

金代完颜宗贤为归德节度使，境内大治。任满，士民数千人相率到京城请留。及其改任定武军，百姓又扶老携幼送出数十里，悲号而去。接着又改任永定军。完颜秉德前去察访当地官吏好坏，士民们端出一盆水，拿出一面镜子，对他说：“使君（完颜宗贤）廉明清直就像这清水和明镜，民实赖之。”因此他超升两级。其后朝廷召他进京，雄州百姓为表敬仰，在他任职的公署上悬挂一面明镜，老幼填门，三日乃去。

明代官员任满被百姓请留的不少，如：

孔公朝任宁阳知县时，与同僚饮酒忿争，被罚遣戍边远地区。县中人民屡次进京请求把他放还，皆未允许。过了二十余年，皇帝下诏求贤，宁阳人又相率进京请求。皇帝见此，知其是个良吏，终于批准。

松江知府赵豫在任时惩办恣横军人，均徭、节费、减吏，奏请减轻盐户负担和官田重租，经考察政绩突出，府中人民五千余人联名乞请留任。巡按御史奏闻，朝廷将他提升两级，命其仍然还任。以后群吏又举其为卓异，他离开该郡时，老少攀辕，请他留下一只鞋，作为纪念。

况钟刚正廉洁，“孜孜爱民”，在苏州知府任上，处置舞文贪虐的属吏，诛锄豪强，扶植良善，减免人民赋税，兴利除害，不遗余力，苏州人称其为“况青天”。其母去世时离职，府中人民进京乞留，朝廷准其起复（丧期已满而起用）。以后任满当升，两万余人向巡按张文昌要求他再任，朝廷晋升其正三品，命其仍视府事，最后积劳成疾病逝。吏民聚哭，为其立祠纪念。

清代施世纶从知州一直做到巡抚、漕运总督。他刚强果决，摧抑豪猾，禁戢胥吏。所至皆有惠政，人民号曰“青天”。在江宁因丁忧（遭父母之丧）离任，百姓乞留者超过一万人。朝廷没有批准，百姓每人拿出一文钱在府署之前建筑了两个亭子，号为“一文亭”。

吴兴祚在无锡知县任上多有惠政，调走时，父老士庶数万人自县治至河干，直达于相距八九十里的省城苏州金阊门，号泣攀留。同时有缙绅及其他人士设宴送行，或执酒献于道路，连帆数十里。

陈汝咸在漳浦任知县十几年，有许多惠民政绩。后来调任南靖县，漳浦百姓相率赴上级要求留任，未得允许，百姓就将种田的器具堵塞县门，昼夜环守。待他离开之日，百姓扶老携幼，环跪街巷，哭道：“公毋去，活我百姓。”拥住肩舆，不让前行。陈汝咸只好下来，步入一家人家，半夜悄悄出走。百姓追思不已，即于北门构建月湖书院，塑像瞻拜。

其四，为清官奏报政绩、申冤。举例如下。

宋代元扆任河阳知县时，遇到水灾，城垒将坏，他亲自跋涉泥泞之中，督率人民抗洪，抢救躲在树杪的百姓，使许多百姓得以活命，升任知州。在定州任满，吏民进京向朝廷上奏他的十件善政，并将善政书写在碑上。

明代丹徒知县胡梦通、县丞郭伯高，金坛县丞李思进，受官司牵连被逮捕，县民进京上奏他们的善政。

范希正任曹县知县时，为一个奸吏反诬被捕。曹县人民闻知，八百余人赶到京师，向司法机关通政司声言他廉能，为奸吏诬枉。侍郎许廓路过曹县，曹县父老二百余人又拦住道路，哭诉朝廷夺去他们的贤令。经通政司和许廓奏报，朝廷释放了范希正，让他仍回原任。

东平知州李湘，除俸禄外一无所取，深受人民欢迎。后有奸人向布政司诬告他苛敛民财，县民一千三百人自动集合起来，向巡按御史及布政司、按察司力白其冤。耆老七十人复奔赴京城，揭发奸人诬陷之状。及布政司押解李湘入京，又有耆老九十人随其讼冤。后经复审核实，恢复了李湘的原官。以后升为怀庆府知府，东平的百姓扶携老幼，泣送数十里。

不仅一般百姓爱戴清官，就是强盗也尊敬清官，不抢劫清官。

如明代御史李纲巡按浙江，劾去浙江赃吏四百余人，时人称其为“铁御史”。后升太仆寺少卿，巡按畿辅马政，拒绝接受地方官吏一切馈赠。行经冀州，遇到强盗，强盗问跟随的吏役，知道他就是李纲，是个清官，遂说：“太仆李公吗？他从哪里得到金钱？”连他的箱子也不打开，马上离去。

在封建专制时代，人民没有丝毫权利，无法改变被剥削被压迫的命运，唯有盼望清官为自己做主，过上安居乐业的日子，因此，人民心中都有一个清官情结。而清官确实为人民做了许多好事，受到人民的敬仰爱戴，有的传为千古佳话。然而，相对于贪官污吏来说，他们虽然史不绝书，毕竟为数太少，实属凤毛麟角。其所以如此，原因在于官员所追求的基本上都是个人名利、升官发财，要他们做到廉洁奉公，简直比登天还难。在贪官污吏遍地的大气候、大政治环境中，本想洁身自好的人，入了官场，一看人人皆然，也就见怪不怪，随波逐流，充当其中的一员了。如果有谁不遵守官场的“潜规则”，便有可能被孤立，成为“另类”，非但举荐卓异、提拔超升的好事轮不到，甚或受到打击排斥，遭到诬陷，丢掉乌纱帽，丧失性命。所以，只有为数极少的官员，能够坚守道德底线，堂堂正正地做人，以廉洁自律，为百姓着想，在人民中留下的是遗爱而不是憎恨。

摒绝奉迎进献

过去皇帝出巡或是官员因公外出，凡是经过的地方，下级官员均要接待。如何面对接待，因人而异，显示出不同的价值观和执政理念。

在皇帝中，隋炀帝是最穷极侈靡的一个。他不独役使几百万人大肆营建东京洛阳，在通济渠两岸建造离宫四十余所，在毗陵郡建离宫十六所，开凿运河等，创下历史“最高”；而且最喜欢东西游幸，大讲排场，大摆阔气。他在游幸时，要求所经过的地方进献四海珍馐殊味，水陆必备，办得好的升官，办不到的贬职。大业元年（605），他率领一二十万浩浩荡荡的人马从洛阳乘船出游江都（扬州），自己乘坐四层高的龙舟，全部船只相接前后二百余里，仅挽船的壮丁就多至八万余人，骑兵夹岸护送，岸边彩色旌旗如林。他下令所过州县，五百里内的居民都得给贵人献食。食品当然都是美味，献的多的有一百多台，吃不完的全部埋掉。他在江都出游，满街都是仪仗队，长二十余里。第二年回洛阳时，他又摆出一个千乘万骑的大仪仗队护送他入城。

大业三年（607），隋炀帝到北方游玩，经过代州，刺史丘和献食精美。及至朔州，刺史杨廓未献美食。后隋炀帝调丘和为博陵太守，令杨廓至博陵向丘和学习。及至他到博陵，丘和所献食品非常丰富，他更加称赞。边境太守调任内地，是一种受赏的表示，丘和受赏，杨廓受辱，消息传到外地，从此隋炀帝所到之处，郡县官员都争着献食，竞为奢侈。边境郡县比内地贫苦，一次献食，不知有多少人家丧失维持生命的口粮。接着他到榆林，前往太原，再转太行山，回到洛阳，耗资不可胜计。大臣高颎与贺若弼等人私下议论朝廷太过奢侈，被人告发，隋炀帝便给他们加上诽谤朝政的罪名，把他们杀死。大业十二年（616）他到江都，接见江淮的地方官，别的不问，专问献礼多少。礼多的升官，礼少的黜免。江都郡丞王世充进献铜镜屏风，历阳郡丞赵元楷进献异味，都立即升了官。因此，地方官员尽量搜括，竞为献食，置备礼物。每以经费不够，预收数年之赋，加以奸吏侵渔，民不聊生。总之，在隋炀帝率领庞大的游玩队伍所经之处，百姓生计几乎断绝。

更多的皇帝出巡虽然不如隋炀帝那样要地方进献，但也不加禁止。只有少数皇帝考虑民众的利益，摒绝地方奉迎进献。

建初七年（82），东汉章帝准备从偃师经卷津前往河内，下诏说：此次车驾出行，主要是看秋收，皆精骑轻行，无有辎重。郡县“不得辄修桥道，远离城郭，遣吏逢迎，刺探起居，出入前后，以为烦扰”。一切活动，务为省约。“所过欲令贫弱有利，无违诏书。”

对于奉迎进献的官员，唐太宗不以为好，反而严肃地予以训斥。贞观七年（633），唐太宗巡幸蒲州。刺史赵元楷原为隋代官员，因向隋炀帝进献异味升了官，从中尝到了甜头，投唐以后仍然不改邪佞之习。得知唐太宗将要巡幸蒲州，马上征收赋税，让父老穿着黄纱单衣，迎谒路左，并盛饰房舍，修营楼门，以求谄媚；又饲羊百余只，鱼数千头，准备馈送贵戚。唐太宗知道后立予召见，训斥说："朕巡省河、洛，经历数州，凡有所需，皆资官物。你饲羊养鱼，雕饰院宇，此乃亡隋弊俗，不可再行。当识朕心，改变旧态。"赵元楷又惭又惧，数日不食而死。

唐玄宗（李隆基）则称不奉献的官员为良吏。开元十三年（725），唐玄宗封泰山后，回到宋州，对张说讲："怀州刺史王丘，猪牛羊之外，一无他献。魏州崔沔供帐无锦绣，示我以俭。济州裴耀卿上表数百言，莫非规谏。"他们三人，"不劳人以买好，真是良吏"。

顺治皇帝在八年（1651）四月出巡，下诏行幸所过，官吏不得进献。

康熙皇帝晚年经常出巡，也像乃父一样，不让官吏奉迎进献。三十八年（1699）正月下诏说："朕将南巡察阅河工，一切供给，由京备办。预饬官吏，不要烦劳百姓。"四十一年（1702）九月下诏说："南巡阅河，所过之处停止一切陈设之物，禁止向百姓科敛。官吏不要馈遗，百姓各安本业。督抚应出布告，使明知朕意。"四十四年（1075）二月为察验黄河形势下诏说："所至勿缮行宫，其有科敛累民者，以军法治罪。"三月，谕令山东巡抚说："百姓欢迎道左者一日数十万人，计日回銮，正当麦秀，其各务稼穑，毋致妨农。"四十六年（1077）正月，下诏说：此次南巡，往返舟楫，所过之处，不要供给。四月，在杭州又下诏说："方今二麦将熟，百姓沿河拥观，不无践踏。其令百姓停止迎送，示朕重农爱民至意。”

一些官员也坚持按照标准供给，不向亲贵进献。如周摇在北周时任晋州总管，杨坚（后来的隋文帝）当时为定州总管，其妻独孤氏自京师前往定州，路经晋州，周摇对她礼遇甚轻，告诉她：“官府的钱财很多，但限于法律，不敢枉费，不得报效私人。”

明武宗南巡至扬州，知府蒋瑶按照制度供给，安排住宿，其余无所馈赠，明武宗周围受宠的人无不愤怒。江彬欲夺富民的住所为威武副将军府，蒋瑶坚执不可。江彬禁闭蒋瑶于空屋中，极力挫辱，并拿出明武宗所赐铜瓜加以威胁，蒋瑶没有为他所吓倒。明武宗钓得一条大鱼，开玩笑说能值五百两。江彬立即送给蒋瑶，要他拿钱。蒋瑶无奈，只好拿着妻子的簪珥、上衣呈进，说：“府库无钱，臣唯有这些东西。”明武宗笑笑，让他退了下去。扬州原有琼花观，明武宗下诏要取琼花。蒋瑶说：“自宋徽宗、钦宗被金兵虏向北边，此花已绝，今无以献。”明武宗又传旨征取奇异之物。蒋瑶说，这些均非扬州所产。明武宗气呼呼地问：“苎白布不是扬州产的吗？”蒋瑶不得已，献上五百匹。当时权幸之人以扬州繁华，要求无所不至，没有蒋瑶，百姓必定受到重困。正因蒋瑶不以公款公物买好取宠，惹恼了权幸之人。明武宗回京的时候，他护送至宝应，而宦官邱得却不让他回去，用铁索把他捆住，一直到了山东临清，才把他放回。扬州人见他回来，无不感泣。

还有一些官员廉洁自守，摒绝下级供给。如康熙年间，福建巡抚兼摄闽浙总督陈瑸奉命巡海，就自带行粮，摒绝供给。道光年间，顺天府府尹朱为弼单骑驰视蝗灾，也拒绝属官供给，说：“我为蝗来，乃以我为蝗耶？”

在官场中奉迎进献最忙的要数附郭的首县，因为属于交通要冲，官员来往频繁，首县都要迎来送往，负责招待，他们也有自己的苦衷。西安某县令就深有体会，极言首县县令之不可为，并举民间谚语为证：“前生不善，今生知县；前生作恶，知县附郭；恶贯满盈，附郭省城。”有位治所在省城的首县县令名叫洪子澄，以达官贵人沓来纷至，苦于迎送之烦，经常咨嗟太息，想要辞职，说：“终日奔驰，望尘而拜，虽非奴颜婢膝，究亦同流合污，我不为也。”有人调侃说：“欧美人谓官吏为公仆，你仆仆道途，应该称为公仆了。”

许多官员均想尽一切办法招待好出巡的皇帝、过往的高官和下来视察的上级官员，再根据本地情况，赠送金银珠宝或奇珍异味等，是因为上边下来的大都是贪官，下边招待进献的越好越多，他们就越喜欢。下级官员投其所好，主要目的就是买好，求得上边赏识，以便尽快提升。侍候不好，说不定乌纱帽难保。

诤臣

贞观六年（632），唐太宗因中书侍郎杜正伦、御史大夫韦挺、秘书少监虞世南和著作郎姚思廉论事称旨，特设宴招待，并对他们说："朕观古来人臣立忠之事，若值明王，便得尽诚规谏；至如比干等人规谏，就被商纣王戮死了。为君不易，为臣极难。我听说神龙可以驯服，然而其喉下生有逆鳞，撄者即死。人主亦有逆鳞，卿等竟不怕触犯，补益缺失，朕岂虑有危亡哉！我思卿等至意，故举酒以相乐也。"宴后又各赏赐了一些丝织物。唐太宗是古今罕见的从善如流的皇帝，故能对于直言进谏的臣下说出上面一番感人至深的话语。若是遇到昏君，臣下准备撄其龙鳞，那就非要冒被杀头的大险不可了。但在中国历史上，这样的人物虽然不多，也不是没有，传统观念将他们视为诤臣。

诤臣是指在皇权专制时代敢于不看皇帝脸色，面折廷争的官员。他们认为皇帝说的做的不对，就抗言力争，哪怕是圣旨，也要驳回。下面先看几个例子。

西汉初年，御史大夫周昌进宫奏事，看到汉高祖刘邦正拥抱着戚夫人宴饮，回头就走。刘邦一见不妙，立即放开戚夫人，追上周昌，把他按倒在地，骑着他的脖子问道："你说我是什么样的君主？"周昌使劲仰起头答道："陛下是夏桀、商纣之类的君主。"刘邦听了这诅咒似的话语，非但没有发怒，反而一笑而罢，足见其豁达大度，然而仍然畏惮周昌的耿直。后来刘邦欲废太子，立戚夫人之子如意为太子，朝中大臣力争，都没有挽回，周昌争得最坚决，刘邦问他有何理由。周昌口吃，又值盛怒，说："臣口不能言，然臣期期知其不可，陛下虽欲废太子，臣期期不奉诏。"刘邦听了，欣然而笑，旋即接受了留侯张良的献策，中止了废立太子之事。

东汉明帝气量狭隘，好派心腹侦察别人的隐私，公卿大臣往往遭到诋毁惩处，莫不毛骨悚然。尚书钟离意独敢谏争，数次封还诏书，臣下过失，常加救解。

乾德元年（963），宋太祖（赵匡胤）欲使天雄节度使符彦卿执掌兵权，枢密直学士赵普屡谏，宋太祖不听。诏旨已出，赵普又带着诏旨入宫，从容讲明不能用符彦卿执掌兵权的缘故。宋太祖说："朕待彦卿厚，岂忍相负邪！"赵普马上接道："陛下何以能负周世宗？"宋太祖被他驳得哑口无言。

一天晚上，宋真宗派人拿着欲封刘氏为贵妃的手诏交给宰相李沆，意思是要他表示赞成。岂知李沆看完，当着来人的面就把手诏焚烧了，对来人说："你回去对皇上说，臣沆以为不可。"宋真宗听了奏报，再也不提封刘氏为贵妃的事了。

鲁宗道为人刚正，任右正言时，有所风闻，多所论列，宋真宗颇为厌烦。他自知所言不起作用，对宋真宗说："陛下用臣，岂欲徒事纳谏之虚名也邪？臣窃耻尸禄，请得罢去。”立即辞职。

欧阳修曾上疏批评宋仁宗“拒忠言，庇愚相，为圣德之累”。

起居舍人吴奎指斥宋仁宗明知人贤而不能进，明知人不肖而不能退，十数年来所下诏令及所行之事，或有名而无实、或始是而终非、或横议所移、或奸谋所破。

元祐年间，有个案件应当从轻定刑，但宰相却以宋哲宗（赵煦）颁下特旨，要将罪犯处死。代理兵刑二部侍郎袁汝砺坚决反对，双方相持不下，宰相大怒，声言要罚其下属。袁汝砺说：“制书（诏书的一种）有不便，允许提出不同意见上奏，这是法律规定的，我的下属何罪之有？”遂连续四次上奏辞职。宋哲宗下诏免除了对其下属的处罚，并正式任命袁汝砺为吏部侍郎。

谏官刘安世扶持公道，敢于面折廷争，有时引起宋哲宗盛怒，他执简而立，待其怒气稍解，仍复上前抗争。群臣对他又敬又畏，目之为“殿上虎”。

南宋孝宗提拔他宠幸的曾觌、龙大渊，遭到奉命起草诏令的直学士院周必大与金安节的坚决抵制。乾道七年（1171）三月，宋孝宗任命张说为签书枢密院事，使其进入最高国务机关。张说本是一个低级官员，只因娶了寿圣皇后的妹妹为妻，才一路飙升。命令一下，朝论哗然，不过大都不敢出面说话，唯有左司员外郎兼侍讲张栻大加反对，上奏道：“所用乃得如此之人，非惟不足以服文吏之心，正恐反激武臣之怒。”中书舍人范成大拒绝起草诏令。宋孝宗见此，改任张说为安远军节度使。八年（1172）二月，宋孝宗再度任张说为签书枢密院事。侍御史李衡和右正言王希吕接连上奏，论述张说不可执政。周必大抗拒起草诏令，并上奏道：“以前举朝以为张说不可任知枢密院事，陛下亦知其误而予中止。但未到一年，此命复出。贵戚预政，公私两失，臣不敢具草。”给事中莫济则封还录黄（宋时中书省枢密院承旨起草的文件）。宋孝宗听不进逆耳之言，另外派人起草诏令，把莫济、周必大赶出了京城。

南宋还有个给事中黄裳，在宫廷一个月，即封驳诏令十数次。

明武宗是个荒淫无度的皇帝，正德十三年（1518）二月，皇太后病死，他不得不从外地回京治丧。翰林院修撰舒芬上书，请其在三年之内，深居不出。明武宗不听，三个月之后即去密云和喜峰口游玩，七月又传旨再去宣府。这次他诡称“北寇屡犯边疆”，化名朱寿，自称大将军，亲率六军前往征伐，命内阁大臣草拟诏书。大学士杨廷和、梁储等极力谏阻，说：“万一宗藩中援引祖训，指此而言，陛下何以应之？”意即万一宗藩中有人援引你自称总兵官，不承认你是皇帝，怎么办？明武宗仍然不听，杨廷和称病不出，梁储拒不草诏。武宗执剑威胁说：“不草制，吃此剑！”梁储说：“愿就死，臣死不敢奉命！”武宗只好不再颁诏，仓促出城，廷臣多不来送行。

明武宗纵欲身亡，没有儿子继承皇位，皇太后与内阁大臣密商，根据《皇明祖训》中兄终弟及之义，到湖北安陆迎立武宗的堂弟、十五岁的兴献王朱厚熜继承皇位（明世宗）。朱厚熜曾四次御批，为其生父、生母加尊号，杨廷和均将御批封还，上奏将近三十疏，极论不可，并多次以去就力争。

诤臣并非都是傻瓜，也有七情六欲，晓得顺从讴歌皇帝会步步高升，而直言规谏会给自己带来严重的后果，那他们为什么还如此大胆地执着力争，拒绝执行皇帝命令呢？这只能从他们的人生观和价值观得到解答。

春秋时齐国丞相晏婴曾说："国有道，即顺命；无道，即衡命。"大意就是国家大政合乎事理，方法正确，就奉命遵行；反之，就要考虑考虑。宋代的宰相吕蒙正以正道自持，遇事敢言，每论时政，如认为不妥，必然坚称不可。说："臣不欲用媚道妄随人主之意，以害国事。"

此类官员之所以敢于抗命，就是因为他们头脑中时刻想着大是大非，接到皇帝命令，首先考虑的不是个人的安危私利，不是一味地盲目顺从，而是先看对错，是否合法，对国家和人民有利无利，再决定自己的态度，对的就执行，错的就驳斥。

再者，他们都认为忠臣服事皇帝，应该犯颜直谏，不避死亡之诛，这既是对皇帝的真正爱护，也是自己应尽的责任。如汉武帝对群臣说，想招文学儒者。刚直的主爵都尉汲黯毫不客气地接道："陛下内多欲而外施仁义，奈何欲效唐虞之治乎！"汉武帝大为愤怒，立即罢朝。公卿皆为汲黯担心，也有人责备他对汉武帝太过分。汲黯回答说："天子置公卿辅弼之臣，宁令从谀承意，陷主于不义乎！且已在其位，纵爱身，奈辱朝廷何！"唐代翰林学士李绛因进谏宦官之事引起唐宪宗（李纯）愤怒，厉声道："卿所论奏，何太过耶？"李绛对他说："臣所谏论，于臣无利，是国家之利。陛下不以臣愚，使处腹心之地，岂可见事亏圣德，致损清时，而惜身不言，仰屋窃叹，是臣负陛下也。若不顾患祸，尽诚奏论，旁忤幸臣，上犯圣旨，以此获罪，是陛下负臣也。且臣与中官，素不相识，又无嫌隙，只是威福太盛，上损圣朝，臣所以不敢不论耳。使臣缄默，非社稷之福也。"明代御史马经纶上奏明神宗（朱翊钧）

说："诚以直言为忤旨，则臣等不难效喑默之成习，但恐庙堂之上率谄佞取容，非君上之福也。臣等富贵荣辱之念岂与人殊，然宁为此不为彼者，毋亦沐二百余年养士之恩，不负君父，且不负此生耳。陛下奈何深怒痛疾而折辱至是哉！"

诤臣的这些观念虽然属于儒家伦理，但其出发点是专制时代的"公"，而非一己的私，所以对国家有利，对民生有益。可惜的是，诤臣太少。原因就在于"君为臣纲"，君与臣是统治与服从的关系，皇帝握有生杀予夺之权，而又大多自以为是，爱听赞歌。当他们对某个问题征求意见时，百官发表的意见若不符合其意，就有可能受到申斥。皇帝决定的事或颁发的诏旨，百官必须服从，倘若违背，便有被贬谪、罢官、监禁甚或杀头的危险。官员为了保住乌纱帽，逐步高升，只好在皇帝面前唯唯诺诺，世故圆滑，无所作为。所以，除了个别明君在位，其他朝代的绝大多数官员不是庸官，就是谀臣，诤臣极少。

有些官员为了顾全最高执政者的面子，往往采取另一种与面折廷争不同的方式，即避开群臣，个别求见，婉言规劝。如十六国时的汉国太保刘殷和北魏时的中书侍郎高允就是这么做的。这种方式更易为最高执政者所接受，效果颇好。汉国国君刘聪告诫其子孙说："事君务必进行婉言规劝。凡人尚不可面斥其过，况万乘之尊乎！婉言规劝之功，无异于犯颜直谏，但不彰显国君过失，所以是好的。"北魏太武帝拓跋焘对群臣说："君有得失，不能面陈，而上表显谏，欲以彰君之短，明己之直，此岂忠臣所为乎！如高允者，乃真忠臣也。朕有过，未尝不面言，朕闻其过而天下不知，可不谓忠乎！"但这样的官员亦极少见。

诤臣少，说明国君昏暗。如果全国只能听到一个声音，国事也就不堪闻问了。故一些为国为民的官员不时发出应开不讳之门、不可因言加罪的呼声，以求昏君警醒。然而，对大多数昏君而言，这无异于对牛弹琴。

谄媚

孔子曰："三军可夺帅也，匹夫不可夺志也。"孟子曰："以顺为正者，妾妇之道也。居天下之广居，立天下之正位，行天下之大道，得志，与民由之；不得志，独行其道。富贵不能淫，贫贱不能移，威武不能屈，此之谓大丈夫。"又曰："长君之恶其罪小，逢君之恶其罪大。"说的均为立身行事要有独立的人格，坚持自己的意志，不能随声附和，更不可一身媚骨，谄谀权贵。但在古代社会，如此立身行事的固然不乏其人，而更多的则是另外一种情形。许多人在皇帝和长官面前卑躬屈膝，趋炎附势，阿谀奉承，如同京剧《法门寺》里明朝宦官刘瑾的亲信奴才贾桂，奴性十足。在官场中，这种奴才比比皆是。下面罗列一些事例。

和士开为北齐的尚书令，封为淮阳王，掌握朝廷大权，一些没有廉耻的朝臣多相附会，甚至当干儿子。有次和士开患病，一人前去探望，正遇上医生给和士开看病。医生说："伤寒极重，应服'黄龙汤'（中医药方，即大粪汤）。"和士开面有难色。前去探望的人说："此物甚易，王不须疑惑，请为王先尝尝。"说罢端起"黄龙汤"一饮而尽。和士开深感此人用心，也硬着头皮勉强喝了下去，出了一身汗，病就好了。

文学家扬雄在西汉末当个小官，多年不升，王莽篡汉后才转为大夫。他作《法言》盛称王莽功德可比伊尹、周公，后又作《剧秦美新》之文，颂扬王莽的新朝。

西晋的潘岳，字安仁，是个少见的美男子，才名冠世。但也非常势利，极力攀结权贵。晋武帝司马炎躬耕籍田本是当皇帝照例作秀的事，潘岳却作赋颂扬说："躬稼以供粢盛，所以存孝也；劝穑以足百姓，所以固本也。能本而孝，盛德大业至矣。""一人有庆，兆民赖之。"他做过县令、著作郎、散骑侍郎，还想高升。晋武帝死后，贾后和秘书监贾谧等专权，潘岳又以文才降身屈节谄事贾谧，每候其出，辄望尘而拜，为贾谧二十四友之首。

东晋元兴元年（402），桓玄（桓温之子）率兵攻入建康（南京），杀死司马元显，掌握了朝政。次年，百官在姑孰（安徽当涂县）劝进。桓玄筑坛于九井山北，即帝位。后入建康宫中，坐到床上，床忽然微微下陷，群臣失色。侍中殷仲文却拍马说："这是因为陛下圣德渊重，连大地都不能载了。"桓玄听了大为高兴。

诗人宋之问仪貌魁伟，善于雄辩。刚刚成年，武则天就把他召进宫中，令直习艺馆，后转尚方监丞、左奉宸内供奉。他的人品极为卑劣，倾心媚附武则天的面首张易之、张昌宗兄弟，替他们作应制诗，甚至为张易之捧尿壶。张易之等被杀后，他被贬为陇州参军，不久逃回，藏在洛阳张仲之家。其时武三思又恢复权势，张仲之与驸马都尉王同皎等谋杀武三思，以安唐室。宋之问得知，令侄子揭发其事，用以自赎其罪。王同皎等获罪，宋之问为鸿胪主簿。后因谄事太平公主，再升为考功员外郎。及至安乐公主权盛，他又前去巴结。唐中宗时太平公主揭发其罪行，他被贬为越州长史。唐睿宗即位，以其曾附张易之、武三思，狯险盈恶，流放钦州，赐死。

内史、凤阁侍郎、同平章事杨再思执政十余年，专以谄媚取容。不但对武则天如此，就是在武则天的宠儿面前，也不顾宰相身份，屈节如同奴才一般。张易之之兄司礼少卿张同休曾在一次宴会上戏弄他说："杨内史面似高丽。"杨再思居然非常欢喜，剪纸帖巾，反披紫袍，跳起高丽舞，引得举座大笑。有人称誉张昌宗之美说："六郎面似莲花。"杨再思说："不然，乃莲花似六郎耳。"

蔡嶷由于谄媚蔡京，以秀才应试，被擢为第一。旋即在不到一年的时间，再由秘书正字升为起居舍人、中书舍人、给事中。他一意攀附蔡京，与蔡京叙族谱，尊蔡京为叔父。蔡京命其子蔡攸等出见，蔡嶷又把自己降了一辈，对蔡京说："向者大误，公乃叔祖，此皆伯父、叔父行辈。"立即下跪叩拜。

南宋礼部侍郎倪思上书宋宁宗（赵扩）说："士大夫寡廉鲜耻，列拜于势要之门，甚者匍匐门窦，称门生不足，称恩坐、恩主甚至于恩父者，谀文丰赂，又在所不论也。"校书郎兼国史院编修官罗点上封事，谓："今时奸谀日甚，议论凡陋。"可见谄媚在南宋官场中是何等的普遍。

秦桧两据相位，前后十九年，擅政以来，屏塞人言，蒙蔽皇上，一时忠臣良将，诛锄略尽，其顽钝无耻者，率为秦桧所用。自其独任宰相，至死之日，执政换了二十八人，没有一人获得社会好评。柔佞如孙近、韩肖胄、楼照、王次翁、范同之徒，率皆拔之冗散，遽跻高位。他们在秦桧面前，拱手听命而已。献言者无不歌颂秦桧的功德，谄谀愈多。台州曾惇献秦桧诗称其“圣相”，其他献者称为“元圣”。绍兴十七年（1147）十二月，进士施锷上《中兴颂》、《行都赋》及《绍兴雅》十篇。静江府有个驿站名叫秦城，知府吕愿中率宾客僚属共赋《秦城王气诗》以媚秦桧，由此得召。还有人请秦桧乘金根车（帝王所用的饰金的车子），加九锡（古代帝王赐给有大功或有权势的诸侯大臣的九种物品，后世权臣篡位之前，辄先赐九锡）。

枢密院都承旨韩侂胄专政十四年，宰执、侍从、台谏皆其门下之人，威行宫省，权震宇内。许及之为吏部尚书，谄事韩侂胄无所不至。他当了两年的尚书不见升迁，去见韩侂胄，痛哭流涕，叙其知遇之意，不觉屈膝下跪。韩侂胄可怜他，奏请让他同知枢密院事。在韩侂胄的生辰，百官上寿，大家均到了，许及之来得晚，守门人已将大门关上。许及之大窘，一看门闸未及关闭，赶紧屈身爬了进去。当时有“由窦（孔穴）尚书，屈膝执政”之语，传为笑话。

在韩侂胄的生日，百官均去争贡珍异，依附韩侂胄出任临安知府的赵师择最后至，拿出一个小盒子说：“愿献一点果子劝酒。”众官打开盒子一看，乃是粟金蒲萄小架，上缀大珍珠百余颗，自己献的远远不如，甚感惭愧沮丧。韩侂胄有爱妾张、谭、王、陈四人，皆封郡夫人，其次有名位者又十人。有人献四个北珠冠于韩侂胄，韩侂胄给了四位夫人；其余十人亦欲得到，可是没有人来献。赵师择闻听，马上买了北珠，制成十冠以献。十人大喜，求为赵师择升官，赵师择被提拔为工部侍郎。一日，韩侂胄与众客宴饮于南园，经过一处山庄，看到竹篱草舍，说：“这里真是一派田园景象，只是缺点儿鸡鸣狗吠之声罢了。”过了一小会儿，忽听草木丛中传来了“汪汪”的狗叫声。仔细一看，原来是赵师择蹲在那里学狗叫，韩侂胄哈哈大笑。

程松谄事韩侂胄尤甚，自任钱塘知县，不到二年，升为谏议大夫。过了一年，未再升迁，殊为怏怏。他买了一位小妾，取名松寿，献于韩侂胄。韩侂胄问：“她怎么与你同名？”程松答道：“欲使贱名常达钧听耳。”韩侂胄怜之，遂提拔他同知枢密院事。

太监王振得到明英宗（朱祁镇）的宠信，任司礼监掌印太监，勾结内外官僚，擅作威福，干涉朝政。王佑以谄媚超升为工部右侍郎后，对王振更加极意逢迎。他长得很帅且无胡须，最善观察王振的脸色。一日，王振问道：“王侍郎何以无有胡须？”王佑答道：“老爷所无，儿安敢有！”

在明代中叶以前，士大夫尚知看重名节，至明武宗时，司礼监掌印太监刘瑾窃权，许多士大夫连名节也不要了。焦芳是以谄媚刘瑾而做到大学士入阁辅政的，他每次见到刘瑾，“言必称千岁，自称曰门下”。裁阅章奏，完全顺从刘瑾之意。刘瑾浊乱海内，变置成法，荼毒缙绅，皆是焦芳导致的。除了焦芳，其他大臣争先献媚刘瑾的，不胜枚举。朝臣均称刘瑾为“老者”。

明熹宗（朱由校）在位时，宦官魏忠贤得势，礼部尚书顾秉谦和南京礼部侍郎魏广微率先谄附，俱都入阁，他们在魏忠贤面前，如同奴才一样。朝廷一有举动，顾秉谦拟旨皆归美魏忠贤，褒赞不已。魏广微写信给魏忠贤，竟在信封上签署“内阁家报”。其后进入内阁的黄立极、施凤来、张瑞图之属，皆依媚取容，拟旨必曰

"朕与厂臣"，不敢称魏忠贤之名。魏宗贤生祠的碑文，多出张瑞图之手。

御史崔呈秀因贪赃被弹劾革职，大为恐惧，夜里往见魏忠贤，叩头泣涕，乞为养子，呼其为父。魏忠贤正受廷臣交攻，大为高兴，假托圣旨，起用为心腹。崔呈秀为魏忠贤提供东林党及其他反对者的名单，被提拔为工部右侍郎，后升该部尚书。天启六年（1626），内外大权皆归魏忠贤。文臣以崔呈秀为首，加上兵部尚书田吉、工部尚书吴淳夫、太常寺卿倪文焕、副都御史李夔龙主谋议，号称"五虎"，都是魏忠贤的干儿子和鹰犬。武臣则有田尔耕、许显纯、孙云鹤、杨寰、崔应元主杀戮，号称"五彪"。右佥都御史刘志选、太仆卿梁梦环和兵部尚书刘诏都像对待亲爹一样对待魏忠贤，歌颂其"德被四方，勋高百代"，"称以尧天舜德，至圣至神"。他们在蓟州为其建生祠，金像用冕旒，奉迎金像时，皆五拜三稽首，率文武将吏列班阶下，高呼"九千岁"。吏部尚书周应秋、太仆少卿曹钦程等号称"十狗"，曹钦程父事魏忠贤，在群小中尤其无耻，日夜奔赴于魏忠贤之门，卑鄙谄谀，无所不至，连其同类提起他来，亦颇羞愧。后来魏忠贤也讨厌他，以其败群，将其罢官。临行之时，他还向魏忠贤叩头，说："君臣之义已绝，父子之恩难忘。"泣涕而去。此外，又有"十孩儿""四十孙"称号。石三畏为魏忠贤的"十孩儿"之一，他与御史张讷、卢承钦、门克新、刘徽、智铤均为搏击清流、献谄希宠最为著名的人物。

浙江巡抚潘汝桢最先请为魏忠贤建生祠，昏庸的明熹宗竟然批准。经过三个月，魏忠贤生祠在杭州西湖山麓建成，苏杭织造李实奏请命杭州的驻军派兵永守祠宇，世世祝禧崇报。生祠备极壮丽，由内阁大臣施凤来撰记，张瑞图书写，明熹宗赐匾额曰“普德”。生祠中的魏忠贤像以沉香木雕成，眼、耳、口、鼻、手、足宛若生人，腹中肺肠皆以金、玉、珠宝做成，衣服绮丽，髻上有一孔穴，以簪四时之花。自此之后，四方效尤，曲意献媚，几遍天下，诸多督抚大吏争相颂德立祠，下边的武夫商民诸无赖亦各建祠，穷极工巧。每祠之费，多者数十万，少者数万，攘夺民众田庐，斩伐树木，无人敢告。开封的生祠，竟毁民屋两千余间，创建宫殿九楹，俨如帝王。魏忠贤一年出去几次，所经之地士大夫遮道拜伏，至呼“九千岁”。七年（1627）五月，监生陆万龄又请建魏忠贤生祠于太学旁配孔子，以魏忠贤之父配启圣公，也得到批准。此后，凡不建祠或进祠不拜魏忠贤像的地方官员不是罢官，就是论死。地方所上奏章，事无巨细，常常称颂魏忠贤，佞词累牍，不顾羞耻。

作文献媚，胁肩谄笑，吮痈舐痔，虽然与皇帝和长官的妄自尊大、喜听恭维、恶闻直言密切相关，但更主要的则在个人。他们追求的只是升官发财，为此不惜出卖灵魂、良知、人格和道德底线，什么丑恶无耻的事情都干得出来。尽管他们的卑劣行为遭到正人君子的鄙视和讥刺，然而，“千穿万穿，马屁不穿”，谄媚者依然大有人在。故冯梦龙在《古今小说》中讽刺奸相严嵩及其子严世蕃时，将《神童诗》“天子重英豪，文章教尔曹。万般皆下品，惟有读书高”改写为“天子重权豪，开言惹祸苗。万般皆下品，唯有奉承高”。

非但官场和文人谄媚，乞丐见谄媚有利，亦废寝忘餐地学习起来。《谐铎》中有一篇《贫儿学谄》的故事，描写得活灵活现：

奸相严嵩擅作威福，夜坐内厅，假儿义子，纷来投谒。严嵩命他们进入，他们都跪着行进。进屋就跪下叩头，甘言谀词，争妍献媚。严嵩意颇自得，告诉他们某侍郎缺由谁去补，某给谏缺由谁去补，众人叩头谢过。过了一小会儿，忽听檐瓦有轻微响声，群起喧哗追逐，一人失足堕地。严嵩怀疑他是贼，命押送有关部门。堕地之人跪下说："小人不是贼，是乞丐。"严嵩问："你既为乞丐，为何来此？"乞丐说："小人有隐衷，倘蒙见宥，愿禀白一言而死。"严嵩许其自陈。乞丐说："小人名叫张禄，一同为乞丐的，还有钱秃子。春间商贾云集，钱秃子所到，人辄给以钱米。小人虽有所得，但终不及钱秃子。我问他是何缘故，钱秃子说：'我们当乞丐，有媚骨，有佞舌。你不知窍门，所得怎能与我相比？'我求他指授窍门，他坚决不许。于是，我就想相公门下，昏夜乞怜的人，其媚骨佞舌，当十倍于钱秃子。所以就跑来学习，在暗处趴伏着听，从缝隙里窥视，已经三个月了。今揣摩粗就，不幸踪迹败露。愿假鸿恩，从宽处理。"严嵩初甚愕然，继而望着众人笑道："乞丐亦有道。你们的媚骨佞舌，真是此辈之师！"众人唯唯。严嵩遂免其罪，命众人领乞丐出去，朝夕轮流教授。不逾一年，乞丐学成而归。由是张禄乞求的钱米，高出钱秃子之上。

最后，作者感慨地写道：张禄师严嵩门下，严嵩门下又师何人？曰师严嵩。前明一部百官公卿表，即《乞儿渊源录》也。

较之明代，清代官场的谄媚有过之而无不及。有人戏赠知县联云："下官拼万个头，向上司磕去；尔等把一生血，待本县绞来。"赠知府联云："见州县则吐气，见臬道则低眉，见督抚大人茶话须臾，只解得说几个是是是；有差役为爪牙，有书吏为羽翼，有地方绅董袖金赠贿，不觉的笑一声呵呵呵。"难怪在官场公宴，谈及商情好坏时，有位喜欢嘲骂的翰林忽然说：“在今日要想发财，实以经营接骨膏为至佳。”众皆惊诧，不知其所云，因问何故。他说：“今日世尚逢迎，人工奔走，虽是狗腿，亦跑折了。其可不疗以膏，而续其骨！”

晚清凡有大众聚会及宴乐等事，必有颂词，竭力谄谀，成为一种风气。张之洞督鄂，提倡学堂，有好事者提议开会庆祝，官员、教员、学生到者数百人。某学堂监督特撰长篇颂词，令东洋留学生刘某琅琅高读，兴致淋漓，满座肃然。待留学生读毕，一位狂士喜欢恶作剧，接着大呼：“呜呼哀哉，尚飨！”引得在座之人皆捧腹大笑。

民国以后依然。就说袁世凯称帝吧，在他承认帝制的次日，各省请愿团头目和北京绅商耆民四百余人麇集于新华门前，跪求袁世凯即时正位，群呼“中华帝国万岁！”并唱新国歌，歌词有：“今逢盛德主，琳琅十倍增声价。”后来，袁世凯取消了帝制，王式通谒见时仍然拜跪称臣。出来以后，与其共同谒见的张一麐斥道：“顷与项城（袁世凯）共话，未片刻，吾默数你称臣至六十余次。书衡（王式通字），你真有臣癖耶？”王式通怫然应道：“今上虽弃帝号，吾与之名分已定，汾阳王式通岂能效人首鼠两端，背恩忘主乎？”真是一副十足的奴才相。

升官发财是许多人的人生观，谄媚是许多人升官发财的窍门，爱听歌颂赞美又是许多高官的嗜好，如此官场生态，谄媚之风岂会消逝？

如此宰相有何用

“三旨相公”

王珪，字禹玉，四川华阳人。考中进士后逐渐晋升学士承旨。宋神宗熙宁三年（1070）任参知政事。九年，升为同中书门下平章事、集贤殿大学士。元丰五年（1082）任尚书左仆射，兼门下侍郎。宋哲宗即位，进为金紫光禄大夫，封岐国公。

他之所以能从一个下级官员逐步当上宰相，主要是靠能写一手好文章，朝廷大典策多出其手，为同辈和翰林院的前辈所推许。他自熙宁三年（1070）任参知政事，至元祐元年（1086）以宰相去世，共执政十六年。在此期间，他没有任何作为，只知对皇帝阿谀奉承，俯首帖耳，从不提出重要建策，更无什么创见。上殿进呈的时候，他说“取圣旨”；皇帝做出指示后，他说“领圣旨”；退下以后，他又告诉禀事的官员说“已得圣旨”。这就是他执政办事的方式方法，所以当时的人们就送了他一个“三旨相公”的“雅号”。

“纸糊三阁老”

万安，字循吉，四川眉州人。明宪宗成化五年（1469）任礼部左侍郎兼翰林学士，进入内阁，参与机务，后升为大学士。他虽是进士出身，却不学无术，入阁之后，唯知拉关系，结交宦官。其时正值万贵妃宠冠后宫，他又通过宦官向万贵妃殷勤致意，自称为侄。

万氏是山东诸城人，其父是县里的小吏，因为有罪遭到流放。万氏四岁时被献入宫廷服役，长大为孙太后的宫女。明宪宗为皇太子时，孙太后将万氏赐给他。明宪宗即位时才十六岁，而万氏已经三十五岁，论年龄可做明宪宗的妈妈，照常情明宪宗不会对她产生多么深厚的感情。可是，她却凭着聪明机警、善于奉迎和床上功夫赢得了明宪宗的极端宠爱，封她为才人。经她进谗，明宪宗废了皇后吴氏，也很少让六宫妃嫔侍寝。成化二年（1466）正月，她生了第一个皇子，晋封为贵妃，但不到一年，皇子便夭折，万贵妃从此不再怀孕。群臣皆以皇帝无子为忧，有的恳请明宪宗多亲近别的妃嫔。万贵妃见到妃嫔和宫女有了身孕，就强制用药堕胎，纪淑妃也被她害死。宦官们谁都不敢稍忤其意，否则立遭斥逐。然而，她毕竟出身贫贱，娘家没有显贵高官。正在她自愧无法和别的妃嫔相比门第的时候，突然凭空冒出一个参与内阁机务的万安主动来认同宗，并且自称为侄，她大喜过望，立即派人与他联络。此后，万安就得以备知宫中动静，地位越来越巩固。

明宪宗即位不久，即学习道术，整天与妃嫔和宫女淫乐，不理朝政，群臣奏事和皇帝旨意均经宦官传达，即使内阁大臣也很少能见到其面。大学士彭时出身状元，商辂则是明代唯一的“三元”（乡试、会试、殿试的第一名分别为解元、会元、状元，合称三元），他们均很正直，看到这种状况，深以为忧。成化七年（1471）冬，彗星出现，朝中大臣多言君臣隔绝不通，皇上应及时召见大臣议政，彭时、商辂更是力请。司礼太监奏报后约他们在皇帝御殿的日子召对，并说：“初次相见，感情未洽，不要多言，等以后再说。”到召见那天，彭时、商辂和万安来到殿前，司礼太监又把前次说的话叮嘱了一遍。

见到明宪宗，彭时奏道：“天变可畏。”明宪宗说：“已经知道，卿等宜尽心。”彭时又奏道：“昨天有御史疏请减少京官俸薪，武臣不免抱怨，还是像过去一样为好。”明宪宗点点头说：“可以。”彭时和商辂正要接着讲下去，万安突在一旁叩头，口呼“万岁”，起身欲退。彭时和商辂见其如此，不得已，只好跟着叩头退出。

于是，太监戏谓朝中人士说：“他们埋怨皇上不召见，及至召见，却又只知道呼万岁。”大家一时传为笑柄，谓之“万岁阁老”。其实，这个“万岁阁老”的称号只适合于万安，并不适合于关心国家大政的彭时与商辂。

其后尹直入阁，想请见明宪宗议事，万安加以阻止，说：“往昔彭时请召对，一语不合，辄叩头呼万岁，以此贻笑。现在我们议事，让太监上奏，没有不允的，胜过当面召对多了。”竟把自己的丑行说成彭时干的。成化十三年（1477）之后，彭时已经去世，商辂以得罪汪直辞官而去，刘吉、刘珝入阁，万安成为首辅。他们三人对明宪宗的荒淫怠政无所规正，只求自保，被人们讥讽为“纸糊三阁老”。

成化二十三年（1487），万贵妃暴死。同年，明宪宗亦病逝。十七岁的明孝宗嗣位，命万安起草登极诏书，万安居然写上“禁止言官假借风闻挟私”，搞得朝内朝外一片哗然。万安心中不安，于是又想出一个极其卑鄙下流的主意，将一个装着奏章的小箱子放置宫中，企图向年轻的新皇帝讨好。明孝宗为太子时，就闻知万安勾结万贵妃的兄弟，向明宪宗推荐妖僧继晓以固其宠。此时见到小箱子，打开一看，全是论房中术的，末后署“臣安进”，即命司礼监太监怀恩持往内阁问他：“这是大臣所应做的事情吗？”万安闻言，立感不妙，吓得出了一身冷汗，趴在地上，话都说不出来。之后，御史杨鼐问他诏书中写“禁止言官假借风闻挟私”是怎么回事，他便假借皇帝的名义吓唬人，答道：“这是里面的意思。”杨鼐就把他说的话奏闻上去，斥责他抑塞言路，归过于君，无人臣之礼。于是庶吉士、御史们纷纷上奏论列其罪。明孝宗读过，十分气愤，决定将其免职，又令怀恩拿着诏书去向万安宣读。万安听了，数次跪起，苦苦哀求。怀恩见其已七十余岁而仍恋恋不舍首辅位置，直接走到他的面前，把他的牙牌（官员的执版，上写官衔、履历等）摘掉，冷冷地说：“你可以走了。”万安方始惶惧回家。在回原籍的路上，他仍抱着重新被起用的希望，但很快就一命呜呼了。

“青词宰相”

明世宗迷信道教，经常在宫中斋醮祭天，祭时照例需要撰写

“青词”。所谓“青词”，亦称绿章，是道教斋醮仪式上写给“天神”的奏章表文，一般为骈俪体，因为是用朱笔写于青藤纸上，故名“青词”。明世宗经常命文学侍从之臣代为撰写，并特别优待他们，写得好的立即颁发特旨，予以超擢，不经大臣推荐。所以侍从之臣争以“青词”邀宠，状元出身的顾鼎臣、李春芳，探花出身的袁炜，进士出身的严嵩、严讷、郭朴都是以善撰“青词”而升为大学士，进入内阁参与机务的。其中袁炜的才思特别敏捷，明世宗经常半夜命他作青词，他举笔立就。遇到中外进献的祥瑞之物，他会用最华丽的辞藻加以颂扬。有一天，明世宗畜养的一只猫死了，命儒臣撰词禳除灾祟，他的词中竟有“化狮作龙”之语，其诡词媚上，大多类此。这些大学士都有些才华，但只会投明世宗所好，在撰写“青词”上下功夫，一意媚上，从不进行规谏，时人讥诮他们为“青词宰相”。

宰相是辅佐皇帝的最高官员，统领百官，总揽政务，责任异常重大。但像上述的宰相，完全没有自己的思想，从不规谏皇帝过错，提出有益于国家和人民的建策，只知逢君之恶，阿谀奉承，俯首帖耳，保住禄位，收受贿赂。如此宰相有何用？徒留骂名而已。

笑骂由他笑骂，好官我自为之

邓绾，字文约，成都双流人，进士出身。熙宁三年（1070）冬，任宁州通判。第二年，他知道王安石得到宋神宗的信任，专权行使国政，条陈上奏时政数十件事，以为“宋兴百年，习安玩治，当事更化”，不变法不行。又上书言：“陛下得伊、吕之佐，作青苗、免役等法，民莫不歌舞圣泽。以臣所见宁州观之，知一路皆然；以一路观之，知天下皆然。诚不世之良法，愿勿移于浮议而坚行之。”将王安石比作辅佐商汤的伊尹和辅佐周武王的吕尚，谎称民众对青苗、免役等新法“莫不歌舞圣泽”，向王安石献媚。又写信称颂王安石，极其佞谀。王安石甚为欢喜，将其举荐。宋神宗令其驰驿进京。召对时，宋神宗问起王安石及吕惠卿，邓绾回答不认识。他退出后谒见王安石，欣然如同老朋友。宰相陈升之、冯京以邓绾熟悉边疆之事，又使其知宁州，邓绾闻之不乐。有人问他：“君今当做何官？”邓绾答道：“不失为馆职（北宋设昭文馆、史馆、集贤院为三馆，通名崇文院。后于此中建秘阁，别置官属，自直秘阁、直馆、直院至校理、校勘等，称为馆职）。”不几日，果任集贤校理、检正中书孔目房。他在京城的同乡人皆笑且骂。邓绾闻知，毫不在乎，竟无耻地说：“笑骂从他笑骂，好官还我为之！”当时王安石的新法皆出司农，王安石欲借邓绾威胁众官，故不久又任命邓绾同知谏院，升侍御，判司农事，主管常平、水利、免役、保甲之政。此后，王安石想让其子王雱做官，邓绾极力推荐。王安石特别喜欢吹捧他的唐坰，欲留之在朝，令邓绾荐为御史，邓绾又奉命唯谨。五年（1072）春，邓绾晋升御史中丞，又加龙图阁待制。

七年（1074），王安石罢相，出任江宁知府。邓绾看风使舵，转而依附效忠于执政的参知政事吕惠卿。

八年（1075），王安石恢复相权，与吕惠卿产生矛盾，局势发生了变化。邓绾一见不好，急于消除依附吕惠卿的迹象，于是又厚着脸皮极力协助王安石攻击吕惠卿，与知华亭县张若济揭发吕惠卿兄弟强借秀州富民钱购置田产之事，同他划清界限，使其出知陈州。又论三司使章惇帮助吕惠卿之奸，使其出知湖州。后升迁翰林学士，仍为御史中丞。他顾虑王安石失势，屡屡奏请留在朝中，并宜录用王安石之子及婿，赐第京师，以取悦于王安石。宋神宗告诉了王安石。王安石说：邓绾“为宰臣乞恩泽，极伤国体，当黜”。并自劾举荐失当。宋神宗斥邓绾出知虢州。人们提起他，莫不论其奸佞。

邓绾为了取得权势，谄媚权贵，朝秦暮楚，翻云覆雨，反复无常，甚至反戈一击，毫无人格可言。在官场中，除了他这种类型的人，还有无数只知拼命敛财、仗势欺人，剥削百姓、不知人间尚有羞耻二字的人，遭到人们的笑骂。有的是背后笑骂，有的是当面笑骂。例如，康熙年间，广东某学政贪赃卖官，任满回京，已经登舟，忽见士子数千人执香相送，殊出望外，大声说："本道在此无甚功德，何劳你们远送？"言未毕，则闻岸上哗然大叫："愿大宗师男盗女娼！"掷香而返。

宣统三年（1911），蒋芷侪到北京大栅栏厚德福河南酒馆喝酒，听到隔座两人聚谈，其对话如下。

甲云："近日各报纸，明目张胆以脏话痛诋政府，而政府亦忍之，真有娄师德唾面自干的风度（娄师德在唐代官至同平章事，其弟出任代州刺史，将行，娄师德说："荣宠已极，人所嫉妒，如何方能自免？"其弟说："自今虽然有人唾我的面，我拭之而已。"娄师德说："不行，拭之是违其怒，止使自干耳。"）。我若当权，必借端将各报馆全行封禁。"

乙笑道："此正足下所以不能当权也。"

甲问其故。

乙说："做官必须懂官诀，始能希荣固宠。进入政府者有十二字诀，所谓'笑骂由他笑骂，好官我自为之'。"

甲听得兴奋，端起酒杯喝干了，又言："移奖实官，度支部前次奏准本年二月初一截止，现在忽然又请展限，其意恐失去大宗利源。倘此次满限，再请展限，未免有同儿戏。"

乙笑道："度支部神通广大，听说目前因鼠疫（宣统二年十月东三省开始发生鼠疫）经费太巨，无法筹拨，不久要奏请开办耗子实官捐。"

甲又干了一杯，说："京城内外，大街小巷，各部院衙门前后，骡马粪随时遍布，一遇雨雪，调成泥糊，臭不可闻，俨然是一片大粪厂。”

乙笑道：“足下只知道京城地面上像大粪厂，可知道这般大官肚皮里装的是什么？”

甲正举杯，又欲干掉，闻听乙言，不禁喷酒满案。

此即官员在一般平民百姓心中的形象！然而，官员依然是：“笑骂由他笑骂，好官我自为之！”官员如此，平民百姓还有个好吗？

最亲“孔方兄”

晋武帝司马炎所建的西晋王朝，是个极度腐朽的王朝。他本人也是个极其荒淫的皇帝，灭掉吴国以后，选取了吴国宫女五千人，以后又选取中级以上文武官员家的处女入宫，继又选取下级文武官员和普通士族家的处女入宫，总计有宫女一万人以上。在其表率下，大臣和亲信的生活大都非常奢侈。如丞相何曾，每天的伙食费要花一万钱，他还说没有可吃的东西。其子何劭更甚，每天的伙食费多达两万。但他还不算最富有的，最富有的要数石崇。他家有水碓（利用水力旋动的舂米设备）三十余处，奴隶八百余人，还有大量的珍宝钱财和田宅。他与晋武帝的舅舅、后军将军王恺斗富，以蜡代薪，作锦布障五十里，胜过王恺。晋武帝支持王恺，赐给他一棵高二尺许、枝柯扶疏、世罕其匹的珊瑚树。王恺向石崇炫耀。石崇看过，马上以铁如意将其击碎。王恺既惋惜，又以为他嫉妒自己的珍宝，声色甚厉。石崇不屑地说：“不值得愤恨，现在还给你。”于是命左右取来六七棵珊瑚树，有三尺高的，有四尺高的，条干绝世，光彩溢目。王恺一见，惘然自失。

晋武帝死后，晋惠帝即位。他是个白痴，什么世事都不懂。如：他听到蛤蟆叫，竟然问左右的人："这些鸣叫的，是为公事，还是为私事？"又如：天下遍遭灾荒，百姓饿死许多，他闻听问道："他们为何不吃肉粥？"正因他是个白痴，实权落在贾皇后的手中。而贾皇后淫虐日甚，其亲戚郭彰、贾谧等人参与朝政。于是权在群下，政出多门，忠贤绝路，谗邪得志，更相荐举，天下谓之"互市"。

其时朝廷用人，看什么人该给什么官，不是看什么官该用什么人。求官的人，为了满足极端奢侈的生活，都选择有利可图的去做，一切是非善恶都不在话下，群起而争的只是钱财。

士族的钱财来源大致有以下几种门路。

一是卖官鬻爵。晋武帝曾问司隶校尉刘毅："你看我像汉朝哪个皇帝？"刘毅答道："像汉桓帝、汉灵帝。"晋武帝说："我平定吴国，统一天下，你把我比作桓帝、灵帝，不免过甚。"刘毅说："桓帝、灵帝卖官，钱入官库，陛下卖官，钱入私门。这样看来，陛下似乎还不如桓帝、灵帝。"晋武帝不以为耻，反而哈哈大笑，说："桓帝、灵帝听不到这样的话，今朕有直臣，乃为胜过他们。"晋武帝如此，有权势的群臣起而效尤，都跟着卖官鬻爵。

二是经营商业。魏文帝开始实施九品官人法，取得士族的拥护。晋武帝对高级士族更为宽容优待，形成士族门阀制度。士族自矜门第清高，对商人极其鄙视。法令规定商人都得戴头巾，头巾上写着姓名及所卖物品，一只脚穿白鞋，一只脚穿黑鞋。士族虽然看不起商人，可经商能够致富，他们都想发大财，所以多兼经营商业，并不因为经商是贱业而不屑为之。例如大名士王戎有许多园田，亲自拿着筹码算账，昼夜忙得不亦乐乎。他家有好的李子树，怕买李子的人得到好的种子，便钻破李子的核再拿到市场上出售。

三是劫夺商客。石崇在荆州刺史任上，就是依靠劫夺外国贡使和商客，成为巨富的。

有钱不仅能过上极端奢侈的生活，达到纵欲的目的，而且按照《晋律》规定，死罪以下都可以用钱赎罪。贪财即使犯了法，并不一定判死罪，赎死罪也不过黄金二斤，所以只要有钱财可得，任何一种方法他们都敢采用。

晋惠帝时，南阳的鲁褒实在看不下去，写了一篇《钱神论》，描述钱的作用，加以无情讥讽。其中写道：钱的形体，内则取法其方，外则取法其圆。“亲之如兄，字曰孔方。失之则贫弱，得之则富强。”“无德而尊，无势而热。”“钱之所在，危可使安，死可使活；钱之所去，贵可使贱，生可使杀。是故忿争辩讼非钱不胜，孤弱幽滞非钱不拔，怨雠嫌恨非钱不解，令闻笑谈非钱不发。洛中朱衣（指王公）、当涂（指权贵）之士，爱我家兄，皆无已已。”

马克思说：“货币不仅是致富欲望的一个对象，并且是致富欲望的唯一对象。”有钱就可以穷奢极欲，变贱为贵，变危为安，变死为生，总之，钱可通神，满足所有的愿望。这就是历朝历代官员不顾一切拼命捞钱的原因。

晚明有一首《题钱》的民歌，将金钱对传统忠孝节义观念的冲击描述得淋漓尽致：

人为你跋山渡海，人为你觅虎寻豺，人为你把命倾，人为你将身卖。细思量多少伤怀。铜臭明知是祸胎，吃紧处极难布摆。

人为你亏行损，人为你断义辜恩，人为你失孝廉，人为你忘忠信。细思量多少不仁。铜臭明知是祸根，一个个将他务本。

人为你东奔西走，人为你跨马浮舟，人为你一世忙，人为你双眉皱。细思量多少闲愁。铜臭明知是祸由，每日家蝇营狗苟。

人为你烦惹恼，人为你梦扰魂劳，人为你易大节，人为你伤名教。细思量多少英豪。铜臭明知是祸因，一个个因他丧了。

当官的为什么大多数很贪？因为他们做官的目的就是捞钱，不管老百姓的死活。他们行贿，也是为了升更大的官，捞更多的钱。至于花钱捐来的官，当然更甚。道光皇帝曾说过："捐班我总不放心，彼等将本求利，其心可知。"例如松江赵某，以贩布起家，其后花钱捐了个通判。在引见时，皇帝问他出身，他回答贩布。皇帝又问："你为何要捐官？"他答得很直接："因为做官比贩布生涯更好。"皇帝一听大怒，将其革职。赵某也十分愤怒，立即到吏部大堂，大吵大闹，索要捐官时所花的本钱，说："既夺我官，应须还我捐资。"堂官闻知，下令将其掌嘴五十，打一百鞭子，赶了出去。凡是花钱捐来的官，既要捞回投资的本钱，又要大大赚上一笔，无不在上任后大肆搜刮，贪污受贿。

普通百姓要想改变自己的命运，手中必须有钱，因此对"孔方兄"也千方百计去追逐。不过，绝大多数是通过合法经营去谋取，只有少数强盗采取暴力手段去抢劫别人的财产，不劳而获。

到了清末，一些人标榜反洋爱国，对外来的物品极其厌恶，必欲除之而后快。但是，对于可以致富的洋钱，他们非但不厌恶，反而同贪官一样，极端地喜爱。有个以理学出名的钱某，其一切应用物品，没有一件冠以洋字的，如洋布、洋油之类，均视为脏物。有个留学生投进名片请求谒见，钱某以其名片是洋式的，推辞不见。第二天，留学生赠其洋装的《五经汇解》一册，钱某大怒，将书掷进池中。留学生说："此圣贤经义也，先生何忍污蔑乃尔？"钱某说："洋式书中，绝无圣贤经义也。"留学生点头离去。过了几天，值钱某诞辰，留学生带了墨西哥银币一元前往祝寿，钱某喜甚，立即纳之袖中。留学生大呼说："刚才一点微薄的礼物，为洋人的银币，即俗所谓洋钱者是也，并非我国之物。"钱某听后面有惭色，嗫嚅道谢而已。

在义和团运动中，个别团民到处打洋教，实际行动就是抢掠教民和平民的银钱衣物，据为己有。他们虽然把"灭洋"的口号喊得震天响，大肆毁坏标有洋字洋式的物品，甚至杀害携带洋物的良民，但他们"见洋字洋式而不怒者，唯洋钱而已"，"唯见洋钱则色喜，不复害之矣"。其所以有这种违反"灭洋"宗旨的极为奇特的现象，原因无他，就是因为有了洋钱，便可以免受饥饿，发财致富。

致富欲望人人皆有，最亲"孔方兄"暴露出各式人物的嘴脸和本性。

澄清吏治

国家能否治理得好，制定一套完整良好的法律制度和监督机制，使各级官员都能清正廉洁，不敢伤天害理，是十分必要的。但在高度集权专制的体制内，不要说法律制度和监督机制有缺陷，即使完整良好，由于执行在人，而个人可以专断独裁，也会遭到破坏，形同虚设。所以，国家能否治理好，任用何等人物为官很关键。唐玄宗执政前期出现了“开元之治”的极盛景象，后期则发生了安史之乱。为此，元和四年（819）九月，唐宪宗问宰相们：“玄宗之政，先理而后乱，何也？”崔群答道：“玄宗用姚崇、宋璟、卢怀慎、苏颋、韩休、张九龄则理，用宇文融、李林甫、杨国忠则乱。故用人得失，所系非轻。人皆以天宝十四载（755）安禄山反为乱之始，臣独以为开元二十四年（736）罢张九龄相，专任李林甫，此理乱之所分也。”中书舍人李绛在回答唐宪宗时亦说：唐玄宗“临御之初，任姚崇、宋璟，二人皆忠鲠上才，动以致主为心。明皇（唐玄宗）乘思理之初，亦励精听纳，故当时名贤在位，左右前后，皆尚忠正。是以君臣交泰，内外宁谧。开元二十年（732）以后，李林甫、杨国忠相继用事，专引柔佞之人，分居要剧，苟媚于上，不闻直言。嗜欲转炽，国用不足，奸臣说以兴利，武夫说以开边。天下骚动，奸盗乘隙，遂至两都覆败，四海沸腾，乘舆播迁，几至难复。盖小人启导，纵逸生骄之致也”。后来，宰相李德裕也对唐文宗说：使国家达到太平强盛的要点，“在于辨群臣之邪正”。“正人如松柏，特立不倚；邪人如藤萝，非附他物不能自起。故正人一心事君，而邪人竞为朋党。”他们都认为用人得失，关系到国家治乱存亡。故澄清吏治成为历代关注的重点，也成为国人深思探讨的永恒话题。

古代选拔官吏的主要途径在隋唐以前有世袭制、察举、征辟、九品中正制等，隋唐以后主要是通过科举考试选拔。但人有各种各样，有的表里如一，有的口是心非，而且经常发生变化，贤者可能变为不肖，廉者可能变为贪墨，无论用什么办法，皆不可能保证所选拔的人永远符合德才兼备的标准。从这个意义上来讲，澄清吏治也属头等要务。

古代澄清吏治的方法，至今仍值得借鉴的主要有两点。

第一，必须严惩贪官污吏。贪官污吏为害极大，最为百姓痛恨。某些皇帝也极其憎恶，惩处起来毫不留情。如北魏过去的法律规定，接受以礼品送给的贿赂二十匹，方判死罪。太和八年（484）十月，孝文帝开始发给官吏俸禄，规定接受以礼品送给的贿赂一匹，即处死刑，同时派人检举、审查贪官，处死四十多人。

明太祖朱元璋出身贫寒，深知民间疾苦，对贪官污吏深恶痛绝，处置手段也最严厉。下令凡太守县令贪酷者，准许民众赴京陈诉；贪污受贿，严惩不贷。规定贪赃至六十两以上者，枭首示众；并剥下人皮，填满乱草，用针线缝合成人形，悬挂在各级官衙外“示众”，使官员见之胆战心惊。受财枉法判处者，一贯以下杖七十,八十贯处绞刑。受财而不枉法者，一贯以下杖六十,一百二十贯杖一百，流三千里。掌管纠弹百官之权的御史犯赃，较其他官吏加二等论处。

上面的规定和惩处虽然太严，甚至过于残酷，却也收到了一定的成效。北魏的法律施行后，一时贿赂绝迹。明太祖时代，贪官皆极为恐惧，腐败现象大为减少。

“千里当官只为财”，一语道破了绝大多数人做官的目的。如果对官吏姑息养奸，官吏势必无所畏惮，更加贪婪，暴虐日甚，引起百姓强烈怨恨，造成社会动乱不安。如北宋，宋太祖亲见五代时贪吏恣横、民不聊生，当上皇帝后，即用重法惩治，将十几名贪污受贿的官吏判处弃市，用以堵塞浊乱之源。宋太宗依然坚持实行，并下令即使遇到赦免，贪官污吏也不得叙用。至宋真宗时，弃市之法不复见，唯有杖流海岛。宋仁宗时，官员犯贪赃罪的，连杖刑也没有了，以致贪官污吏越来越多。后来，宋徽宗更任用蔡京等向东南各地居民搜刮花石竹木和珍异物品，引起方腊起义。方腊领导的起义队伍，“凡得官吏必恣行杀戮，断截肢体，探取肺肝，或熬以鼎油，或射以劲矢，备极惨毒，以泄其愤”。故欲使国家治理，百姓安居乐业，必须时时刻刻坚持严惩贪官污吏，绝不可姑息养奸，也不可时紧时松，北宋的历史就是很好的教训。

第二，必须经常对官吏进行认真周密的考察。古代考核官吏工作成绩的制度，主要有考绩和京察两种。考绩用以考核地方官员，三年举行一次，低级官员由吏部主持，中高级官员例须引见，由皇帝亲自当面考核。此外，尚有上级官员举劾下级官员的制度，但封疆大吏所劾的多是小官，对大贪大恶往往容隐徇纵，所荐举者又多冒滥，不大可靠。京察是考核京官的制度，明代始设，规定官员升降的标准，六年举行一次，清代改为三年。这两种办法都是定期的，主要是询问被考核者本人，往往难以得知实际情形。

因此，在定期考核之外，又有派遣官员分赴各省区巡视、考察官吏政绩的举措，其名目有观察使、巡察使、按察使、巡按等。他们每到一地，均可透过表面现象捕捉到一些实质性的问题，如遇不到一个诉讼的人，即知当地无有冤民，官吏司法公平。再者，能听到百姓直接评论当地官吏的声音。巡视官员都有直接处置低级官员的权限，中高级官员的情况则要向上禀报，请皇帝决断。有一次，唐太宗派遣二十二名官员巡察四方后，经其亲自决断，以贤能晋升者二十人，判死罪者七人，流放以下及降职免职者数百人。因此，派遣巡视官员巡行天下，考察吏治得失，访问民间疾苦，劾奏贪猾，荐举贤能，对于澄清吏治起了很大作用。

然而，也不能一概而论，应看派遣的官员素质如何。若仅以个人爱憎荐举或弹劾，就不能保证公正。若是受贿，那就非但不能澄清吏治，反而使吏治更加污浊。如元末派遣出巡的官员多挟势取贿，当时有民谣说："官吏黑漆皮灯笼，奉使来时添一重。"明代永乐年间，竟出现了这种情况："贪官污吏遍布内外，朝廷每遣一人，即是其人养活之计。有司承奉，惟恐不及。是以使者所至，有司公行贿赂。""巡按御史之弊，盘查访缉，馈遗谢荐，有司所出，多者二三万金。国家多一巡方，天下加派百万。"到了晚期，巡按"举勠惟贿是视，而人皆贪墨以奉上司，于是，吏治日偷，民生日蹙，而国亦遂以亡矣”。清顺治皇帝也曾下谕说：“御史巡方，职在安民察吏。向来所差御史，苞苴请托，身已失检，何由察吏？吏不能察，民何以安？今后各宜洗濯自新，务尽职事，并许督抚纠举，都察院考核以闻。”不过，巡视官员坏的较少，分路考察未尝无补于吏治。

官员弄虚作假，谎报政绩，屡见不鲜。仅听他们自报，往往受到欺骗。必须从治理民政、兴利除弊各个方面加以核实，然后定其功罪，予以赏罚。如建武十五年（39），汉光武帝因天下开垦田地多不以实上报，下诏各州郡检核。有些刺史、太守在测量田地时就宽容豪门大族，欺凌剥削贫苦百姓。光武帝发现河南有问题，派遣使者前往考实，查出大司徒欧阳歙以前为汝南太守时测量田地不实，贪赃千万有余，将其逮捕下狱。其门生一千余人至京哀求，并有人求代其死者。光武帝竟不赦免，欧阳歙终死狱中。

大历十二年（777）十月，京兆尹黎干奏报秋雨连绵，损坏禾稼。渭南令刘澡迎合户部侍郎韩滉，称县境禾苗独不受损；御史赵计上奏与刘澡相同。唐代宗（李豫）因大雨连绵，范围广阔，不大相信，命御史朱敖前往视察，见损三千余顷。唐代宗叹息很久，道：“县令是养育百姓的官，不损犹应言损，竟然不仁如是乎！”于是将刘澡、赵计贬官。

雍正末年，广西巡抚金鉷奏请令革职的官员垦田报部，以额税抵银，得复原官，并报垦三十余万亩。云南布政使陈宏谋得知，上奏揭发说：被革职的官员“争于复官，止就各州县求有余熟田，量给工本，即作新垦。田不增而赋日重，民甚病之，请罢前例”。虽然金铁任刑部侍郎后具疏为自己辩护，但最终查明报垦田亩多不实，金铁以下均受到降黜处分。

有些官员贿赂帝王的亲近为自己美言，以图高升。因此，考察官吏不能以帝王的亲近毁誉为准，最有效的方法，就是深入民众和实际中调查。战国时的齐威王就是如此做的。

齐威王即位九年之间，以政事相托卿和大夫处理，没有治理好，遭到诸侯并伐，于是派人到各县实地考察。然后召来即墨大夫，对他说："自你到了即墨，说你坏话的天天都有。然而，我使人去即墨视察，田野垦辟，民人自给。之所以天天有人说你的坏话，是因为你不贿买我的左右。"接着封其一万家作为食邑（采邑，卿、大夫在封地内收取赋税，作为世代享受的俸禄）。又召来阿大夫，对他说："自你守阿，赞誉你的人天天都有。然而，我使人去阿视察，田野不辟，民人贫苦。昔日赵国攻甄，你不能救。卫取薛陵，你不知道。之所以天天有人赞誉你，是因为你以大量金钱贿赂我的左右。"当日，即下令把阿大夫烹杀，并将自己身边赞誉阿大夫的人烹杀。于是齐国震惧，人人不敢饰非，务尽其诚，齐国大治。诸侯各国闻之，二十余年不敢与齐国交兵。

唐宣宗（李忱）走"群众路线"尽管属于极其罕见的现象，却也值得称道。大中八年（854）十月，唐宣宗到苑北打猎，遇见一位樵夫，问其县令为谁？樵夫说："李行言。"他又问："施政如何？"樵夫答道："性情固执。有强盗数人藏在军人家中，他前去要人，军人不与，他竟全部杀死。"唐宣宗听了，以为李行言勇于任事，捕盗坚决，回到宫中，将其名字贴在寝殿的柱子上，不久提拔他为刺史。又一次到渭上打猎，见有十数名父老聚集于佛寺，上前问他们是哪里人，来此做甚。父老们答道："我们都是醴泉百姓，县令李君奭考满当升迁，我们到府乞求留下他，故先到这里祈祷佛祖，希望达成心愿。"唐宣宗一听百姓拥护，知道李君奭是个执政为民的好官，九年（855）二月怀州刺史出缺，即亲手写上了他的名字。

官员下去考察，如果下边得到消息，事先"安排"一下，那是什么真实情况都摸不到的，要想避免这种情况出现，最好是微服私访。

微服私访侦破刑事案件的不用说了，考察官吏最好也能微服私访。明成祖时，浙江按察使周新微服私访时得罪了一位县令，县令不认识他，欲加拷打处治，听说有廉吏将到，便将周新关押在监狱。周新从狱中询问诸囚犯，得知县令贪污的罪状，告诉狱吏："我是按察使。"县令闻报大惊，赶快谢罪，周新将其弹劾罢免。

清乾隆年间，刘统勋以宰相督办中牟河工，一夕微服出了住所，见乡民都露宿在河干，旁有数十车秫秸，人、牛又饥又疲，老少相对饮泣，非常奇怪，上前询问。乡民答道："我们都是某县百姓，到这里要走三天。奉县官命令，前来输送秫秸。而收料的某委员，每车要钱数缗，不出钱，就不收料。我们穷人，哪里有钱？在这里滞留已近十天，带的一点钱物业已用完，就是想逃归，亦不可得，所以哭泣。"刘统勋闻言，疑信参半，对他们说："我也是来送料的，与某官手下人素来相知，刚才已经缴了，现在去为你们代缴。"于是赶了一辆车至料厂，找到某委员。某委员见其面目光泽，衣履鲜洁，疑为乡间富户，乃索钱十余缗。刘统勋略与分辩，某委员大怒，令差役鞭打，驱逐出去，扣留了车、牛。刘统勋急急驰回住所，命人持令箭将某委员绑来，一面召河帅议事。某委员一到，略问数语，即命牵出斩首。河帅长跪不起，为其讲情。良久，刘统勋乃命将其释回，重责数十杖，戴上大木枷，枷上写明罪状，在河干上示众。诸厂委员俱震慑失次。此后，乡民输料随到随收，再也不敢要钱留难了。

辑三｜公正司法

皇帝与登闻鼓

古代人民打官司，官府判决后要向当事人及其家属宣读，当事人或其家属认为有冤屈，可以要求复审。后来逐渐形成一套完整的上诉制度，允许当事人及其家属按照司法程序，从地方到中央逐级上告，但不准越级上诉，越级上诉者和违规受理者都要受到处罚。不过，贪官污吏枉法办案的太多，含冤负屈者依然冒险越级上诉。有鉴于此，有些皇帝就发布诏令，准许人民越级上诉，官员不得阻止。明朝法律还规定了允许百姓陈告及扭送不法官吏的制度，如官吏课征税粮和摊派差役作弊曲法，被害人民可以拘执该官吏自下而上陈告，若上司不为受理，也要依法论处。《大诰》更明确规定，对于违旨下乡，扰害人民的贪官，准许高年有德者率领精壮之民拿赴来京。

在官府审理之外，人民有冤还可以向皇帝直接上诉，即法律上所说的直诉，通常所讲的“告御状”。直诉既可以是提起诉讼的程序，也可以是上诉的程序。这种情况一开始就存在，后来虽然规定不得越级上诉，但如果各级司法部门均不受理，或有严重的冤情得不到公正判决，仍可向皇帝或中央相关部门直诉，有关主管官员必须受理，否则要受处罚。

直诉的形式在不同时期有所变化，通常采用的主要有“诣阙上书”（向皇帝上书）、“邀车驾”（阻拦皇帝的御驾喊冤）和“挝登闻鼓”（击鼓鸣冤）三种。

“诣阙上书”和“邀车驾”虽然容易，但不一定都能够顺利地解决问题，有的幸运，有的困难重重。如西汉时，齐太仓令淳于意由于一次为人看病误诊，被官府判了要残害肉体的罪，把他押解到京城长安去受刑。他膝下无子，只有五个女儿，最小的女儿缇萦跟随其父到长安，直接给皇帝写信，讲了父亲入狱的原因，请求做一名官奴婢，为父亲赎罪。信很快送到了汉文帝的手中，汉文帝被这个少女的孝行所感动，当即下令赦免了淳于意的刑罚，废除了肉刑。东汉时，宁阳县主簿替县令伸冤，就没有缇萦这么幸运了，六七年中连续给皇帝递了上百次奏章，竟然无人过问。主簿气极，上书质问汉顺帝，若非尚书仆射虞诩为其辩护，几乎丢掉性命。

更正规化、制度化的直诉是“挝登闻鼓”。皇帝为听取臣民谏言或冤抑之情，特在朝堂之外悬鼓，让臣民击打，称为“挝登闻鼓”。值班的人必须立即出来接收诉状，交给有关部门，然后转交皇帝。

据《淮南子》卷十三“氾论训”记述：大禹之时，以五音听治，悬钟、鼓、磬、铎，置鞀，以待四方之士，宣示：“教寡人以道者击鼓，谕寡人以义者击钟，告寡人以事者振铎，谕寡人以忧者击磬，有狱讼者摇鞀。”鞀即拨浪鼓。以后设置登闻鼓，可能来源于此。

最早明确记载设置登闻鼓的为晋朝泰始五年(269)。《晋书·武帝纪》写道：麹路击登闻鼓，言多诽谤，有关部门奏请弃市。晋武帝说“朕之过也”，舍而不问。

事隔二十多年，又发生了一起击打登闻鼓的事件：元康元年(291)，贾皇后杀太宰司马亮和太保卫瓘。卫瓘的主簿刘繇等执黄幡，挝登闻鼓，为卫瓘讼冤。

南北朝时，北魏太武帝（拓跋焘）也在宫门外的阙左悬有登闻鼓，人有冤屈则击鼓，管理的官员立即上奏。《梁书》记载有孝子吉翂击打登闻鼓为其父亲鸣冤，使其父亲得救的故事。其后各朝均设置登闻鼓。

据史书记载，大历十四年（779）六月，唐代宗曾下诏旨：有冤可到三司使上诉及挝登闻鼓。

开宝六年（973），雷德骧贬官商州，知州奚屿迎合宰相赵普的意旨，上奏雷德骧怨望，雷德骧被坐削籍，流放灵武。雷德骧之子雷有邻以为是赵普加害，击打登闻鼓，控诉中书不法之事。宋太祖大怒，命御史审理。

庆元六年（1200）九月，处士吕祖泰以其堂兄吕祖俭因言事贬官而死，乃击登闻鼓，上书论韩侂胄有无君之心，请诛之以防祸乱。

个人有冤可以击登闻鼓，发生了重大政治事件也可以击鼓。靖康二年（1127），金兵迫近京城开封，尚书左丞李邦彦力主割地议和，宋钦宗罢免了主战的尚书右丞李纲。太学生陈东带领同学到宣德门上书，说李纲可用，李邦彦可斥，要求收回前命，恢复李纲的职务。军民听说，陆续到来十几万人，给予有力支持。朝廷闻报，派人传旨慰谕，群众仍然不散，使劲击打登闻鼓，将鼓都打破了，喧呼震地。宋钦宗答应了群众的要求，恢复了李纲的职务。

洪武元年（1368）十二月，明太祖在午门外设置登闻鼓，命一位御史大夫监守，规定非有大冤及机密重情，例如谋反等严重犯罪，不得击打，击打必须立即引奏。后来将登闻鼓移置长安右门外，规定六科锦衣卫轮流值班，收到诉状登时奏闻，然后皇帝命校尉领驾帖送有关衙门审理，谁欺蒙阻遏就处置谁。有个龙江卫吏犯有过错，令他写书面检讨，正在此时，恰值其母去世，他请求停写检讨，回家奔丧，吏部尚书詹徽不准，该吏即击登闻鼓诉冤。明太祖听后，责备了詹徽，批准该吏的请求。

尤其值得一提的是，有一位小吏为了为民请命，毅然在登闻鼓下献出了自己宝贵的生命。龙阳县濒临洞庭湖，洪武年间，年年遭受水灾，老百姓拖欠赋税数十万，很多人被打死。该县典史青文胜极其悲愤，慨然进京，呈上奏疏，为民请命，没有得到答复。再次上奏，仍然如此。他叹道："有何面目归见父老！"于是又带着新写的奏疏，击打登闻鼓呈进，然后吊死于登闻鼓下。明太祖闻听大惊，哀怜他是为民自杀，下诏宽免了龙阳租二万四千余石，作为定额。该县人民为了纪念他，为他建祠祭祀，并出公田百亩，抚养其贫困的妻子与儿女。

宣德元年（1426），义勇军士阎群儿等九人被判为盗，按照法律应当斩首，他们的家人击登闻鼓诉冤。经过重审和查核，九人确实不曾为盗。明宣宗（朱瞻基）立命将他们释放，并严厉斥责了审理此案的都御史刘观。

清朝同样有臣民击打登闻鼓的记录。如咸丰年间，袁甲三（袁世凯的二祖父）在安徽领兵围剿捻军，连连获胜，以功超升都察院左都御史。但却遭到与其有矛盾的江南提督和春、安徽巡抚福济的联衔参劾，不久被革职。后来虽然查明真相，冤屈得到昭雪，但清廷并未恢复他的职务。他一离开安徽，捻军又迅猛发展起来，一些官员先后上疏奏请起用他为督师。安徽怀远有个平民胡文忠，为了请求朝廷起用袁甲三，竟然卖掉儿女，徒步到达北京，到都察院击鼓，未获允准，遂怀揣诉状，自缢而死。咸丰皇帝（清文宗，奕䜣）闻知此事，大为动容。

皇帝为何坚持设置登闻鼓，允许人民直诉？

首先，皇帝们大都懂得“民为邦本，本固邦宁”的道理，希望国家长治久安。而社会现实却是只有官权，无有民权，官吏贪赃枉法者所在多有，不独横征暴敛，敲骨吸髓，而且在审理案件时收受贿赂，不认真查办等原因，往往造成冤案，使得属于弱势群体的人民有口莫辩。如此势必引起人民对官府的仇恨，甚至铤而走险。皇帝不希望出现这种情况，危及自己的统治，也知道各级官员不可能都公正地审理案件，所以特别设置登闻鼓，允许人民直诉，以便听取冤情，平反冤狱，减少冤案，作为对不许越级上诉限制的补充，用以弥补贪赃枉法官吏造成的危害，缓解官民之间的矛盾。取名“登闻鼓”，就是“登时上闻”，不得迟延的意思，可见皇帝对此事的重视。即使是死刑犯，在临处决之时，如果犯人或家属击打登闻鼓，值班官员也要暂时停刑，立即上奏，重新审理。设置登闻鼓也是了解民情民意的一条重要渠道。宣德年间，有个在登闻鼓值班的官员林富对明宣宗说，有重囚二十七人因为犯了奸盗罪，理当处决，他们老是击鼓诉冤，实在烦扰，不可原宥。明宣宗回答道：“登闻鼓之设，正以达下情，何谓烦扰？自后凡击鼓诉冤，阻遏者要受惩处。”

其次，在一些通情达理的皇帝看来，百姓若非有极大的冤屈，被逼得万般无奈，走投无路，是不会弃家抛业，劳民伤财，千辛万苦，进京击鼓鸣冤的。击鼓鸣冤是百姓自救最后的也是唯一的一点希望，如果堵塞此路，受到冤屈的百姓就无法活命了。他们能够理解百姓为何击鼓鸣冤，所以都给百姓留着一条最后的申诉渠道。

击鼓鸣冤者绝大部分都是良民，也可能有个别胡搅蛮缠的刁民，但并不可怕，如其所奏不实，对其进行教育，予以应有的处罚就是了。绝不能认为所有的击鼓鸣冤者都是刁民，只说民刁诈，不说官贪狠；只讲人民不应抗官，不思人民为何抗官。人民的冤屈都是当地官吏的苛征暴敛和贪赃枉法引起的，要想减少和平息击鼓鸣冤，必须严惩贪官污吏，从源头上杜绝。否则，贪官污吏有恃无恐，越发地枉法害民，将驱使更多的良民上诉。

执法人性化

在古代，官员狱吏虐待侮辱囚犯的事情虽然经常发生，但是在具体执行过程中，某些官员的执法人性化也是确实存在的。

东汉建武年间，虞延为细阳县令，每年至夏天三伏和腊月祭祀的日子，就让囚徒休息，各自归家。囚徒皆感其恩德，至期而还。有个囚徒回家后生了病，为了不至误期，用车将自己载回监狱后就死了。虞延与属下将其埋葬，百姓都很感激。

也是在建武年间，大司徒侯霸的属官锺离意奉诏送囚徒到河内，时值寒冬，囚徒患病不能行走，路过弘农，锺离意发出公文通知属县，赶做囚衣。各县不得已做了送去，并将此事上报。锺离意亦向朝廷禀报。光武皇帝刘秀得奏，对侯霸说："你所派遣的属官，何以如此有仁爱之心，诚良吏也。"锺离意闻知，遂于道路上解开囚徒的脚镣手铐，任凭他们从哪条路上走，只要按时到达河内就行。囚徒届期俱至，无有一人违背。建武二十五年（49），锺离意任堂邑令。县里有个名叫防广的人为父报仇，被捕系狱。其母病死，防广得信，悲恸异常，只知哭泣，饭也不吃。锺离意见此情形，让他回家殡殓母亲，属吏皆以为不可。锺离意说："如果有罪，我独自担当，绝不连累各位。"遂遣防广回家。防广埋葬了母亲，又回到监狱。锺离意将此事密报朝廷，防广竟得以减免死刑，保住了性命。

东汉末年，安丘县民毋丘长与其母亲一起行走市中，遇到一个醉汉侮辱其母，毋丘长愤极，将其杀死，逃亡他乡。安丘县的胥吏追踪到胶东，方才把他捉到。此时吴祐担任胶东侯国之相，管理侯国内的民事。他对毋丘长说："子母见辱，人情所耻，然而孝子愤怒必须考虑到艰难，行动不连累亲人。你背亲逞怒，白日杀人，赦你不应该，杀你又不忍，怎么办呢？"毋丘长取手铐带上，说："我违犯了国家制法，明府虽然怜悯我，也无法施恩于我。"吴祐问："你有妻子吗？"毋丘长答道："有妻子，未有儿子。"吴祐即移文安丘县逮捕毋丘长之妻，将其解来。吴祐命解去她的刑具，让她与毋丘长共同住宿在狱中，毋丘长的妻子遂怀孕。到了将要行刑时，毋丘长哭着对母亲说："儿子对不起母亲应死，当用什么办法以报吴君呢？"于是用牙齿咬断手指，吞到肚内，满嘴是血，说："妻若生子，名曰吴生，说我临死吞指为誓，嘱儿以报吴君。"遂投缳而死。

晋代临淄县令曹摅在年末视察狱中死囚，看到他们的情况，甚为同情，对他们说："你们不幸致此，无可奈何，新年人情所重，难道不想见到家人吗？"众囚皆泣涕，说："若得暂归，死无恨也。"曹摅打开监狱，放他们出去，约定日期回来。属吏力争，都说不可。曹摅说："这些人虽为小人，但对他们的情谊应该不会背弃，我自会为诸君担当责任。”至约定的日期，囚犯相率而还，无有违者。一县叹服，称曹摅号曰“圣君”。

范广为堂邑县令时，县丞刘荣犯法当死，家有老母。每至节日，范广即遣其归家，刘荣皆如期而返。后来县堂失火，刘荣脱掉刑具前去救火，完毕后又戴上刑具。

乔智明为隆虑县令时，县民张兑为父报仇，被捕入狱，母老单身，有妻无子。乔智明怜悯他，令其妻子入狱。有人劝其逃走，张兑说：“有君如此，何忍累之？纵我得免，有何面目生活在世间！”其妻在狱中生下一个儿子，适遇大赦获释。

谢方明为南北朝时宋国的南郡相，尝于年终放江陵狱囚，不论罪轻罪重，一律听其回家，让他们过了正月初三日回来，其中有重罪者二十余人。主簿等人固谏，以为前人虽有其事，或是记载言过其实，当今人情伪薄，不可以古义相许。谢方明不听，全部让囚犯回家。囚犯及父兄皆惊喜哭泣，以为死而无恨。至期，有重罪二人未回，谢方明不让搜捕。其中一人醉不能来，逾期二日乃返。另一囚逾期十日不至。官吏提出逮捕，谢方明不许。村民责备囚犯，将他送回。遂无逃亡者，远近皆叹服。

南朝梁国的少司宪裴政，用法宽平，无有冤滥。囚徒有犯死刑者，他允许其妻子入狱与犯人同居。冬至，将执行死刑，死刑犯皆说：“裴大夫致我于死，死无所恨。”

傅岐为如新县令，冬至放死囚还家，让他们过节一日回狱。狱曹固争不可，傅岐说：“囚若负信，县令当坐，主持者不用担忧。”死囚皆如期而返。

开皇二十年（600），齐州一个小官王伽，送囚人李参等七十余人去京城，行至荥阳，对李参等人说：“你们犯国法，受罪是该当的。你们看看护送你们的民夫，多么辛苦，你们于心怎安！”李参等谢罪。王伽遂遣散民夫，释放李参等人，约定某日都到京城，说：“你们如果失约，我只好代替你们受死。”结果李参等人全部按时来到，不缺一人。隋文帝听了很为惊异，召见王伽，大为叹赏。又召李参等携带妻子入宫，赐宴后宣布赦免了他们的罪，并且下了一道诏书，要求官吏学习王伽，以至诚待民。

贞观六年（632）十二月，唐太宗亲录囚徒，见到应死者二百九十人，异常怜悯，全部纵使归家，令明年秋末前来就刑。第二年秋末，二百九十名死刑犯皆如期自己来到朝堂。唐太宗见此情形，下诏皆予赦免。

有一年春末，天上下了及时雨。万泉县县丞唐临请县令把犯有轻罪的十数名犯人放回家去耕种，县令不许。唐临说：“明公若有所疑，临请自当其罪。”县令于是请假。唐临召来犯人，悉令归家耕种，与他们约定归来之期。犯人皆感其恩惠，至时全都回到监狱。唐临因是知名。

贞元年间，蕲州刺史吕元膺在年终视察郡中监禁的囚徒，有个囚徒对他说：“我有父母在，明天就是正月初一，不得相见。”说罢潸然泪下。吕元膺极为同情，遂打开全部囚徒的刑具，放他们回家过年。守吏反对，说：“贼不可纵。”吕元膺说：“我以忠信待之。”及至约定之期，囚徒全部回来，无有后到者。

元德秀为鲁山县令，有盗系狱，适逢猛虎为害，盗愿格杀猛虎以自赎，元德秀同意。胥吏恐盗逃逸，受到连累，元德秀说：“既已许之，不可负约，即有连累，我当独坐，不及诸君。”遂放盗出狱。明日盗格杀猛虎而还。

宋代曹彬任徐州知府的时候，有个属吏犯罪，审理判决后，过了一年以后才杖打他，人们均不知其故。曹彬说："我听说此人新娶了媳妇，若是杖打，其公公婆婆必然以为媳妇不利，早晚打骂她，使她不能自存。所以我故意迟缓杖打，然而对于法律来说并未违背。"

戚纶任太和县知县，每当祭祀的季节必与囚犯相约，放归他们祭祀祖先，皆如期而返。

绍圣四年（1097）四月，宋哲宗下令各个监狱都要设置气楼、凉窗，给囚徒好的饮料和草垫席子，五日打开刑具一洗，戴着脚镣手铐的囚徒要按时洗澡，寒冷时给薪炭烤火。

至元十年（1273），元世祖（忽必烈）下诏说，天下狱囚，除杀人者待报，其余一切释放，限以八月以前自行到达大都，如期而至者皆赦之。后果如期而至，遂皆赦免。

明代许文岐为黄州知府，放重囚七人回家省亲，皆按期而还，还请上官饶恕了他们。

杨继宗任刑部主事时，见囚犯多因得传染病而死，规定他们按时饮食，三天洗澡一次，很多囚犯得以活命。

汉高祖刘邦当初以亭长身份为沛县送囚徒至郦山时，也曾释放了所有的囚徒。但他是在半路上因囚徒大多逃亡，考虑到若是抵达郦山将会逃亡皆尽，自己也逃脱不了处罚的情况下，无奈做出的决定。不过，他释放了囚徒，决定自己也逃亡后，仍有十余名壮士愿意跟从他干一番事业。

上面叙述的一些事例与刘邦不同，官员做出的决定都是主动的，并不呈请上级批准，而且不顾别人的劝阻，宁愿承担由此产生的所有严重后果，决不牵连别人。他们相信囚徒并非都是毫无人性、十恶不赦的坏蛋，只要以诚相待，囚徒会被感动，信守约定，所以能够大胆地释放囚徒回家，让囚徒在规定的时间内与家人团聚，处理家事，及时耕种。事实证明，官员的决定是对的，囚徒均按时而回，没有一人逃亡不归。他们具有深切的同情心，认为囚徒虽然犯了罪，同样是人，除了应得的处罚，也应享有做人的权利。这就是他们执法人性化的主要原因。

执法不阿

任何执政者都要制定法律，将人们的言行限制在一定的范围之内，遏制人们与生俱来的贪婪和私欲，维系人们生存和发展的正常社会秩序。只是随着时间的推移，各朝代的法律有所不同而已，但按照法律执法，则无二致。

法律是人们日常行事的准则，从天子到普通百姓都要严格遵守，不得违犯。隋文帝就有这种观念。秦王杨俊是其第三个儿子，生活奢侈，多造宫室，被他发觉，将秦王免官，勒令禁闭。左武卫将军刘升谏道："秦王非有他过，只是费官物营廨舍而已，可以宽容。"隋文帝说："法不可违。"尚书右仆射杨素也进行劝谏，说罚得过重。隋文帝说："我是五个儿子之父，不是兆民之父？若如你的意思，何不另外制定天子儿子的法律！以周公之为人，尚诛其兄弟管叔、蔡叔，我诚不及周公远了，安能破坏法纪！"还是不许。

执法者有好坏之分，坏者往往贪赃枉法，好者执法公平。执法公平者除了依据事实判断，不冤枉一个好人，不放过一个坏人外，其最为突出的表现还有以下两点。

坚持按律司法，不唯皇帝之命是从。

司法部门在审理案件的过程中或审结以后，要奏报皇帝。皇帝也随时发出诏旨，要司法部门执行。诏旨正确的，执法者当然会绝对服从；不合乎法律规定的，他们就据理力争，寸步不让，哪怕坐牢杀头。仅举几例。

有天汉文帝出行，经过中渭桥，有个人从桥下跑出来，惊了皇上驾车的马，骑兵将其逮捕，交给廷尉张释之审问。被捕的人说："我来的时候，闻听天子要经过这里，就躲藏在桥下。过了好久，我以为车马已经过去，就出来了，看见有乘舆车骑，便跑了。"张释之审完，向汉文帝禀报处理意见说：此人侵犯皇帝车驾将要经过的禁止通行的道路，应当罚钱。汉文帝怒道："此人惊了我的马，幸亏马的脾性温和，若是别的马，岂不摔伤了我！而你却只是处以罚金！"张释之道："法律是天子与天下的人共同遵从的。如今法律是如此规定的，加重处罚，法律就不能取信于民了。且在其人被捕时，陛下使人立即把他杀死也就罢了。今已交付廷尉，廷尉是天下公平的象征，一旦有偏，天下使用法律时都会任意或轻或重，让老百姓如何措手足！"汉文帝想了很久，终于说："你的处理意见是对的。"其后有人盗走汉高祖庙内神座前的玉环，被捕。汉文帝愤怒，命廷尉审讯。张释之依照法律中偷盗宗庙服饰器物的条文，奏请应当弃市。汉文帝勃然大怒，说："那人胡作非为，乃盗先帝庙器；我让廷尉审理，是想使其灭族，而你却按照通常的法律条文上奏，这不是我所用来恭敬承奉先人的本意。"张释之脱掉帽子，叩头说："按照法令，这样判处已经到极限了。况且斩首与灭族同是死罪，但以轻重的程度为根据。今天偷盗宗庙器物而灭族，假令愚民偷挖了长陵（汉高祖的陵墓）上一捧土，陛下又将怎样施加给他刑罚呢？”汉文帝终于被说服，批准了张释之的判决。

隋文帝虽然认为天子与百姓共同遵守法律，但在执行时往往又撇开法律，带有很大的随意性。开皇十七年（597），刑部侍郎辛亶听人说穿红色的裤子对官员吉利，便穿了一条。隋文帝以为他是以巫术致祸于人，要将他斩首。大理少卿赵绰说：“按照法律，他罪不当死，臣不敢奉诏。”隋文帝怒甚，说：“你怜惜辛亶而不怜惜自己。”赵绰答道：“陛下宁杀臣，不可杀辛亶。”隋文帝命人将赵绰带到百官议事的朝堂，解去其衣，准备斩首，问他：“究竟如何？”赵绰答道：“一心执行法律，不敢惜死。”隋文帝拂衣而入，良久，将其释放。第二天，隋文帝向赵绰致谢，慰劳勉励一番，赐其布绢三百段。

其时隋文帝还禁止使用质地恶劣的钱币，有二人以恶钱换好钱，被官府抓住，隋文帝下令斩首。赵绰进言道：“此人所犯的罪当杖刑，杀头不合法律。”隋文帝道：“不关你的事。”赵绰道：“陛下不以臣愚暗，安置在掌管刑狱的官署，欲妄杀人，岂得不关臣事！”隋文帝以为他说的话就是“最高指示”，臣下理解的要执行，不理解的也要执行，于是说：“摇大树，摇不动者应当退下。”赵绰说：“臣望感动天心，何论摇动树木。”隋文帝怒道：“喝稠粥的人，太热就放下。天子之威，你想挫折吗？”赵绰叩拜后向前行去，隋文帝呵斥，赵绰不肯退，隋文帝遂入宫内。治书侍御又上奏切谏，隋文帝才不再杀换钱的人，并以赵绰有诚直之心，每引入阁中，评论得失，前后赏赐以万计。

武德元年（618）十二月，有犯法罪不至死者，唐高祖（李渊）特命杀死。监察御史李素立谏道：“三尺法（法律，古代把法律写在三尺长的竹简上，故称），王者与天下所共同遵守；法一动摇，人们无所措手足。陛下刚创洪业，奈何抛弃法律！臣愧居司法岗位，不敢奉诏。”唐高祖接受了他的意见。

贞观元年（627）正月，唐太宗以候补候选的官员诈冒资格和虚报家庭出身，下令自首，不自首者处死。不久，发现有诈冒的人，唐太宗欲将其杀死。大理少卿戴胄奏道：“根据法律，应当流放。”唐太宗怒道：“你想守法而使朕失信吗？”戴胄答道：“命令是出于一时之喜怒，法律则是国家布大信于天下。陛下愤恨选人多诈，故欲杀之，而既知其不可，又根据法律来审理判决，此乃忍小忿而存大信也。”唐太宗说：“你能执法，朕复何忧。”戴胄前后犯颜执法，唐太宗皆能听从，天下无有冤狱。

鄃县令裴仁轨私自役使门夫，唐太宗大怒，欲将其斩首。殿中侍御史李乾佑谏道：“法者，是陛下与天下人共同遵守的。今裴仁轨犯了轻罪而受到极刑，臣恐人们无所措手足了。”唐太宗很高兴地听从了他的话。

仪凤元年（676）九月，大理寺奏左威卫大将军权善才、左监门中郎将范怀义误砍昭陵（唐太宗陵园）的柏树，大理丞狄仁杰上奏罪当免职。唐高宗不同意，特命杀死。狄仁杰又奏道：“二人罪不当死。”唐高宗说：“善才等砍陵上的柏树，是使我不孝，必须杀之。”狄仁杰固执力争不已。唐高宗脸色大变，令其出去。狄仁杰说：“臣闻逆龙鳞，忤人主，自古以为难，臣愚以为不然。生在夏桀、商纣之时则难，尧、舜之时则易。臣今幸逢尧、舜，不惧比干之诛。昔日汉文帝时有盗窃高庙玉环，张释之廷诤，罪止弃市。魏文帝将迁徙其人，辛毗牵着他衣服的前襟而谏，亦见纳用。且明主可以理夺，忠臣不可以威惧。今陛下不纳臣言，瞑目之后，羞见张释之、辛毗于地下。陛下作法，俱有等差。岂有犯非极刑，即令赐死？法既无常，则万姓何所措其手足！今陛下以昭陵一株柏树杀一个将军，千载之后，人们将谓陛下为何样君主？此臣所以不敢奉令杀权善才，陷陛下于不道。”唐高宗听了此言，回心转意，权善才因而免死。过了数日，唐高宗授狄仁杰为侍御史。

武则天当政时，酷吏周兴、来俊臣等构陷无辜，皆处以极刑，公卿震恐，都不敢说话。司刑丞徐有功却独能抵制，救活数十百家。他常在殿庭论奏曲直，武则天厉色诘问，左右之人莫不悚栗，他神色不变，争论更加恳切。后任左台侍御史。润州刺史窦孝谌之妻宠氏为奴诬告，武则天令给事中薛季昶审讯。薛季昶枉法，判宠氏当斩罪。徐有功认为其无罪。薛季昶反诬徐有功党援恶人，应当弃市。武则天质问徐有功：“你断案为何失出（有罪判为无罪，重罪判为轻罪）那么多？”徐有功答道：“失出，臣下之小过；好生，圣人之大德。愿陛下弘大德，则天下幸甚。”武则天默然。徐有功被免职，后又起用。他曾对亲近之人说：“今身为大理，人命所悬，必不能顺旨诡辞以求苟免。”他前后因谏奏不要枉杀，三次被奏死罪，却仍矢志不渝。

梁州都督李行褒为人诬告，云有逆谋，武则天令凤阁舍人韩大敏到州审理。有人对韩大敏说：“李行褒是李唐宗室的近属，太后意欲将其除去，若是不合太后的旨意，祸将不小，不可不为自身考虑。”韩大敏说：“岂有求自身之安而陷人非罪！”审问结束，竟奏李行褒无罪。武则天一心要把李唐宗室的人全部杀光，又命御史重审，构成其罪。韩大敏也被诬以审讯不实，与知反不告同罪，赐死于家。

五代时晋国镇守泾原的骄将张彦泽，杀死其记室张式，并霸占其妻。张式的家人进京上诉。晋高祖（石敬瑭）因张彦泽有军功，不治其罪。刑部郎中李涛上疏，请置于法。晋高祖召见他，告诉了自己的意见。李涛执笏叩阶，声色俱厉。晋高祖怒叱，李涛执笏如初。晋高祖说："吾与张彦泽有誓约，恕其死。"李涛厉声说："张彦泽私誓，陛下不忍食其言；范延光赏赐铁券，今复安在？"（范延光曾据邺叛乱，晋高祖赐其铁券，许以不死，终亦不免。）晋高祖不能回答，拂衣而起。李涛随后，仍然力谏。晋高祖不得已，召来张式的父亲、弟弟和儿子，都封了官，把张彦泽免职。

明孝宗亲自审讯吴一贯，欲处以死刑。刑部尚书闵珪对他说："吴一贯案审查不实，其罪当判徒刑。"明孝宗不允，闵珪仍然坚持判以徒刑。明孝宗大怒，经左都御史戴珊一旁解释，方才消除怒气，令闵珪另拟判决。闵珪终以原拟上奏。明孝宗不高兴，召来兵部尚书刘大夏，对他讲了。刘大夏说："刑官执法乃其职务，未可深罪。"明孝宗默然良久，说："朕亦知闵珪老成不易得，但此事太固执了。"最后还是按照闵珪的意见判决了。

隆庆初年，舒化任刑科给事中。明穆宗信任宦官，圣旨多从宫中直接下达。舒化对他说："法者天下之公，大小罪犯均宜由司法官署审理。审理不当，则臣等有罪。若是径自由皇上下令执行，则喜怒未必妥当，而司法官署与臣等俱为虚设了。"明穆宗以为他说得非常正确。

明末兵部尚书陈新甲因罪下狱，朝中有许多人士营救。刑部侍郎徐石麒奉命清理刑狱，坚持陈新甲按照法律应当斩首。明毅宗不同意，令其复拟。徐石麒讲了陈新甲失陷城市，失误军机等事实，仍坚持斩首。明毅宗终于批准。

顶住各方压力，惩罚皇帝亲贵。

湖阳公主的奴仆白天杀人，藏匿在公主家里，官吏不能进去逮捕。有天湖阳公主乘坐马车出行，以奴仆陪乘。洛阳县令董宣在路上将马勒住，以刀划地，大声数落湖阳公主的过失，呵斥奴仆下车，将其格杀。湖阳公主还宫，向汉光武帝刘秀哭诉。光武帝大怒，立召董宣，欲用鞭子将其打死。董宣叩头说："愿乞一言而死。"光武帝问："想说什么？"董宣说："陛下圣德中兴，而纵奴仆杀死良民，将何以治理天下？臣不须鞭打，请得自杀。"即以头猛触殿中的柱子，血流满面。光武帝忙令人扶住，使董宣向湖阳公主叩头谢罪，董宣不从。左右强使叩头，董宣两手据地，终不肯把头低下。湖阳公主道："文叔（刘秀字）为平民百姓时，藏匿亡命的人，官吏不敢至门；今为天子，威力不能行一县令吗？"光武帝笑道："天子不与平民百姓相同。"于是下令："让不肯低头的硬脖子出去。"非但没有处置董宣，反而赐钱三十万。董宣全部分给诸吏，由是豪强莫不震栗，京师号为"卧虎"。

广陵王刘荆有罪，汉明帝以其为至亲异常悼伤，下令樊儵与任隗审理。审理完毕，奏请诛杀。汉明帝召见他们，怒道："诸卿以刘荆是我弟弟的缘故，欲诛之，如是我的儿子，卿等也敢如此吗？"樊儵昂头答道："天下乃高帝（刘邦）之天下，非陛下之天下。《春秋》之义，君亲无有弑逆之事，有即诛杀。是以周公诛其弟，季友鸩其兄。臣等以刘荆为陛下之弟，陛下哀痛，故敢奏请。如令陛下之子，臣等就专擅诛之了。”汉明帝叹息良久。

甘露元年（359），前秦秦王苻坚任用邓羌为御史中丞，王猛为侍中、中书令兼京兆尹。特进、光禄大夫强德是已故秦王苻健的强皇后（苻坚的伯母）的弟弟，强横无比，掠人财货子女，成为百姓的大患。王猛逮捕强德，上奏以后未及等到批复，就将强德斩首。苻坚飞马去见王猛，让他赦免，已经不及。王猛与邓羌连连举发审理恶人，权豪贵戚杀戮判罪者二十余人，朝廷震栗，奸猾屏气，路不拾遗。苻坚叹道：“我今天才知道天下有法了。”

建义二年（529）的一天，大街上正在清扫道路，为北魏孝庄帝（拓跋子攸）出巡做准备，禁止行人来往。孝庄帝的姐姐寿阳公主竟然不顾，乘车而来。清道者喝令停止，寿阳公主不听，御史中尉高道穆立令手下用木棒将其车打破。寿阳公主哭泣着向孝庄帝诉说。孝庄帝道：“高中尉清直之士，他所行的是公事，岂可以私相责呢？”后对高道穆说：“家姊行路相犯，极以为愧。”高道穆脱下帽子相谢。孝庄帝说：“朕以愧卿，卿何谢也。”

唐代同中书门下平章事李元纮早年为雍州司户时，太平公主与寺庙争夺碾磨。太平公主权势震慑天下，百官皆顺其旨意，但李元纮审结后，将碾磨判还寺庙。刺史窦怀贞大惧太平公主势力，促其改判。李元纮坚决不改，在判决书后写下几个大字：“南山或可改移，此判终无摇动。”

荆王守纯为金宣宗（完颜珣）的第二个儿子，官居宰相，其奴仆仗势欺民。兴定三年（1219）三月，监察御史程震以其违法，上奏弹劾：“荆王以陛下之子，任天下之重，不能上赞君父，同济艰难，顾乃专恃权势，蔑弃典礼，开纳货赂，进退官吏。纵令奴隶侵渔小民，名为和市，其实胁取。诸所不法，不可枚举。陛下不能正家，而欲正天下，难矣。”金宣宗遂责备荆王，让他拿出府中的银子补偿给卖货物的人，杖责违法横行的司马及大奴数人。

正直的司法者既然敢于驳斥皇帝，惩罚皇帝的亲贵，诛除豪强更不在他们话下了。西汉时，济南瞯氏宗人三百余家，强横而又奸猾，郡守不能擒制，于是汉景帝任命中郎将郅都为济南太守。郅都到任后即将瞯氏首恶诛杀。过了一年有余，郡中道不拾遗。颍川郡有大姓原、褚，宗族横行霸道，宾客多为盗贼，郡守也不能擒制。汉宣帝（刘询）任命赵广汉为太守，他到任数月，即诛杀了原、褚两姓的首恶。

此外，正直的司法者也不徇私情。如苏章在东汉任冀州刺史，到旧友清河太守那里查究奸赃，先设酒肴宴请，欢叙平生之好。太守喜道：“人皆有一天，我独有二天。”苏章说：“今夕苏孺文（苏章字）与故人饮者，私恩也；明日冀州刺史案事者，公法也。”遂举发其奸赃，并治其罪。南朝源怀奉梁武帝之命巡行北方，怀朔镇将元尼须与他是老朋友，但贪秽狼藉，见其到来，设宴相请，对他说：“我的命长短，系卿之口，岂可不相宽容？”源怀说：“今日源怀与老朋友饮酒之坐，不是审讯犯人之所。明日，公庭始为使者审查镇将罪状之处。”审查完毕，将元尼须抵罪。

正是他们执法不阿，才有“法律面前，人人平等”，他们也因此受到人们的称颂。

错判冤杀应受严惩

过去一提到君主专制时代的司法官员承审案件，总是说受贿枉法，草菅人命，漆黑一团，实际情形并非完全如此，有些朝代还是相当重视的，只因有许多是下面的官吏所为，上面不知道罢了。例如唐朝的法律规定，司法官审讯时，首先必须弄清案情，仔细考察受审人的言语、表情和陈述的理由，反复进行比较、核实、验证，实事求是，既不许“入人罪”，即把无罪断成有罪，轻罪断成重罪，也不许“出人罪”，即把有罪断为无罪，重罪断为轻罪，违背者分别情节论处。为了防止司法官员专横，滥刑拷打，还规定拷打囚犯不得超过三次，总数不得超过两百杖；拷打两百仍不招认的，取保暂放。违法拷打而致人死的，有关官吏判两年徒刑。若是拷讯有疮有病的囚犯，处以笞、杖之刑。对于判处徒刑以上的囚犯，应对囚犯本人及其家属宣告判决的具体罪名，允许其申述。如果不服，应当认真进行复审，违背者笞五十。囚犯可以按级上诉，司法官员应当受理而不受理的笞五十；有严重冤情被压抑不能申诉的，还可以向皇帝直接上诉，有关主管官员不马上受理的，加罪一等。这些规定对于司法官员自律和相互监督，避免或减少冤案具有重要的作用。只是到了武则天执政时期，为了防止李唐宗室和群臣反对，任用酷吏周兴、来俊臣等滥刑滥杀，才严重地破坏了制度，造成了无数的冤案。

后来有些朝代对草菅人命的官员，非但没有放任，反而严加惩处了。如宋代太平兴国年间，四川蓬州张道丰等三人被诬为劫盗，知州杨全没有认真审理，即将他们三人定为死罪。州衙的录事参军邵晔觉察三人冤枉，不肯在判决书上署名，请杨全务必加以核实。杨全不听，将张道丰等人押赴法场处决，张道丰等号呼不服，杨全只得再把他们押回监狱，等待重审。既而捕获了真正的劫盗，张道丰等三人的冤案始得大白，获得释放。杨全错判此案，被削官为民。明代永乐二十一年（1423）三月，御史王愈等会同判决重犯，误杀无罪者四人，被处以弃市之刑。

到了近代，仅光绪初年就有四起错判冤杀的官员受到应有的惩处。最为有名的就是同治十二年（1873）十月发生的浙江余杭县杨乃武与小白菜（葛毕氏）冤案，经过两年多的波折，杨乃武与小白菜终于得到刑部的平反昭雪，与此案有关的官员无一得到幸免。余杭县知县刘锡彤武断地认定因病而死的小白菜的丈夫葛品连是杨乃武与小白菜通奸合谋毒死，严刑逼供，使二人屈打成招，判处二人死刑，被发往黑龙江效力赎罪。杭州府知府陈鲁对所属知县相验错误毫无察觉，率行上报，玩视人命；宁波府知府边葆城、嘉兴县知县罗子森、候补知县顾德恒、龚心潼承审此案，未能详细讯究，草率定案；候补知县郑锡滜奉派密查案情，含混禀复，均遭革职。浙江巡抚杨昌濬上奏时不能查出冤情，京控复审时又不能据实平反，且为下边的承审官回护；侍郎胡瑞澜奉特旨审案，未能究诘根由，详加复验，二人也被革职。

另一起是江宁（南京）三牌楼竹园旁的弃尸案。一日发现一具尸体，两江总督沈葆桢饬令营务处洪汝奎侦破此案，洪汝奎即令参将胡金传侦查。胡金传捕获僧绍宗、张克友、曲学如，并贿买方小庚做证。在与候补知县严坤共同审讯时，胡金传严刑逼供。僧绍宗等受刑不过，只得乱招，初供死者姓谢，后供姓薛。胡金传又诱令他们改供。洪汝奎复审后以案情重大，报请复讯。沈葆桢认为是会匪自相残杀，批饬将曲学如、僧绍宗正法。过了三年，捕获了真盗周五、沈鲍洪等，他们供出杀死朱彪后同逃，并未移尸，时间、地点均与江宁三牌楼竹园旁弃尸案的情形吻合。翰林院侍讲学士陈宝箴上奏，三牌楼案疑窦甚多，朝廷命尚书麟书、侍郎薛允升前往江宁审讯，核实了其事。胡金传故入人罪，冤杀二命，被处斩刑。洪汝奎督审此案，率行录供，于胡金传教供私拷等情毫无察觉，严坤承审此案，率将胡金传诱取供词认为实情，随同附和，均着革职，发往军台效力赎罪。会审此案的候补同知单之珩、候补知县丁仁泽，交部分别议处。沈葆桢因已去世，未给处分。

再一件是在四川东乡县发生的，此案本是袁廷蛟闹粮仇斗，而知县孙定扬竟然诬指袁廷蛟为叛逆，请兵查拿，妄杀寨民四百多人。案发之后，朝廷得到官绅反映，几次命人查核，最后将孙定扬和奉命剿办、不分良莠、妄杀寨民的提督李有恒处决。知府张裕康、冉正杓始则禀请加捐，继又怂恿出兵，均革职发往新疆充当苦差，永远不准释回。提督刘道宗、王照南、雷玉春纵军杀掠，草率冒功，均革职发往黑龙江充当苦差。总兵刘楚华任兵勇焚掠，革职发往军台效力赎罪。知府王元晋、知县周瀚协助办案，不据实禀复，均予革职。监生李开邦、吴芳体和贡生向若幡扰害平民，酿成巨案，挟嫌怂恿发兵，均革去贡监，发往极边四千里充军，永远不准释回。游击方荣升搜捕袁廷蛟时，将和尚普集打伤，致其服毒而死，革职发往军台效力赎罪。前护理四川总督、二等侍卫文格草率定案，对军官纵兵焚掠隐匿不参，四川总督丁宝桢拟罪轻纵，均被革职。前任两江总督李宗羲对饬查事件未能分析叙明，降一级留任，不准抵消。

第四件是河南镇平县的王树汶冤案。一日，该县的张肯堂家遭到抢劫，县衙的差役刘学太接受主犯胡体洝重贿，将其私放，而以王树汶假冒胡体洝之名顶替，结果被判死刑。光绪七年（1881）七月处斩时，王树汶极口呼冤，说他并非胡体洝，亦无参加抢劫张肯堂家之事，并讲了自己的真名、住址及家中人等。河南巡抚涂宗瀛得报大骇，亟命停刑，下令复审，并命人将其父亲王季福带来相验。旋涂宗瀛调往湖南，李鹤年接任巡抚。王季福解到后，果然认王树汶为其儿子。事情已明，但此案却拖着没有审结。御史陈启泰上奏说，承审此案的官员，意在避重就轻，串令王树汶承认参加抢劫，如不承认，即杀人灭口。朝廷以人命出入，所关至重，谕令李鹤年迅速秉公审结。李鹤年认定初审无误。在京的河南官员大哗，纷纷上奏其事。于是朝廷又命河道总督梅启照复审。光绪八年（1882）九月，梅启照、李鹤年讯明上奏。朝廷又命刑部具奏。刑部以为此案疑窦甚多，奏请将全案人证、卷宗解京审讯。九年（1883）三月刑部奏明：王树汶系被盗犯胡广得诱胁同行，逼令服役，抢劫张肯堂家时，令其在旷野看守衣服，并未告知他抢劫情由。盗犯胡体洝另有其人，经差役刘学太等纵放，教令王树汶顶替。该省官员起初审理错谬，复讯时又加回护。案定之后，与此案有关的镇平县令马翥，非刑逼供，率行定案，王树汶呼冤以后，又捏词具禀，希图蒙混；开封府知府王兆兰、候补知府马永修复审时，对王树汶呼冤的缘故并未根究，一味弥缝，均被革职发往军台效力赎罪。候补同知臧政倬与署镇平知县郑子侨向役吏教供词，候补知县丁彦廷教地保捏造供词并劝王树汶冒认胡体洝，均属巧于逢迎，一并交部议处。巡抚李鹤年、河道总督梅启照于王树汶冤抑不能平反，回护属员，蒙混上奏，均被即行革职。

当时民众尚无人权观念，但人命关天，死者不能复生，无辜冤死，法理不容，这个道理每一个略有良知的人都是晓得的。故某些最高统治者尽量避免出现冤案，出了就对有关的司法官员，包括省部级高官进行严厉的刑事制裁和行政处分，以儆效尤。大约这就是一些朝代冤案并不多见的原因之一。

作为正直的司法者在错判之后，也应自觉地处罚自己。如春秋时晋国的狱官李离，由于错判杀人，自拘请死。晋文公说："官有贵贱，罚有轻重。属吏有过，非你之罪。"李离说："臣居官为长，不与吏让位；受禄为多，不与下分利。今错判杀人，将罪加在下吏身上，非所闻也。"拒不受令。晋文公说："你自以为有罪，寡人亦有罪吗？"李离说："狱官是有法的，错判刑则受刑，错判死则受死。公以臣能听察微理，以决疑案，故使为理。今错判杀人，罪当死。"遂不受令，伏剑而死。不过，这是个极为个别的例子，后世再也见不到了。

依靠人治，难免个人蒙受不白之冤，甚至出现大批量的冤假错案。究其终极原因，就是未能建立起权力监督机制和遏错纠错机制。从具体操作过程看，主要原因有两个。一为刑侦人员滥用权力，藐视人权，严刑逼供。他们往往在案发之后，不去做深入细致的调查，不看有无作案的时间、条件和动机，是否符合事实，主观上怀疑谁是犯罪嫌疑人，即进行有罪推定，将谁逮捕；谁要是呼冤，随之而来的便是严刑拷打，许许多多的无辜者就是在严刑拷掠之下屈打成招的。二为司法人员枉法裁判，即使以后明知错判，为了维持自己的脸面，保住自己的乌纱帽，也官官相护，拒不改正。因此，要杜绝冤案发生，必须从源头上加以遏止，施行冤案责任追究制，强调个人的责任，既要他们承担赔偿受害人的损失，更要定下相关的法律，严惩不贷。

姑息宽恕制造冤案的官员，就是纵容司法腐败，就是对无辜人民的残忍！

辑四｜道德人格

吕不韦著书

吕不韦是战国末年阳翟的富商大贾，然而却著有《吕氏春秋》。此书有二十六卷，分为八览、六论、十二纪，共一百六十篇，二十余万字。书稿完成之后，还在首都咸阳市城门上公布，并悬挂千金，请人前往观看，声称“有能增损一字者，给予千金”。一个只知贩卖货物、满脑袋铜臭的大商人，何以会有著作问世，而且悬出巨赏，请人进行修改？

原来吕不韦并不是一个只会在生意场上赚钱的大商人，还是一个心机深沉、眼光远大、在政治上“囤积居奇”的大商人。有一次他到赵国的都城邯郸做生意，听说在赵国作为人质的秦昭王之孙、太子安国君之子子楚极不得意，甚是可怜他，同时认为“此奇货可居”，决定进行政治投资，于是前去会晤子楚，进行游说。子楚一听完全是为他的政治前途着想，立表同意，并发誓说：“如果你帮我继承了王位，我就与你共同执掌秦国政权。”吕不韦马上给他五百金，让他结交宾客，以便获取好的声名；又用五百金购买奇物玩好，亲自带着到了咸阳，打通关系，拜见太子安国君最宠爱而又无儿子的华阳夫人，说了一通色衰爱弛、无子失势的道理；又称颂子楚，劝其立以为嫡嗣。华阳夫人终为他的花言巧语所打动，告知太子。太子答允，并令吕不韦辅佐子楚。吕不韦回到邯郸，为了牢牢控制住子楚这个“奇货”，等待高价出售，又买了几个美女同居，继而将一个怀孕的美女献于子楚。子楚大喜。其后美女生子政，子楚将其立为夫人。秦昭襄王五十年（前257），秦国攻打赵国，赵国欲杀子楚，吕不韦用巨款买通守吏，让子楚逃回秦国。过了几年，秦昭王去世，孝文王（太子安国君）继承王位，立华阳夫人为王后，子楚为太子。赵国也把子楚的夫人和儿子政送回秦国。但孝文王在位一年就去世了，庄襄王（子楚）即位。他果然不食前言，任吕不韦为丞相，封为文信侯，食邑河南洛阳十万户。不过他也是个短命鬼，在位三年便亡故，太子政（秦始皇）继立为王，尊吕不韦为相国，称其为“仲父”。由于秦王年幼，吕不韦执掌了国政，成了实际上的“一把手”，完全达到了当年政治投资的目的。

可是吕不韦还不满足，看到魏国的信陵君、楚国的春申君、赵国的平原君、齐国的孟尝君竞相招集门下士，帮助出谋划策，亦起而效尤，招致食客三千人。看到荀子等人的著作布满四海，也想学他们的样子，著书立说，名扬天下。但他不学无术，如何撰述？这也难不倒他，他手中有的是权和钱，自己无须动手，也无须动脑，命食客们人人动笔，著其所见所闻就行了。食客们遵照主子的旨意，各尽其能，将所著献上。经过删削修改，分类编纂，接着以其姓氏命名的《吕氏春秋》就刊行于世了。（此据《史记·吕不韦列传》，而班固在《汉书·司马迁传》中说，吕不韦是在被亲理政务的秦始皇迁蜀之后，才“世传《吕览》”，并将其视为同《周易》《春秋》《国语》等书一样的“发愤”之作。）

由于食客们分属各类不同的人物，每个人的经历见闻不同，所写内容自然极其庞杂，什么都有。因此，《吕氏春秋》不像孔子、荀子、墨子等人的著作自成一家之言，而是汇合了先秦各派学说，以儒家、道家思想为主，兼及名家、法家、墨家、农家及阴阳家。但也就因为如此，他却创立了一个新的学派，《吕氏春秋》成为“杂家”的代表作，对思想文化有所贡献。

吕不韦虽说靠着权、钱和“枪手”们成就了一人之名，但其悬重赏请人修改的精益求精的态度亦甚可贵。后世有些名闻遐迩的文人学者也仗着显赫的地位，主持编写多卷本的“巨著”。此类著作尽管卷帙浩繁，包装豪华，却根本未曾深入研究，甚至从未研究，都是拿着纳税人的血汗钱，充当老板，雇用一些俯首听命的文人学者代劳，重复前人的论述，缺少创见，没有多少学术价值。只因有了主编的辉煌头衔，可以坐享其名、坐获其利，还有可能高升，故有些人乐此不疲。

施恩不应望报

世上有施恩者，有受恩者。中国有感恩的传统，受恩者往往感恩图报，即所谓“滴水之恩，当以涌泉相报”。但对施恩者而言，是否一定非要回报不可呢？在谈这个问题之前，不妨先看看三个众所周知的故事。

鲁仲连，战国时的齐国人，颇有计谋，善于策划，时常周游各国，排难解纷。白起率秦军在长平消灭赵国四十余万大军之后，包围了赵国的都城邯郸。魏国国王派晋鄙领兵救赵。秦国国王得知，派人对魏王说：“我很快就会攻下赵，诸侯敢救者，必定移兵先击之。”魏王害怕，令晋鄙停止进兵。又派新垣衍潜入邯郸，找到赵王的弟弟、平原君赵胜，请他去说服赵孝成王，现在秦最强大，有称帝之心，只要赵国尊秦昭王为帝，秦国必喜罢兵。平原君犹豫未决。恰巧此时鲁仲连来到赵国，听说此事，遂经平原君介绍，面见新垣衍，讲了一通不能尊秦昭王称帝的道理和利害，说服了新垣衍。此时魏国的公子无忌又夺取晋鄙的军队前去救赵，大破秦军，秦军解围而退。由于鲁仲连有功于赵国，平原君欲封鲁仲连，鲁仲连辞让再三，终不肯受。平原君又宴请鲁仲连，酒兴正浓时，平原君站起身来，以祝寿的名义送给他千金。鲁仲连笑道："所谓贵于天下之士者，为人排患难、解纷乱而无取也。即有取者，是商贾之事也，而连不忍为也。"遂辞平原君而去。他认为，人们之所以尊重行侠仗义之士，就在于他们能够为人排难解纷而分文不取。如若拿钱，那就是商人行为，他是不干的。这就是他作为一个施恩者对于要不要对方回报的基本观念。过了二十余年，燕将攻下齐国的聊城，被燕王怀疑，畏惧受诛，不敢归国。齐国田单攻聊城一年有余，也没有攻下，士卒战死了许多。此时鲁仲连又给燕将写了一封信，用箭射入城中，指出他的出路只有两条，不是归燕，就是归齐。现在独守孤城，齐兵日益增加而燕救不至，应速决定何去何从。燕将阅后自杀。田单取得聊城，欲封鲁仲连爵位。鲁仲连又逃隐于大海之中。

淮阴人韩信年轻时，家庭贫困，品行不好，又不从事生产经商，经常到别人家白吃白喝，惹人讨厌。在南昌亭长家白吃白喝几个月，亭长的妻子被他吃怕了，吃饭的时候，不再给他碗筷。他知道其意，一怒离去。有一天在城下钓鱼，遇到漂母，漂母见其饥饿，做饭给他吃。吃了数十天，韩信欢喜，对漂母说："我以后必定重重报答你。"漂母怒道："大丈夫自己不能养活自已，我是哀怜你而给你吃，岂是希望报答！"漂母同样没有想让韩信将来回报。但韩信毕竟是韩信，一诺千金。秦末项梁起兵反秦后，他前往投奔。项梁死后，又属项羽。及见项羽对其献策不甚重视，又转投刘邦。在萧何的建议下，刘邦筑坛拜他为大将。他感戴刘邦的知遇之恩，在楚汉战争中，立下赫赫战功。刘邦封其为楚王。他到楚时，召见了往日给他饭吃的漂母，慷慨赐予千金，实现了他“重报”的诺言。对于南昌亭长，他也未忘回报，赐给一百钱，但骂了一句：“你是个小人，为德不终。”

鲁人朱家以行侠闻名于当世，所救豪士以百数，一般人士不可胜言。然而他从不张扬有恩于人，帮助别人，唯恐有人看到，赈济生活困难的人，先从贫贱开始。家无余财，专门救人之急，看得比自己的私事还重要。季布在楚汉相争时为项羽手下战将，几次领兵重挫刘邦。项羽失败后，刘邦悬赏千金，购求季布，并下令说，谁敢藏匿季布，罪及三族。季布藏匿于濮阳周氏之家。周氏以刘邦追捕紧急，不敢多留，经季布同意，将他剃去头发，用铁圈束住脖颈，穿上褐色衣服，安置在丧车之中，与奴隶数十人一起运到鲁地，卖于朱家。朱家心知是季布，将其买下。而后乘车至洛阳，去见汝阴侯夏侯婴，讲了一番道理，请他向刘邦进言，赦免季布。夏侯婴知道季布藏匿在他家，但还是答应了。见到刘邦，把朱家所说的意思讲了。刘邦果然赦免了季布，召见后拜为郎中。后来，季布升为中郎将，当了河东太守。而朱家终身不再见他。

除了上面三个故事，施恩而不望报的还大有人在。也举几例。

樊重是西汉末年河南湖阳县人，非常善于经营农业、牧畜和其他副业，获利数倍，积累资金巨万。他性情温和厚道，非但赈赡宗族，而且乡邻有求必给。其外孙何氏兄弟因争财诉讼，他以为可耻，给他们两顷田平息了此事。县中称其有美德，推为三老。八十余岁逝世时，遗令将其平时借贷给人的数百万文契全部焚烧。债家听说皆很惭愧，争往偿还。樊重诸子遵从遗令，竟不肯受。

西晋永嘉年间，匈奴贵族刘渊派遣石勒等率领大军南侵。刘敏元由山东向西方逃走，躲避战祸，跟随他的还有同县人七十余岁的管平，走到荥阳，为盗贼所劫。刘敏元被释放后，指着管平对盗贼说："此公孤老，活不了几年啦，敏元请以身代，愿诸君把他放过。"盗贼问："他是你的什么亲戚？"刘敏元答道："同县人。他穷困无子，依敏元为命。诸君若欲让他服役，他年老不堪任使，若欲吃他的肉，又不如敏元，请诸君哀怜他。"有一贼瞪眼叱道："我不放他，还怕得不到你！"刘敏元扬起手中的剑说："我岂望活着！当杀你而后死。此公穷老，神仙尚当哀矜。我与他亲非骨肉，义非师友，但以他投我之故，请以身代。"转而对诸盗首领规劝了一番，请他们走正道，最后说要为他们除掉此人。说罢上前将要斩之。强盗的头领将他制止，并对同伙说："此人是个义士，害之犯义。"遂将他和管平一起释放。

南梁严植之，性情仁慈，好行阴德。年少时曾在山中行走，看见一个病人，问其姓名，病人已经不能回答。他将病人载回家中，为其治病，但已无效，六天后病人死去，他买了棺材将其殓殡，竟不知其是何许人。后来曾见一病人卧倒塘侧，下车问其缘故。病人说姓黄，家本荆州，为人雇佣，因病得沉重，船主将他抛弃于岸上。严植之心中恻然，载回家中给他治病，经过一年方才痊愈。黄氏请终身充当奴仆，以报厚恩。严植之不接受，送他旅费，让他回家。

李士谦为隋代赵郡人，博览群书，但不出来做官。家中极为富有，经常以赈济慈善为务。州里有缺钱办理丧事的，他就前去帮助。有家兄弟分财不均，互相诉讼，他闻听即拿出钱财，补给分得少的，令其与分得多的相等。兄弟愧惧，更相推让，终为善士。看见别家的牛走进自家的田地，他就将牛牵到阴凉之处喂食，等着还给牛的主人。望见强盗偷割其禾黍，他一声不响，赶紧避开。其家童曾抓着一个偷盗谷子的，他慰谕说：“偷盗谷子是穷困所致，义无相责。”遂令放走。其后出谷数千石贷给乡邻，恰值收成不好，债家无法偿还，皆来道歉。李士谦说：“我家多余的粮食，本图周济别人，岂为求利！”于是把所有借债人召来，设置酒食招待，当着他们的面烧掉契约，说：“债了啦，幸勿为念。”第二年丰收，债家争来偿还，李士谦拒绝，一无所受。某年又遇大饥荒，不少人饿死。李士谦拿出全部家资，供给穷人糜粥，穷人赖以活命者将近一万。见到暴露的骸骨，他就收埋。到了第二年春天，他又拿出粮种，分给贫乏之家。赵郡农民都很感戴他的恩德，对其子孙说：“此乃李参军（李士谦曾被辟为开府参军，辞而不就）遗惠也。”李士谦于开皇八年（588）逝世，时年六十六岁。赵郡士女闻之，莫不流涕，参加葬礼者多达一万余人。其妻卢氏亦有妇德，其夫死后，所有赙赠，一无所受，对州里父老说：“参军平生好施，今虽殒殁，安可夺其志哉！”于是散粟五百石以赈穷乏。

晚清的大刀王五为京师武林的名侠，他曾主动为因弹劾李鸿章而被革职发往张家口军台效力赎罪的安维峻充当保镖，并奉赠车马行资。戊戌变法失败后，也曾设法营救维新志士谭嗣同。他从未想到要人“报恩”二字。他还教养过一个旧友的儿子，并为其捐官。可是，这个孩子到外省做官以后，平常决不与王五通信，而在没钱花用的时候，才接二连三地来信要钱。一位朋友对这个孩子的作为实在看不下去，劝王五不要理他。王五却说：“你说得不对，我对待他好，是我的事，我唯知尽我心而已。至于他知恩与否，是他的事，我不必问。”

在官场，同样有施恩不望报的情形。如：

张安世在汉宣帝时领尚书事，曾经举荐官员。被举荐的人到他家致谢，他大为气愤，说：“举贤达能，岂有私谢耶！”以后再也不理此人。

李昉在宋太宗时任平章事，凡有求进用的人，虽知其才可用，必定正色拒绝，已而擢用；或有不可任用的人来求，必定和颜温语相待。其子弟问这种做法是何缘故，李昉答道：“用贤者，是人主之事，若受其请，就是私人买好，故峻绝之，使恩归于上。若不用的人，既失所望，又无善辞，取怨之道也。”

王旦在宋真宗时任宰相，寇准数次在宋真宗面前说他的短处，而王旦却专称许寇准。宋真宗对他说：“卿虽称其美，彼专谈卿恶。”王旦说：“理固当然。臣在相位久，政事阙失必多，寇准对陛下无所隐，益见其忠直，此臣所以重寇准也。”后来寇准罢去枢密使，托人私求王旦再为宰相。王旦惊异地说：“将相之任，岂可求耶！我不受私请。”由此寇准对王旦深深不满。继而任寇准为武胜军节度使、同中书门下平章事。寇准入见宋真宗，谢道：“非陛下知臣，安能至此？”宋真宗对他说此乃为王旦所荐。寇准愧叹，自以为不及王旦。王旦为相，宾客满堂，但无人敢于以私情相请。他所举荐，人皆不知。他去世以后，史官修《真宗实录》，取出宫内奏章，始知朝士多为王旦所荐。

状元彭时在明宪宗时累官吏部尚书，文渊阁大学士。立朝三十年，孜孜奉国，有所论荐，皆不使其人知道。

但在官场中，举荐提拔更多的则是为了买好，让被举荐提拔者记住自己的私恩，期望得到回报，或结成集团维护自己的私利。东汉时期的察举（选拔官员的制度，由丞相、列侯、刺史、守相等推举，经过考核，任以官职）、征辟（即荐举，指朝廷或三公以下召举平民，授以官职）制度本来不坏，但在实际执行过程中却出现不少问题。郡国举孝廉，“大率取年少能报恩者”，年高而有道德学问的人多见废弃。征辟的情形亦然。被举、被辟的人成为举主、府主的门生、故吏，门生、故吏为了利禄，不惜以君臣、父子之礼对待举主、府主，甚至“怀丈夫之容而袭婢妾之态，或奉货而行赂，以自固结”。举主、府主死后，门生、故吏要服三年之丧。被荐、被辟的人如果对举主、府主不表现这种情分，就算忘恩背义，将为士类所不齿。大官僚与自己的门生、故吏结成集团，也增加了自己的政治力量。如汉和帝（刘肇）继位后，外戚窦宪总揽大权，窦家的大批徒党都做了朝官和地方官，最小的也做个县令。这些徒党们都千方百计搜刮民财给窦宪送礼报恩。东汉末年，公孙瓒占据幽州，大肆杀害士族，信任下层豪强。理由就是衣冠士族自以为身份应当尊贵，不知感恩，下层豪强被擢拔，知道感激自己。

官员如此，朝廷同样。远的不讲，就说慈禧太后吧。她在戊戌政变重新训政后，便下达懿旨说：“我朝圣圣相承，宪度修明，尽善尽美。至于深仁厚泽，难以枚举，水旱遍灾，无不立施蠲赈；江河漫溢，深恐累及穷黎；遇有军务，并未抽派丁役；宫中使女，亦未选及民间。仁民之政又如此，宜其上下一德，朝野相安，以期共享升平之福。乃有大逆不道之徒，聚党密谋，辩言乱政，而士大夫中竟有不明大义者，援引匪人，心怀叵测。言念及此，能勿愤懑。朝廷屡示宽大，姑免株连，尔诸臣等受恩深重，具有天良，际兹邪说暴行之繁兴，自当以名教纲常为己任，以端学术而正人心，共矢公忠，勤修职业。”光绪二十六年（1900）七月她从北京出逃后，又以光绪皇帝的名义发布上谕说：“我朝以忠厚开基，二百数十年厚泽深仁，沦浃宇内。薄海臣民，各有尊君亲上效死勿贰之义。”在士大夫中有这种思想的当然也不少。如湖南湘阴县年已七十八岁高龄的孝廉方正周慎斋，就深以人心学术不正为忧，作本朝《盛德颂》十章，使人知感恩戴德，以冀挽回人心。

对受恩者而言，他们铭记别人对自己的帮助，时刻想着回报，是很应该的，这说明他们的良心未泯。但也要分清施恩者是何种人，该不该接受。如宋代奸相蔡京、明代宦官头子魏忠贤等，接受他们的恩惠，就是与他们同流合污了。

真正的施恩，是从侠义出发的，目的是助人救人，而不是求利。在他们看来，求利是商业行为，排难解纷就成了商业投资，使光明磊落的义举变得卑鄙龌龊。这是他们最为反对、最瞧不起的。要不要受恩者回报是真施恩与假施恩的试金石。对于施恩者来说，不应要求受恩者回报。受恩者在以后的人生途程中，有的可能发迹，有的可能仍然穷困，有的可能显贵，有的可能依旧处在社会的最下层；有的可能记住恩人，有的可能淡漠，有的可能忘得一干二净。因此，期望每个受恩者均能回报不大现实。个人若行义举，必须摒弃要人回报的念头。如果一心想着得到加倍或数倍回报，即为商业行为，那就不要装作善人义士，以免冒着商业投资的风险，做亏本生意，后悔不及。

作为朝廷，更不能像慈禧那样让百姓有报恩的思想。从皇帝到大大小小的官员，都是由百姓出钱供养的，没有百姓出钱供养，他们一天都不能存活。做好一切为民之事，赈济灾民，蠲免灾区钱粮，朝廷责无旁贷，而不是什么“深仁厚泽”；否则，要朝廷干什么？让百姓感恩，表明他把自己视为天下的主人，人民都是他的奴仆，赈济之类即是恩赐，根本不知朝廷的职责所在。

现代社会与封建王朝不同，人民是国家的主人，政府是人民的公仆。政府的权力是公民赋予的，公民出钱雇用他们，就是要他们为老百姓办事，完成社会治理的任务。一切民生投入，包括救灾等，用的都是纳税人的钱。因此，政府为老百姓办事，是其必须尽的责任，做得好了，那是应该，做得不好，必须问责，无所谓恩不恩，老百姓尤其不需要感谢。对公仆感恩戴德，是封建时代的遗毒，完全颠倒了主人与公仆的关系。一些地方发生灾难，对政府大唱感恩歌，把政府当成大慈善家来感谢，只能说明不少群众还缺乏公民意识，仍然把自己摆在奴仆的地位。

前时读过一篇文章，题为《感恩是一种处世哲学》。“如果我们时时能用感恩的心情来看这个世间，学会微笑面对每一天，则会觉得这个世间很精彩、很富有。早上，听树上的小鸟轻唱，中午，享受着太阳无私的普照，夜晚，窗台外飘进花朵的芬芳，都会让你感到心旷神怡。”“幸福的感觉不是由环境条件决定的，关键在于我们有没有感恩的心。”“有了它，你会平和面对动荡不安，积极应对挫折困难，于寒冬里感受到暖意，在风雨中体会到幸福。”此种观点难以令人苟同。其他的不必多说，指出一点也就够了：不论大自然的风光多么美好，生活在贫困线下的亿万人民也不会“觉得这个世间很精彩、很富有”。只有在现今社会获得巨大利益的人，方有闲情逸致“微笑面对每一天”。

蔡邕之死

蔡邕字伯喈，陈留（今河南杞县）人，为东汉著名的文学家、书法家。早年闲居在家。建宁三年（170），始被举荐做官，当过郎中、议郎。熹平六年（177），他向汉灵帝上书讲了七件事，其中有虚心纳谏，求贤以劝忠直，察奸分别黑白，等等。光和元年（178）七月，汉灵帝问其消除灾异之术。蔡邕说：这都是妇人干政造成的，现今又纷传有程大人将为国家之患。应提高警惕，严为提防，明设禁令。宦官曹节趁汉灵帝去厕所之机，偷偷看了上书，告诉了同伙。同伙皆侧目而视，思图报复。中常侍程璜急忙派人向汉灵帝报告蔡邕私事，加以中伤。汉灵帝令尚书审问。蔡邕并不服气，上书自辩说：臣只知尽忠，不顾后害，遂讥刺公卿，内及宠臣，实为陛下着想。接着又悲怆地写道：诏书每下，百官各上封事，都是想改好政事，除凶趋吉。“而言者不蒙延纳之福，旋被陷破之祸，今皆杜口结舌，以臣为戒，谁敢为陛下尽忠孝乎？”臣“得托名忠臣，死有余荣，恐陛下于此不复闻至言矣”。蔡邕被逮捕入狱，被加以仇怨奉公、议害大臣和大不敬的罪名，处以弃市之刑。中常侍吕强哀怜蔡邕无罪，为之求情。汉灵帝下诏减死一等，蔡邕与其家属髡钳（刑法名，剃去头发叫髡，用铁圈束颈叫钳）流放到朔方，不得以赦令免除。将作大匠杨球一心要害死蔡邕，在蔡邕上路时，派刺客追杀于道路，刺客认为蔡邕有义气，没答应。杨球又贿赂朔方的部主，命其以毒药加害，但所贿赂的人反而将情况告知蔡邕，使其戒备，故免于受害。由于蔡邕以奏陈朝廷大事获罪，因而名闻天下，感动志士。

第二年大赦，蔡邕将回本郡，五原太守王智为其饯行，喝到酒酣耳热之时，王智加以劝说，蔡邕没有回答。王智是中常侍王甫的弟弟，素来贵骄，见其不答话，感到在宾客面前丢了脸，骂道："犯人竟敢轻视我！"蔡邕拂衣而去。王智衔恨，密告蔡邕怨于囚放，谤讪朝廷。宦官等人更加厌恶他。蔡邕为避免加害，出走亡命江海十二年。在江南吴郡时，有户人家用桐木烧火做饭，蔡邕闻听火烈之声，知道烧的是上好的木材，于是向主人请求，将木材制成一把琴，果然声音优美，而琴尾还有烧焦的痕迹，所以当时人们就取名为焦尾琴。

中平六年（189），汉灵帝去世，少帝即位，大将军何进与司隶校尉袁绍谋诛干涉朝政、为害人民的宦官，何太后不答应。于是何进召董卓带兵开进京师洛阳，并上书请诛宦官，以胁迫何太后。但董卓尚未抵达京师，宦官已将何进杀死。袁绍领兵诛除了大部分宦官，少数宦官挟持少帝出走。董卓到京师后，废去少帝，另立汉献帝，自己任司空、太尉，旋升相国，大权独揽。听说蔡邕名气很大，派人前去征召他出来做官，蔡邕称病拒绝。董卓极为恼怒，骂道："我有能力将人灭族，蔡邕竟然如此傲慢，我让你很快遭到灾祸。"又严厉告诫州郡官员推举蔡邕到他的司空府。蔡邕惧祸，迫不得已，只好前来。董卓很敬重他，任命他为代理祭酒。旋补官侍御史，又转任侍书御史，再升任尚书。三天之内，经历三个重要官署。后升巴郡太守，董卓仍留他在京城担任侍中。

但董卓为人极其凶残狠毒，睚眦必报，人人自危。初平元年（190），董卓将汉献帝迁移长安，焚烧洛阳宫室，发掘陵墓，挖取珍宝。蔡邕升为左中郎将，跟随汉献帝到了长安。董卓任太师，号曰"尚父"。司徒王允见董卓祸毒方深，有篡逆之心，密与尚书仆射士孙瑞、司隶校尉黄琬、尚书郑公业等共谋将其杀死，并密结董卓的爱将吕布，使为内应。吕布与董卓的关系非常密切，"誓为父子"，董卓怕人害己，出入皆以吕布守卫。吕布因一件小事使董卓不快，董卓竟拔戟掷向吕布，幸亏吕布手脚敏捷，迅速躲过，从此暗中怨恨董卓，曾将此事告诉王允。另外，吕布与董卓的婢女通奸，恐被发觉，也很不安。但在王允找到他时，他却说："我与他亲如父子，怎么办？"王允说："你自姓吕，与董卓本非骨肉之亲，今忧死不暇，何谓父子！董卓掷戟之时，岂有父子之情呀！"吕布遂答应与其共同行事。初平三年（192）四月，汉献帝病体初愈，大会未央殿，董卓入贺。王允与士孙瑞向汉献帝密奏其事，并由士孙瑞书写诏旨，交给吕布，令其与骑都尉李肃率领心腹勇士十几人，穿上卫士服装，守在北掖门内。董卓入门，李肃以戟刺之，因董卓身穿护身衣，仅刺伤其臂。董卓下了马车，大呼："吕布何在？"吕布接道："有诏讨贼！"董卓大骂："一只平庸的狗也敢如此吗？"吕布应声持矛刺去，将董卓杀死，暴尸街头，长安士民互相庆贺。看守尸体的军士见董卓身体肥胖，在其肚脐中点上灯，膏流满地。

董卓被杀后，《后汉书·蔡邕传》记载说：蔡邕正在司徒王允家，不经意之中谈到了董卓而叹惜，神情也有些激动。王允勃然大怒，痛斥说：“董卓是国家罪大恶极的贼人，几乎推翻了汉室。你作为王室的大臣，应该同怀愤怒，而你却不忘他的私人恩情，忘掉了大节！现在上天诛灭有罪之人，你却反而为他伤悼哀痛，岂不是与他共同谋逆作乱吗？”蔡邕说：“虽以不忠，犹识大义，岂当背国而向董卓也。”王允不听，命人将其拘捕，交付廷尉治罪。蔡邕上书谢罪，因其以前曾与卢植、韩说等撰补《后汉记》，后来流离，没有完成，特请求受黥首（刺面）刖足（断足）之刑，继续修完汉史。

公卿士大夫怜惜蔡邕之才，多方营救，规劝王允改正错误，但都未能奏效。太尉马日磾乘马疾驰去见王允，对他说：“蔡伯喈是当代不可多得的杰出人才，很了解汉朝的史事，应当让他继续修完汉史，使之成为一代重要的典籍。况且他一向以忠孝著称，所判之罪又没有正当的理由，诛杀他恐怕会失掉众人的属望吧？”王允说：“当年孝武皇帝不杀司马迁，让他写出诽谤的史书，流传于后世。当今国运中道衰落，帝位不能稳固，绝不可让奸邪谄上的臣子在幼年皇帝身边记录史事。既无益于君王的高尚德操，又让我们这些人遭受他的讪议。”蔡邕终于死在狱中，享年六十一岁。士大夫和知识分子没有不流泪的。北海郡的郑玄听到这一噩耗，叹息说：“汉代的史事，再找谁去整理呢！”兖州、陈留郡等地都绘制蔡邕的画像来称颂他。王允悔悟，已经来不及了。

王允借吕布之手除掉了专权残暴的董卓，值得肯定。但该当如何评价他对蔡邕的态度呢？从《后汉书·蔡邕传》记载看，他处置蔡邕的主要理由是其为董卓之死而叹惜，神情有些激动，认为蔡邕与董卓共同谋逆作乱。据注《三国志》的裴松之分析，这个记载是不真实的，因为蔡邕虽为董卓所亲任，但必定不是董卓之党，他不是不知道董卓的奸凶，闻其死亡，绝无叹惜之理。纵令叹惜，也不应对诛戮董卓的王允而言。这个分析很有道理，事实上也是如此。董卓确实敬重蔡邕的才学，委以重任，给予非常优厚的待遇。蔡邕也每每想对董卓有所匡正补益，然而董卓刚愎自用，听不进去。蔡邕恨其很少采纳他的意见，对其堂弟蔡谷说："董公性情倔强固执而坚持错误做法，最终难成大事。"想逃到外地去隐藏，等待时机。蔡谷说：您的相貌异于常人，这个办法相当困难。于是蔡邕打消了躲避的念头。由此可见，蔡邕不仅没有迎合董卓，干出于国家人民不利的坏事，而且还对董卓甚为不满，说明他并非董卓一党。再者，从蔡邕对汉灵帝的建言看，他一心为朝廷和大局着想，也不可能同董卓沆瀣一气。王允认为他与董卓同谋逆乱，完全是毫无根据的臆断。即令蔡邕是为董卓之死而叹惜，那也只是因为董卓对他有"知遇之恩"，属于私人感情，与谋逆叛国毫不相涉。西汉初期，汉高祖刘邦杀死梁王彭越，把他的头挂在洛阳城上，下令任何人不许收尸。而受过彭越之恩的栾布却公然收了他的尸体，将他埋葬，痛哭了一场。刘邦认为栾布很重义气，非但未加惩处，反而任其为都尉。王允没有刘邦的气度和认识倒也罢了，但他不应该将蔡邕的问题性质无限夸大，故入人罪。

王允与蔡邕一无怨，二无仇，为什么必欲置其于死地？这从他回答马日磾的话中不难找到答案。他说汉武帝不杀司马迁，让他写出诽谤的史书，流传于后世，系出于封建官僚的偏见。司马迁是一位伟大的史学家、文学家，他写的《史记》不隐讳汉武帝的过失，直书其事，何谤之有！关键在于他认为让蔡邕记录史事，自己会遭受“讪议”。如果行为正派，办事公平，为国家人民着想，根本不用担心别人“讪议”，即使遭到“讪议”，事实俱在，终有真相大白的一天，也无须如此恐惧。而王允并非清正廉明的执政人物，自然倍加警惕。据《后汉书・王允传》记载：当董卓专权时，王允“初惧董卓豺狼，故折节图之”，“矫情屈意，每相承附，卓亦推心，不生乖疑”。可见，他在董卓面前不知多么卑躬屈膝，溜须拍马，附和着干了多少坏事，生怕蔡邕书写汉史，会把他的丑事记录下来，让人评论，这才是他不顾公卿士大夫的营救，使蔡邕死于狱中的真实动机。

处置了蔡邕，王允不仅没有挽回汉朝的厄运，反而招来了杀身之祸。董卓被杀之后，王允以为再无患难，傲慢起来，公卿士大夫大多不拥护他。董卓的将校多为凉州人，王允准备将他们统率的军队解散，并有凉州人都要被杀死的传说。董卓的部将极其恐惧不安，拥兵自守，认为蔡邕只是因为董卓对他们亲厚，受到牵连，今日解散军队，明日他们就成为鱼肉了。李傕、郭汜等遂合谋为乱，攻围长安，将王允杀死。

每个人都在用实际行动书写自己的历史，谁也无法掩饰，即使杀死史官或史学家，也无济于事，只能暴露自己丑恶的嘴脸。

范缜不“卖论求官”

范缜字子真，南乡舞阴（河南泌阳县境）人。父亲早死，家境贫寒。十多岁时拜名儒刘瓛为师，布衣草鞋，来回步行，在出身于富贵之家的同学面前，毫无愧色。成人以后，博通儒家经典，尤其精于《仪礼》《周礼》《礼记》。性格刚直，喜发宏论。在南齐官居中郎。

当时南朝佛教兴盛，统治阶级中的不少上层人物都信仰佛教，竟陵王萧子良就是其中之一，经常聚会名僧，讲论佛教经典。他好礼贤纳士，交游文学名士，但多是佛门信徒。唯有范缜“盛称无佛”，否认佛教的灵魂不灭、轮回转世、因果报应之说。

一天，萧子良问范缜：“你不信因果，世间何得有富贵，何得有贫贱？”

范缜回答说：“人生如同树上的花同时开放，随风飘落，有的花瓣由于风拂帘帷而飘落在厅屋内，留在茵席上；有的花瓣则因篱笆的遮挡而掉进粪坑中。殿下就犹如留在茵席上的花瓣，下官就是落于粪坑中的花瓣。贵贱虽然不同，但哪有什么因果报应呢？”

萧子良不能驳倒他的答辩，深感惊异。

范缜回去后觉得有必要将自己无神论的观点加以系统阐述，遂写出了著名的《神灭论》。他认为：精神就是形体，形体就是精神，形体存则精神存，形体亡则精神灭。形体是精神的物质实体，精神是形体的作用表现，二者不能分离，不是相异的东西。他打了一个恰如其分的比喻说：精神与形体好比锋刃与刀的关系，说锋刃并不是指刀，说刀也并不是指锋刃。然而，离开刃也就无所谓锋利，离开了锋利也就无所谓刃。既然从未听说过刃没有了而锋利还存在的，怎么能说肉体死亡后而精神还能存在呢？

此论一出，佛教信徒一片哗然，大加反对。萧子良凭借宰相的权力，急忙召集和尚与名士同范缜辩论，软硬兼施，轮番围攻，都被范缜驳倒。有些人也著文攻击范缜，证明鬼神存在，但却拿不出一个真鬼神出来。

王琰企图借儒家尊敬祖宗的信条做武器，一下子难倒范缜，讥讽说：“范先生啊！你竟不知道你的祖先神灵在哪里！”意即你不承认你的祖先神灵在天上，就是不孝。

范缜针锋相对地回答：“王先生啊！你既然知道你的祖先神灵在哪里，为什么不自杀去找他们！”

萧子良又企图用官位来拉拢引诱他，派名士王融对他说：“神灭之论不合道理，而先生仍要坚持，恐怕会损伤名声教化。像先生这样的高才，何愁不能做到中书郎？却非要故意不合常理地这样说，应该抛弃你的观点了。”

范缜哈哈大笑，答道：“假使范缜要卖论求官，早已做到尚书令和仆射一类的高官了，岂止是中书郎啊！”

南梁时佛教进入了全盛时期。梁武帝萧衍同样笃信佛教，他在天监三年（504年）下诏说：大经中说道有九十六种，唯佛道是正道，其余均为邪道，公卿百官王侯宗室，宜反伪就真，舍邪入正。这就无异于正式宣布佛教为国教。一时朝野上下，佞佛成风。为了消除《神灭论》的影响，梁武帝又颁布《敕答臣下神灭论》诏书，硬说范缜“违经背亲，言语可息”，不允许他再讲。范缜毫不示弱，勇敢地接受了挑战，并将《神灭论》改写成有宾有主、一问一答的文体。梁武帝见范缜不肯就范，于天监六年（507）唆使光禄寺大僧正法云写了《与王公朝贵书》，发动朝野僧俗，一齐上阵，先后参加围攻的有六十余人。可是，他们拿不出真凭实据，只能破口谩骂，指责范缜“欺天罔上”“伤化败俗”。范缜据理驳斥，将他们驳得哑口无言。

关于范缜的《神灭论》，许多学者对它在中国古代思想发展史上所具有的划时代意义，及其对后来无神论和反佛教斗争发展产生的积极影响，做了充分的肯定，无须再论。本文强调指出的是范缜难能可贵的品格。为了坚持和捍卫真理，他不怕皇帝和宰相施加的高压，不畏名士和名僧的围攻威胁，不受“卖论”换取高官的利诱，始终坚守自己的理论观点。这种绝不妥协的精神，永远值得人们学习。比起那些为了升官发财，眼睛一直向上，不管皇帝或高官对学术如何一窍不通，满嘴胡说，他们都奉命唯谨，不惜昧着良心，丧失学术底线，故意颠倒黑白，混淆是非，不知人间尚有“羞耻”二字的所谓学者，其品质不啻天壤之别！

还应强调指出的是，无论是竟陵王萧子良，还是梁武帝萧衍，他们虽然是封建统治者，深深迷信佛教，极力反对范缜的无神论思想，利用手中掌控的权力发动名士僧侣对其几次展开围攻，但他们并未认为范缜是政治上的反对派，而是作为理论学术问题处理，进行辩论，允许范缜答辩，没有剥夺他的发言权；也没有因为不能使范缜屈服而贬其官，封杀其著作《神灭论》。比起那些视理论学术问题为政治问题，动辄使用各种手段打压不同学术观点的当权人物，他们的执政水平不知高出多少。

苏轼险被害死

“天不怕，地不怕，就怕流氓有文化。”文化流氓的危害在古代同样存在，杰出的北宋文学家、书画家苏轼就险被文化流氓害死。

苏轼虽然在文学艺术上取得了极其卓越的成就，受到世人的敬仰，但在仕途上却是坎坷一生，多灾多难。

嘉祐二年（1057），苏轼与弟弟苏辙同登进士。后母亲去世，在家服丧。五年（1060），调福昌主簿，以制策考试优异，授大理评事、签书凤翔府判官。治平二年（1065），入判登闻鼓院，直史馆。继而其父苏洵去世，他又服丧回到家乡。熙宁二年（1069）服满还朝，仍授本职。此时正值宋神宗任用王安石变法，王安石见苏轼政见与自己不合，命其暂时代理开封府推官。后来苏轼上书宋神宗，请结人心，厚风俗，存纪纲，考进士出题得罪了王安石，王安石令御史谢景温上奏他的过错。谢景温穷治一番，没有找到任何证据。苏轼见在京为官困难重重，请求外放，遂调任杭州通判。以后又调任密州、徐州任知州。他在地方颇有政绩，深得民心。同时也看到新法给普通百姓造成的危害，心中不满而又不敢直言，便写了一些诗文加以讥讽，以便有益于国家。

元丰二年（1079）三月，苏轼调任湖州，上表谢恩，其中有这么几句话："陛下知其愚不适时，难以追陪新进；察其老不生事，或能牧养小民。"他说自己"难以追陪新进"，"老不生事"，充其量不过是发发牢骚而已。但紧跟王安石的"新进"人物却认为苏轼讽刺他们"生事"，恼羞成怒，进行报复。监察御史里行何正臣上奏，诬蔑苏轼"愚弄朝廷，妄自尊大"。曾因隐瞒母丧遭到弹劾而被王安石庇护且提拔为御史中丞的李定，以为苏轼"侮慢"，揭发他"自熙宁以来，作为文章，怨谤君父，交通戚里"。监察御史台里行舒亶又跟着鸡蛋里挑骨头，找出苏轼的几句诗，弹劾说："至于包藏祸心，怨望其上，讪渎谩骂，而无复人臣之节者，未有如轼也。盖陛下发钱（青苗钱）以本业贫民，则曰'赢得儿童语音好，一年强半在城中'；陛下明法以课试郡吏，则曰'读书万卷不读律，致君尧舜知无术'；陛下兴水利，则曰'东海若知明主意，应教斥卤（盐碱地）变桑田'；陛下谨盐禁，则曰'岂是闻韶解忘味，尔来三月食无盐'；其他触物即事，应口所言，无一不以讥谤为主。"

宋神宗见他们指控，派人前往湖州拘捕苏轼，押解至京，不久送进御史台的监狱，史称"乌台诗案"（乌台即御史台，汉代御史台外柏树上有很多乌鸦，故人称御史台为乌台）。宋神宗命李定、何正臣、舒亶与知谏院张璪审理。李定等文痞断章取义，任意曲解，无限上纲，必欲置之死地而后快。他们轮番进行了多日的审讯和折磨，虽然什么具体的罪状也未得到，苏轼因实在受不了心理上的屈辱和肉体上的痛苦，便承认了自己有罪。

乌台诗案在朝野引起强烈的反响。

湖州、杭州的百姓听到消息，焚香念佛，为苏轼祈祷平安。

太皇太后曹氏在病中闻知，对宋神宗说："尝忆仁宗以制科（临时设置的考试科目）得苏轼、苏辙兄弟，喜曰：'吾为子孙得两宰相。'今闻苏轼以作诗系狱，得非仇人中伤之乎？摘取诗中的一点小过，杀之可乎？宜熟察之。"宋神宗答道："谨受教。"

正直人士也仗义相救。宰相吴充直言："陛下以尧、舜为法，薄魏武（曹操）固宜，然魏武猜忌如此，犹能容祢衡，陛下不能容一苏轼何也？"

曾任参知政事、已经隐退的张方平"抗章为请"，劝宋神宗爱惜"天下奇才"。

王安石之弟王安礼从容对宋神宗说："自古大度之君，不以言语罪人。苏轼以才自奋，谓爵禄可立取，顾碌碌如此，其心不能无觖望。今一旦致于理，恐后世谓陛下不能容才。"

宋神宗本就怜惜苏轼之才，不愿对诗案进行深究。听到各方营救之声，便对王安礼说："朕固不深谴也，将为卿赦免他，只是卿去后，不要漏言。苏轼方招怨于众，恐言者因以害卿也。"

宰相王珪继续加害，又举出苏轼的咏桧诗："凛然相对敢相欺，直干凌空未要奇。根到九泉无曲处，世间惟有蛰龙知。"无中生有地说苏轼藐视宋神宗，将其比喻为蛰龙。宋神宗冷冷地回答："彼自咏桧，关朕何事？"

舒亶仍不罢休，又诬蔑司马光等人"公为朋比"，请求诛戮，宋神宗不允。十月，仅贬苏轼为黄州（今湖北黄冈）团练副使。其弟苏辙及王诜皆坐谪贬，司马光等二十余人俱罚铜（纳铜赎罪）。

轰动一时的“乌台诗案”就此告结。

苏轼躲过了杀头的一大劫，到黄州后又无实权，有些心灰意冷。他与田野父老往来于溪山之间，筑室于东坡之上，自号“东坡居士”。此即其东坡别号的由来。

宋神宗终不忍抛弃苏轼之才，元丰七年（1084）下诏，令赴汝州。但苏轼尚未就任，宋神宗就去世了。

宋哲宗即位时年龄幼小，太后听政，启用司马光为宰相。此后苏轼在仕途上较为得意，但也并非一帆风顺。先知登州，后被召还朝，任礼部郎中，旋升起居舍人、中书舍人。不久升翰林学士兼侍读。元祐三年（1088）权知礼部贡举。次年，他因论事与执政者不合，恐不见容，请求外放，以龙图阁学士出知杭州。杭州百姓对他非常热爱，家家都画他的像，“饮食必祝”。六年（1091），被召回朝，为翰林承旨。旋因有人进谗，他又请外放，出知颍州。七年（1092），移知扬州。不到一年，又召为兵部尚书兼侍读，继而任礼部尚书兼端明殿翰林、侍读两学士。在此期间，御史贾易、杨畏、安鼎攻击他姑息邀誉，眩惑朝廷视听，“在扬州题诗，以奉先帝遗诏为‘闻好语’；草吕大防制云‘民亦劳止’，引周厉王诗以比熙宁、元丰之政。弟辙早应科试，文缪不应格，幸而滥进，与轼皆诽怨先帝，无人臣礼，至指李林甫、杨国忠为喻”。御史董敦逸和黄庆基亦言：“苏轼昔为中书舍人，制诰中指斥先帝事，其弟辙相为表里，以紊朝政。”

元祐八年（1093），宋哲宗亲政，王安石一派的新党章惇等重新上台，苏轼再次请求外放，出知定州。绍圣初年，御史又论苏轼过去写的东西“讥斥先朝”。宋哲宗遂以本官命苏轼出知英州（广东英德县)。未至英州，又贬为宁远军节度副使，惠州(广东惠阳县)安置。三年后，又贬为琼州别驾，居昌化。其中原因，据说是苏轼在惠州时的诗作中有两句——“为报诗人春睡足，道人轻打五更钟”传到开封，狠毒的章惇一看，感到他活得太舒服，特别不高兴，下令再贬。昌化属现在的海南，那时极为荒凉，连药物都没有。租官屋居住，官府不准，他只好买地建房，当地人都赶来帮他运砖担土。在此，他与幼子一起生活，以著书为乐，时时与周围的父老交游。宋徽宗即位后，将其移到廉州，又改为舒州团练副使，永州安置。后遇大赦，遂提举玉局观，复任朝奉郎。建中靖国元年(1101)在北归途中，逝世于常州。

苏轼对朝政确有不同看法，但在政治上他并非如一些史学家所说的，完全属于反对王安石变法的保守派，他只是反对其中对人民有害的部分。司马光上台以后恢复旧法，他也从于国于民有益的角度表示异议。如对司马光说：“差役、免役，各有利害。免役之害，聚敛于上，而下有钱荒之患。差役之害，民不得力农而吏胥缘以为奸。此二害，轻重盖略等矣。”“公欲骤罢免役而行差役”，“盖未易也”。他为人正派，性情率直，不会溜须拍马，见风使舵，不知收敛锋芒以避祸灾，遇到反感不满之事，不管哪派掌权，都讲出自己的见解。他这种性格，就是官场中所说的书呆子，自然得不到狂妄、刚愎自用的王安石重用。那些胁肩谄笑的文化流氓们更忌恨他的奇才，对其诗文采取极其卑劣的手法，深文周纳，百般罗织罪名，加以陷害。他生不逢时，注定了在仕途上的不幸命运。

北宋的富弼常说：“君子与小人并处，其势必不胜。君子不胜，则奉身而退，乐道无闷。小人不胜，则交结构扇，千歧万辙，必胜而后已。”南宋淳熙年间，太常少卿罗点对宋孝宗说：“君子得志常少，小人得志常多。盖君子志在天下国家，而不在一己，行必直道，言必直论，往往不忤人主，则忤贵近，不忤当路，则忤时俗。小人志在一己，而不在天下国家，所行所言，皆取悦之道。用其所以取忤者，其得志鲜矣；用其所以取悦者，其不得志亦鲜矣。”他们讲的均为社会现实。君子一般斗不过小人，特别斗不过文化流氓，各朝各代的正人君子受到迫害，都不奇怪，他们遇到的不是昏庸的君主，就是极端专制、不容有异议的执政者。

宋代的太学生

太学就是古代的大学，学生多由省、府、州、县学的生员中选拔，亦有由捐纳而得者。太学生投入政治活动，在西汉业已开始，最突出的为宋代。

大观三年（1109），何执中因一意巴结权奸蔡京，遂代为宰相。诏旨发布后，太学生陈朝老到宫门上书说："陛下知蔡京之奸，解其相印，天下之人，鼓舞有若更生。及命何执中为相，中外黯然失望。何执中虽不敢像蔡京一样肆为非法，蠹国害民，然其碌碌平庸，本来没有超过别人之处。天下败坏至此，如人一身脏腑受病已深，岂平庸之医所能治好？何执中夤缘攀附，致位二府（尚书左仆射，兼门下侍郎），亦已大幸，骤然使其治理国家，就等于以蚊子背负大山，多见其不能胜任也。"

宋徽宗是个昏君，阅过陈朝老的上书之后并不醒悟，依然任用蔡京、童贯等一帮奸臣执政，专干一些祸害人民的勾当，其中为害最烈的就是朱勔管领的应奉局向东南各地居民搜刮花石竹木和珍异物品，运往开封，称为“花石纲”，搞得民怨沸腾，人人切齿。宣和二年（1120），太学生邓肃作诗十一章，言知府、县令“搜求扰民”，讽谏宋徽宗，被逐出太学。

当时天下皆知蔡京等误国，而当权者多受其荐引，谁也不肯向皇帝明言，其他人畏惧蔡京等人，更不敢说话。宣和七年（1125）末，宋徽宗在金兵大肆南侵下，禅位于太子，号教主道君皇帝，称太上皇。宋钦宗即位，太学生陈东带领学生到宫门上书，其中写道：“今日之事，蔡京坏乱于前，梁师成阴谋于后，李彦结怨于西北，朱勔聚怨于东南，王黼、童贯又从而结怨于二虏，创开边隙，使天下势危如丝发。此六贼者，异名同罪，伏愿陛下擒此六贼，肆诸市朝，传首四方，以谢天下。”言辞极为愤切。蔡京、童贯自知民愤极大，罪责难逃，携带全家，由两万亲军护送，与宋徽宗一起逃到亳州避祸。陈东又单独上书，请追回童贯，明正典刑。金军迫近京城开封，陈东再次上书，请诛“六贼”。此时梁师成尚在朝中，陈东又“发其前后奸谋”。朝野官民也纷纷揭露他们的罪恶。宋钦宗被迫罢免王黼，后将其处斩；李彦、梁师成赐死；蔡京流放，死于途中；童贯和朱勔在贬官流放后又被处斩。

面对金军的威胁，靖康元年（1126）正月，宋钦宗下诏亲征，任命李纲为兵部侍郎、亲征行营使，吴敏为知枢密院事、亲征行营副使。而主张议和的宰相白时中、李邦彦等则建议宋钦宗弃城逃跑。李纲坚持出战。宋钦宗遂任命李纲为尚书右丞、东京留守。但他并不想真正抵抗金兵，夜间又改变了主意，仍想逃跑。次日早朝，李纲见皇帝的乘舆已经摆好，禁卫军准备出发，立即说服了军士和宋钦宗，决心保卫京城。宋钦宗罢免了白时中，任命李邦彦、张邦昌为相。李纲急速布防。金军兵临城下，其统率完颜宗望向宋朝派出的使臣李棁提出：索要金五百万两，银五千万两，牛马各一万匹，缎一百万匹；宋朝割让太原、中山、河间三镇，并以亲王、宰相作人质，才许议和。李邦彦等主张全部接受。李纲力争，建议拖延时日，等待各地勤王兵到来。宋钦宗即派康王赵构为军前计议使，张邦昌为副，出使金营。旋即河北、河东路制置使种师道和各地将领率领的勤王兵陆续来到东京，数量大大超过金军。金军不敢轻动。武安军承宣使姚平仲建议夜劫金营，生擒完颜宗望，迎回康王。李纲支持。但姚平仲劫营却遭到大败。完颜宗望派使臣到宋朝责问，提出改换人质。宋钦宗和李邦彦立即派人去金营解释劫营非朝廷之意，并送上太原、中山、河间三镇地图求和，即日罢免李纲，向金军谢罪。

对于宋钦宗和李邦彦的荒谬举动，军民极为愤慨。二月四日，陈东带领太学生一千余人在宣德门上书说："在廷之臣，奋勇不顾，以身任天下之重者，李纲是也，所谓社稷之臣也。其庸缪不才，忌疾贤能，动为身谋，不恤国计者，李邦彦、白时中、张邦昌、赵野、王孝迪、蔡懋、李棁之徒是也，所谓社稷之贼也。陛下拔李纲列卿之中，不一二日为执政，中外相庆，知陛下之能任贤矣。斥白时中而不用，知陛下之能去邪矣。李纲任而未专，白时中斥而未去，复相李邦彦，又相张邦昌，自余又皆擢用，何陛下任贤犹未能勿贰，去邪犹未能勿疑乎？……臣等惊疑，莫知所以。李纲起自一般的官员，独任大事，李邦彦等疾如仇雠，恐其成功，因用兵小有不利，遂得乘间投隙，归罪于李纲。夫一胜一负，兵家常势，岂可遽以此倾动任事之臣！窃闻李邦彦、白时中等尽劝陛下他幸，京城骚动，若非李纲为陛下建立，则乘舆播迁，宗庙社稷已为丘墟，生灵已遭鱼肉。……李邦彦等谗疾无所不至，陛下若听其言，斥李纲不用，宗社存亡未可知也。……幸陛下即反前命，恢复李纲旧职，以安中外之心，付种师道以阃外之事。陛下不信臣言，请遍问诸国人，必皆曰李纲可用，李邦彦等可斥也。用舍之际，可不审诸。”

城中军民听说，自动赶来声援，一时之间，聚集了十余万人，将皇宫团团围住。李邦彦上朝，被民众发现，当面指责他的罪行，大加痛骂，并向他投掷瓦片。李邦彦吓得赶快溜走。宋钦宗传旨慰谕，群众不愿离去，将登闻鼓砸碎，喧呼震地，并打死宦官数十人。府尹王时雍想驱散群众，没有得逞，想逮捕陈东，又为户部尚书聂昌制止。宋钦宗害怕激起更大变故，只好再用李纲为尚书右丞，充京城四壁防御使。为了平息学潮，吴敏奏请用右谏议大夫杨时。宋钦宗召见杨时，杨时说：“太学生伏阙纷纷，忠于朝廷，非有他意，但择老成有行谊者为之长贰，则将自定。”宋钦宗遂以杨时兼国子监祭酒。民众又提出愿见种师道。宋钦宗让种师道乘车前往。民众望见，方才退走。吴敏欲消除谤议，奏请补陈东官，赐其府第。宋钦宗授陈东为太学录（官名）。但陈东没有接受，回到家乡。

金军退兵后，经过几个月，再度南侵。李纲被贬官，出知扬州。闰十一月，金军围攻京师。太学生丁特起上书请用兵，宋钦宗不理。金军攻破京师，迫使宋钦宗投降，查封宫中的金银财宝，又索取大量金、银、帛犒军。最后将宋徽宗、宋钦宗以及后妃、太子、宗戚等掳走北上。北宋灭亡。

靖康二年（1127）五月，宋高宗（赵构）在南京（商丘）即位，改年号建炎，建立南宋王朝。他重新起用李纲为宰相，同时又起用黄潜善为中书侍郎，参与政务，汪伯彦同知枢密院事，执掌军权。黄潜善、汪伯彦为投降派，李纲与他们意见分歧，不久被罢相。陈东再次上书请留李纲，罢免黄潜善、汪伯彦，朝廷不理。陈东又上书，请宋高宗亲征，迎还徽、钦二帝，惩治诸将不进兵之罪，以作士气，车驾归京师开封，勿幸金陵。朝廷仍然不理。恰在此时，平民欧阳澈又徒步赶到南京，到宫门上封事，“极诋用事大臣”。黄潜善大为愤恨，立即以言语激怒宋高宗说：“不速诛他们，又会鼓动大众闹事。”宋高宗命其处置。黄潜善让府尹召陈东。陈东知道死期将至，从容写好家书，嘱咐跟从者交给亲人。并对前来拘捕他的人说：“我陈东也，畏死即不敢言，已言肯逃死乎！”遂整衣冠而出。宋高宗竟将他与欧阳澈押赴市上斩首。陈东并不认识李纲，特以国家缘故为之而死。不论认识不认识他的人，皆为其流涕。

绍兴十一年（1141），抗金名将岳飞遭奸相秦桧陷害被捕入狱，太学生多次上书为岳飞申冤。

绍兴三十二年（1162），宋高宗传位给宋孝宗（赵眘）。宋孝宗也想收复失地，恢复岳飞和岳云的官爵，依官礼改葬。任命主战派张浚为枢密使，支持其出师江淮，北上抗战。但在符离战败之后他又犹豫动摇，任命汤思退为右相。金军统率索要海、泗、唐、邓四州。汤思退是秦桧的余党，力主议和，派卢仲贤前往。宋孝宗不许卢仲贤割地。汤思退则以吏部侍郎王之望为通问使，去金朝割地；指使右正言尹穑攻击张浚拥兵跋扈，浪费国家资财，抗拒朝廷命令，将张浚排斥出朝。他深怕抗战派继续反对撤兵割地，宋孝宗再度动摇，隆兴二年（1163），竟将抗战派官员二十余人逮捕入狱，又密令孙造到金朝暗通消息，要敌军出动大兵威胁议和。金军再次南下入侵的消息传来，群情激愤，纷纷揭露汤思退。宋孝宗罢免了汤思退，命其到永州居住。太学生张观等七十二人上书，说汤思退及王之望、尹穑奸邪误国，勾结敌人，请斩三人以谢天下，并流窜其党洪适等。汤思退行至信州，听到消息，心惊胆战，忧惧而死。王之望、尹穑被罢官。

淳熙十六年（1189），宋孝宗退位做太上皇，传位给儿子宋光宗（赵惇）。宋光宗身患疾病，又受李皇后的挑唆，久不朝拜居住于重华宫的父亲。群臣担心对国家不利，连章奏请去朝拜，太学生汪安仁等二百一十八人亦上书请求。宋光宗不听。绍熙五年（1194），宋孝宗去世，宋光宗又不出面服丧，朝内朝外乱成一团。知枢密院事赵汝愚和知阁门事韩侂胄经太皇太后同意，使宋光宗让位于为宋宁宗（赵扩）。韩侂胄的官位不高，但他娶了宋高宗吴皇后的侄女，算是外戚。宋宁宗既立，他以为有拥立定策之功，想当大官。赵汝愚对他说："我是宗室之臣，你是外戚，何可言功，唯小臣则当推赏。"但仍升韩侂胄宜州观察使兼枢密都承旨。韩侂胄对他非常不满，而后因传达诏旨，得到宋宁宗亲幸，时时乘间窃弄威福。赵汝愚屡辞高官右丞相、枢密使，显然没有什么野心。不过，他推崇道学，举荐朱熹做焕章阁待制兼侍讲。朱熹向赵汝愚献策说，对韩侂胄"当用厚赏酬其劳，勿使预朝政"。还说："防微杜渐，谨不可忽。"赵汝愚认为韩侂胄容易对付，不以为意。这时又有一个对赵汝愚不满的知阁门事刘弼挑拨韩侂胄说："赵汝愚欲专大功，你不但得不到节度使，恐怕难免流放岭海呢。"韩侂胄大感不安，庆元元年（1195），欲逐赵汝愚而难以找到罪名，谋于参知政事京镗。京镗说：“他与宗室同姓，诬以谋危社稷就可以了。”韩侂胄以为然，让怨恨赵汝愚的秘书监李沐为右正言，使其出奏赵汝愚“以同姓居相位，将不利于社稷，乞罢其政，以奠安天位，杜塞奸源”。赵汝愚得知，出浙江亭待罪。宋宁宗遂罢其右相，以观文殿大学士出知福州，后又改命提举洞霄宫。对此，国子监祭酒李祥大为不满，上书说赵汝愚系受人暗害。博士杨简亦以为言。经李沐参劾，二人均被罢官。太府丞吕祖俭亦上书诉赵汝愚之忠，也被以朋比罔上之名，送韶州安置。

太学生杨宏中与周端朝、张衜、林仲麟、蒋傅、徐范六人伏阙上书，言：“近者谏官李沐论罢赵汝愚，陛下独不念去岁之事乎（指孝宗去世，光宗不服丧，中外汹汹）？人情惊疑，变在朝夕，是时假如不是赵汝愚出死力，定大议，虽有一百个李沐，也无济于事！当国家多难之时，赵汝愚位居枢府，掌握兵柄，指挥操纵，何向不可？不以此时为利，今上下安妥，乃独有异议乎？章颖（兵部侍郎）、李祥、杨简力辩其非，即遭斥逐。六馆之士，拂膺愤怨。李沐自知邪正不两立，思欲尽覆正人，以便其私，必托朋党以罔陛下之听。臣恐君子小人消长之机于此一判，则靖康已然之验，何堪再见于今日邪？伏愿陛下念赵汝愚之忠勤，察李祥、杨简之非党，明彻李沐之奸邪，窜李沐以谢天下，还李祥等以收士心。”疏上，六人皆以“罔乱上书，扇摇国是”的罪名，送到五百里外编管。

宝祐六年（1253），丁大全任右丞相兼枢密使。他以袁玠为九江制置副使。袁玠贪婪而且刻毒，逮系渔湖土豪，督促输钱甚急。土豪大怒，尽以渔舟帮助北来之兵。太学生陈宗、刘黻、黄唯、陈宜中、林则祖等人伏阙上书，控诉丁大全。御史翁应弼、吴衍为丁大全的鹰犬，钤制学校，将陈宗等人贬逐。

太学生的年龄一般都长于当今的大学生，他们不仅认真读书，而且非常关心国家大事。宋代的太学生极为反对腐败的蔡京反动集团；在金军不断南下大肆侵略的情况下，担心国家危亡，力主任用主战派官员，罢免投降派官员；揭露诬陷好人、为害民众的官员的罪恶。他们旗帜鲜明，行为激烈，士气激昂，表现出强烈的爱国主义思想和希望政治清明的愿望，是当时社会上最有觉悟的先进分子。不论他们的行动是否得到当权者的支持，自身的结局幸与不幸，都不愧为时代的精英。他们的血没有白流，他们爱国的崇高品质一直为后人所敬仰。

建文帝出家为僧说

明太祖朱元璋建国称帝时，立长子朱标为皇太子。洪武二十五年（1392）朱标病死，朱元璋又立朱标之子朱允炆为皇太孙。三十一年（1398）朱元璋在南京病逝，临终时遗诏朱允炆继位。朱允炆即位时年仅二十二岁，次年改年号为建文，故又称建文帝。他企图从实行宽猛得宜的政策和削夺藩王权势两个方面，加强自己的统治。燕王朱棣在朱元璋将皇位传孙而不传子时已心怀不满，迨至朱允炆削藩，朱棣更加惴惴不安。建文元年（1399），朱棣发布文告，以"清君侧之恶"为名，举兵南下"靖难"，并废除建文年号，否认朱允炆的皇位。朱允炆过于柔仁，以致燕军得以于建文四年（1402）六月，直逼南京城下，十三日进抵金川门，谷王朱橞与曹国公李景隆开门迎降，京城遂破，朱允炆的下落不明。其后有三种说法：其一，《明史》记载，系自焚而死（明成祖朱棣在南京即位后，以天子之礼埋葬朱允炆，不加庙号，南明追上庙号惠宗，清乾隆皇帝又追赠谥号惠帝）；其二，出家为僧说；其三，遁入道门说。

明成祖对朱允炆自焚而死，也产生过怀疑，派人搜寻他的下落。究竟何说为是，难以定论，至今仍是一个未解之谜。

吴乘权等所辑的《纲鉴易知录》持出家为僧说，其记载朱允炆的踪迹如下，供读者参考。

建文四年六月十三日，朝廷文武俱迎降燕军，建文帝闻金川门失守，欲自杀。

翰林院编修程济说："不如出亡。"

少监王钺跪进说："昔日高帝（朱元璋）去世时，遗留下一个小箱子，并说：'临大难当发。'收藏在奉先殿左边。"

群臣一齐说赶快拿出来。俄顷拿出一个红色小箱子，四围俱以铁固定，两把锁亦灌了铁。

建文帝看见大哭，急命举火焚烧宫殿。马皇后投火而死。

程济打碎红色小箱子，取出度牒三张，一个名应文，一个名应能，一个名应贤，袈裟、帽鞋、剃刀俱备，白金十锭。箱内还有用红笔书写的文字："应文从鬼门出，余从水关御沟而行，薄暮会于神乐观之西房。"

建文帝说："这是命数。"

程济即为建文帝剃去头发。在吴王（朱标之子、建文帝之弟朱允熥）府担任教授的杨应能愿意剃去头发跟随出亡。监察御史叶希贤毅然说："臣名贤，应贤无疑。"亦剃去头发。于是各自换上衣服，携带好当和尚的证明文件度牒。在殿中的五六十人均发誓愿意跟随出亡。

建文帝说："人多不能不生得失，宜各从便。"

有九人跟随建文帝来到鬼门，一只小舟业已靠岸，上有一人，为神乐观道士王昇，看见建文帝，叩头称万岁，说：“臣固知陛下之来。往昔高皇帝见梦，令臣至此。”遂乘舟至太平门，王昇引导至观，已到傍晚。

接着，杨应能、叶希贤等十三人同时来到，共二十二人。

建文帝对大家说：“今后但以师弟相称，不必拘束于君臣之礼。”并约定，左右不离者三人，运送衣食者六人，其余都遥为应援。天色黎明，取道前往溧阳（江苏省）而去。

建文帝一行开始乘船至京口，过六合，然后舍舟登陆，行至襄阳（湖北省）。十月，前往云南。

永乐元年（1403）正月，建文帝至云南永嘉寺。

四年（1406）二月，建文帝至重庆大竹县善庆里。四月，至云南西平侯朱沐晟家。五月，建茅庵于白龙山。

六年（1408）六月，白龙庵遭灾。程济出山募捐修葺。

明成祖先曾命太监郑和航海下西洋，来往于云南、贵州间寻找建文帝的踪迹。建文帝东行至善庆里，七年（1409）五月回云南。

八年（1410）三月，工部尚书严震出使安南，密访建文帝，与建文帝遇于云南道中，二人相对哭泣。建文帝问：“如何对待我？”严震答道：“皇上从便，臣自有决断。”当夜，严震吊死于驿亭中。建文帝又结庵于白龙山，旋即他去。

九年（1411），白龙庵被官府毁掉。四月，建文帝至浪穹县（属云南大理府）鹤庆山，其地颇佳，因而募款在此修建一庵，名叫“大喜”。

十年（1412）三月，建文帝收纳弟子应慧。

十三年（1415）八月，建文帝游衡山。

十八年（1420）十月，建文帝入蜀。

十九年（1421）七月，建文帝入粤。

二十一年（1423）二月，建文帝入楚。

二十二年（1424）七月，明成祖逝世。十月，建文帝下江南。

洪熙元年（1425）五月，明仁宗朱高炽去世。建文帝自闽、粤回鹤庆山，只有程济随从。闻明仁宗去世，建文帝说："我心放下了。今后往来也稍微如意些了。"

宣德二年（1427）八月，建文帝入蜀。

三年（1428）十月，建文帝游汉中。

四年（1429）正月，建文帝至成都，住宿两晚离去。

六年（1431）二月，建文帝往陕西。

七年（1432）正月，建文帝入楚，至公安。

九年（1434）五月，建文帝至吴江县（属江苏）史彬家，程济随从。

十年（1435）三月，建文帝往粤西。

正统元年（1436）八月，建文帝回到云南浪穹。

三年（1438）七月，建文帝又往粤西。

建文帝好文章，能作诗歌。五年（1440）三月，与建文帝同住的僧人偷窃建文帝的诗歌，自称建文帝，去见思恩知州岑瑛，大言说："我是建文皇帝。"岑瑛大为惊骇，禀报布政使，将僧人及建文帝拘禁，立即飞奏明英宗。明英宗下令械送京师。程济相从。九月，僧人及建文帝至北京。明英宗命御史审讯。

僧人称年纪九十余岁，将死，想葬于祖父陵旁。

御史说，建文帝生于洪武十年（1377），至今年当六十四岁，何会九十岁？经审讯，僧人招供，实为杨应祥，钧州白沙里人。御史奏陈，僧人判处死刑，下锦衣卫狱。建文帝承认了自己的真实身份。御史密奏上去。

为确认建文帝的身份，又命曾侍奉过建文帝、现已年老的宦官吴亮前去试探。

建文帝看见吴亮，问道："你不是吴亮吗？"

吴亮答道："不是。"

建文帝说："我过去御便殿，你管理吃饭的事，我吃小鹅时丢了一片肉在地上，你手里拿着壶，靠在地上像狗一样拾取，能说不是吗？"

吴亮伏地而哭。建文帝左脚趾有黑痣，吴亮抚摩探视，抱着他的脚后跟又哭，不能仰视，退出之后自缢而死。

于是迎建文帝进入西内。

程济闻听，叹道："今日方才终止臣职！"遂前往云南，焚毁茅庵，遣散其徒。

建文帝既入宫，宫中皆呼为老佛。他以寿终，葬于西山，不堆土为坟，也不种树作为标记。

海瑞攖龙鳞

海瑞字汝贤，生平为学，以刚为主，因而自号刚峰，广东琼山县（今海南省海口市琼山区）人，回族。他出身于一个小官僚家庭，家境贫寒。明代嘉靖年间考中举人，曾入都上《平黎策》，被任为署理南平县教谕。后升任浙江省淳安县知县，因为没有供给路经该县的都御史鄢懋卿大吃大喝，得罪了他，升为嘉兴通判后，又被降为兴国州判官。过了很多年，才升为户部主事。其后，当过兵部主事、尚宝丞、右佥都御史、应天巡抚、南京吏部右侍郎、南京都察院右都御史。他为官清正廉洁，主张利民，锐意兴革，疏浚吴淞江，推行清丈田地、均徭和一条鞭法，减轻劳动人民的负担；不畏权贵，力摧豪强，将富户兼并的田地夺还给贫民，对乡居的前宰相徐阶也不宽免；严惩贪官污吏，平反冤狱，裁节传邮冗费，士大夫过其境一律不准设宴款待。官吏惮其威严，贪官多辞职自去，豪势之家听说他到来，赶快将朱红大门改涂黑色，还有的窜逃到别的地方躲避。海瑞一生的言行，受到人民的衷心爱戴。他没有儿子，万历十五年（1587）在南京都察院右都御史任上去世，佥都御史王用汲见其室中仅有一顶葛帐和敝衣，旧竹笼只有十余金，流下了同情的热泪，士大夫集资为其办理了后事。百姓闻知，为之罢市数日，其棺椁运出长江，穿戴白色孝服孝帽相送的百姓挤满了两岸，箪食壶浆祭奠而哭的人数百里不绝。

更使人民赞不绝口的，则是他在任户部主事时敢于撄龙鳞。

海瑞为什么要撄龙鳞？自然是因为皇帝昏庸。

正德十六年（1521），明武宗纵欲身亡，年仅十五岁的嘉靖皇帝（明世宗，朱厚熜）即位。即位之初，他曾改革了武宗时期的一些弊政，处置了一批作恶的官员和宦官，但又听信太监之言，信奉道教。嘉靖三年（1524），召江西省贵溪县龙虎山上清宫道士邵元节入京，祷祀雨雪应验，封其为致一真人，总领道教，并在宫中修设斋醮（道场，道教设坛祭祷的一种仪式）祭天，亲自祷祝。此后，随着时间的推移，他愈来愈迷信道教，凡见反对者，均严惩不贷。

嘉靖九年（1530），给事中高金上疏言，不应给道士邵元节加崇高的职位，应削去其真人名号。嘉靖皇帝正想学长生不老之术，见疏大怒，立命将其下狱拷掠。

十一年（1532）冬，天空出现彗星，嘉靖皇帝以为是上天示警，心中害怕，下诏要百官直言朝政得失。御史冯恩上疏说，大学士张孚敬、方献夫和右都御史汪鋐三个奸人才是真正的彗星，“三彗”不去，百官不和，庶政不平，虽欲弭灾，亦不可得。嘉靖皇帝看了却大为震怒，下令将其逮捕，追究主使之人。冯恩被打得几度将死，话终不改，第二年移送刑部监狱。嘉靖皇帝欲处其死刑，尚书王时中等言冯恩之疏毁誉参半，应该减为戍边。嘉靖皇帝愈怒，将王时中免职，仍要处死冯恩。冯恩的长子冯行可年方十三，伏阙讼冤，日夜匍匐于长安街上，见有官员路过，即攀轿号呼乞救，但没有一个敢言的。冯恩之母吴氏击登闻鼓讼冤，嘉靖皇帝仍不知反省。次年，冯行可两度上书，自缚于宫门之下，请代父死。嘉靖皇帝方才动了一点恻隐之心，将冯恩遣戍雷州。

十三年（1534），杜贵妃生了皇子，嘉靖皇帝认为是道士邵元节祷祀之功，加授其为礼部尚书。十八年（1539）邵元节病死，嘉靖皇帝又封陶仲文为秉一真人，总领道教。

中年以后，嘉靖皇帝更加痴迷道教，越发丧失了革故鼎新精神，变得极其刚愎自用，任何忠言都听不进去，尤其讨厌言官，成为一个无道的昏君。

十九年（1540），道士段朝用将所炼的银器呈进，胡说用这些银器盛饮食物，供斋醮之用，即可求来神仙。嘉靖皇帝立即召见，段朝用对他说，要深居，不要接见外人，就可点化黄金，炼成不死之药。嘉靖皇帝大喜过望，告诉廷臣，令太子监国，待一两年后再行亲政。太仆卿杨最立即上疏直谏，不要服用丹药，并驳斥了神仙之说的荒谬性。嘉靖皇帝下诏将其押到狱中，活活打死。后来段朝用的谎言被揭穿，他仍然执迷不悟。

二十年（1541）正月初一下了一点小雪，大学士夏言、尚书严嵩等作颂称贺。过了一个月，御史杨爵上疏说，现今天下大势，如同一个人得了重病，想救都不知如何救法。“且奔竞成俗，赇贿公行，遇灾变而不忧，非祥瑞而称贺，谗谄面谀，流为欺罔，士风人心颓坏极矣。”去年一年没有下雨，赤地千里，既而一冬无雪。正月初一下了一点小雪，民失所望。“此正撤乐减膳，忧惧不宁之时”，而夏言等人却以为符瑞而称颂之，欺天欺人，也太过分了。下面又讲了大兴建筑，信用方术，阻抑言路，足以丧失人心而致危乱，言辞极为切直。嘉靖皇帝见其痛诋符瑞和方术，震怒异常，命加榜掠，打得他血肉模糊，失去知觉，过了一夜方才复苏，以后禁锢在监狱。御史浦鋐和主事周天佐上疏援救，又被打死。

二十一年（1542）秋，工部员外郎刘魁见嘉靖皇帝听了方士陶仲文的话，建筑佑国康民殿，上疏说：“国用已耗，民力已竭，而复为此不经无益之事，非所以示天下后世。”嘉靖皇帝震怒，下令将他打了一顿，禁锢于监狱。

由于服食丹药，嘉靖皇帝的性情变得十分躁急，喜怒无常，宫人有点小过，辄遭重处，致使宫人不胜怨恨。二十一年十月，他在曹妃宫中熟睡，差点被宫女杨金英等十余人用绳索勒死，幸而皇后闻讯赶到得救。他极为愤怒，立将曹妃、王嫔和宫女处死。次日，他唯恐再次被害，迁出大内，移住西苑万寿宫，静修道术，服食丹药，妄想长生不老，此后二十多年不再召见大臣。

自从明太祖朱元璋当上皇帝，为了加强皇权，废除了过去的中书丞相制。到明成祖时，殿阁大学士虽然受到尊重，参与机要咨议，草拟制诰，但仍只备皇帝顾问，无权统属六部朝臣的政务。嘉靖皇帝迁居西苑修玄以后，诸事多付内阁处理，从此阁臣的权势日益加重，以致形成奸相严嵩专擅朝政的局面。

晚年的嘉靖皇帝疾病增多，变得愈益烦躁难制，厌闻逆耳之言，对于朝臣的直谏，特别是涉及斋醮之事，均加以诽谤的罪名，或禁锢狱中，或活活打死，或杀头。不仅如此，对上疏弹劾奸相严嵩的官员，也毫不留情地大加惩处。如三十年（1551），锦衣卫经历沈炼弹劾严嵩十大罪，遭到杖打后贬谪保安。三十一年（1552），南京御史王宗茂弹劾严嵩八大罪，被贬为平阳县丞。三十二年（1553），兵部员外郎杨继盛参劾严嵩“十大罪”“五奸”，又被打了一百棍，监禁起来（三年后被严嵩诬陷，受到弃市之刑）。南京御史赵锦弹劾严嵩，被斥为民。三十七年（1558），给事中吴时来与刑部主事张翀、董传策弹劾严嵩，皆遭发配。此外，还有给事中沈束，刑部郎中徐学诗，御史叶经弹劾严嵩，均受到严厉惩处。

嘉靖皇帝仅用于修设斋醮所用的物品和为修玄而大事营建所花费的金钱，每年就有几百万，造成巨大的浪费。而他最为信任的宰相严嵩又只知利用职权，与其子严世蕃贪污受贿，诛除异己，坏事做绝，搞得民怨沸腾，暗无天日，政治日益腐败。加以东南有倭寇侵扰，北方有鞑靼攻袭，军费浩繁，经济也出现了深刻的危机。人民忍受不了沉重的赋税与徭役，在各地掀起一次又一次的武装斗争，另外还有几次兵变。严嵩垮台（四十一年，邹应龙弹劾严嵩之子严世蕃纳贿不法，严嵩植党蔽贤，嘉靖皇帝才下令逮捕严世蕃，流戍雷州，令严嵩辞职。过了两年，南京御史林润又弹劾严世蕃诽谤时政，有不臣之心，嘉靖皇帝再次下令逮捕严世蕃，将其处死，并将严嵩削籍为民）以后，这种混乱黑暗局面也没有任何改变。

四十五年（1566）二月，海瑞正任户部主事，是个六品的小官。他见嘉靖皇帝深居西苑，不理朝政，专意斋醮，督抚大吏争上符瑞，礼官动辄表贺，廷臣无人敢言时政，毅然挺身而出，决撄龙鳞。他自知上疏必死，事先买好了一副棺材，诀别了妻子，然后上疏。

他在疏中直言不讳地斥责嘉靖皇帝：“一意修真，竭民脂膏，滥兴土木”，二十余年不上朝议政，搞得法纪废弛，“吏贪官横，民不聊生，水旱无时，盗贼滋炽”。朝臣谄谀，“无一人肯为陛下正言”，天下漆黑一团。并特别指出，其最大的错误“在于斋醮。斋醮所以求长生也，自古圣贤垂训，修身立命”，“未闻有所谓长生之说”，“未见方外士自汉唐宋至今存者。陛下受术于陶仲文，以师称之，仲文则既死矣，彼不长生，而陛下何独求之？至于仙桃、天药，怪妄尤甚”，“此左右奸人造为妄诞，以欺陛下”。又言：“陛下诚知斋醮无益，一旦翻然悔悟，日御正朝，与宰相、侍从、言官讲求天下利害，洗数十年之积误”，“天下何忧不治，万事何忧不理？此在陛下一振作间而已”。“今大臣持禄而好谀，小臣畏罪而结舌，不胜愤恨，是以冒死，愿尽区区，惟陛下垂听焉。”

海瑞的斥责毫不留情，直指要害，简直要把嘉靖皇帝这条“龙”的逆鳞全部揭下。但其心是忠于朝廷的，期望嘉靖皇帝幡然悔悟，做个明君。而嘉靖皇帝却暴跳如雷，将疏掷于地上，命令左右的人立即逮捕海瑞，免得他跑掉了。

宦官黄锦在侧，说：“海瑞素有傻名，听说他上疏时，自知触忤当死，已经买好了一副棺材，诀别了妻子，待罪于朝，童仆也都散去了，他是不会逃跑的。”

嘉靖皇帝默然少顷，拾起疏来又读，似乎恢复了一点理智，再三为之感动叹息。以后几个月他没有处置海瑞，对人说：“海瑞可以同忠谏的比干相提并论，但朕却不是暴虐的商纣王。”接着他病倒了，烦懑不乐，召来宰相商议把皇位传给儿子，并说：“海瑞所说的都很正确，朕今病久，安能视事？”又说：“朕不自谨，惜致此疾困，使朕能出御便殿，岂受此人诟詈耶！”一想起挨骂，他的气又来了，命将海瑞逮捕下狱，追究主使之人。又过了两个月，嘉靖皇帝死去，明穆宗（朱载垕）继立，海瑞方得获释。

海瑞在嘉靖皇帝相信长生不老的邪说，愚蠢到痴迷的程度，把忠臣的进谏看作谤讪，力加惩处，不是杀头，就是监禁、发配，最幸运者也贬斥为民的情形之下，仍然敢撄龙鳞，希望皇帝改邪归正，治理好国家，使人民过上温饱安康的日子。充分显示了其无私无我、忧国忧民的高尚情怀，理所当然地受到时人和后人的特别敬仰。

一个朝代的振兴与衰亡，均与极言直谏之士勇于撄龙鳞有着极为直接的关系，关键在于皇帝能否将逆耳之言当作苦口良药，听得进去，实心接受改正。

史德与史官

古代设有史官掌管记事，历史著作都是私人编撰。隋代以后国史改为官修，但私人修史依然存在。不论官修私修，要想写出一部好的史书，唐代的刘知几认为，作者必须具备“三长”——史才、史学、史识，而且强调史学家的个人品德和职业操守，说：“正直者，人之所贵，而君子之德也。”“良史以实录、直书为贵”，必须“直笔”，“不掩恶，不虚美”。清代的章学诚又进一步明确提出史学家必须具备“史德”，即“著书者之心术也”。梁启超后来讲史，又把史德提到史学家应具备的四种资格之首，解释史德“乃是对于过去毫不偏私，善恶褒贬，务求公正”。并说：“我以为史家第一件道德，莫过于忠实，即对于所叙的史迹，纯采客观的态度，不丝毫参以自己意见便是。”强调史德的重要性是完全必要的，因为真实是史书的生命所在，也是史学家必具的道德底线。史学家必须以客观、公正、不偏不倚的态度，把历史真相如实地记述下来，不能按照统治者的意志和个人的好恶而任意褒贬扬弃。如果史学家不具备“秉笔直书”的史德，心术不正，缺少良知，即使学问渊博，观察力敏锐，写作能力高超，也无法做到不掩恶、不虚美，写不出信史。

秉笔直书是中国史学的优良传统，不少古代史官和史学家都具有“不避强御”，不怕杀头，“肆情奋笔，无所阿容”的勇气和品质。

春秋时齐国大夫崔杼杀死齐国国君庄公，太史（官名）记载此事时，写“崔杼弑庄公”。崔杼大怒，杀死太史。太史的两个弟弟继续写同一句话，亦被杀死。最后一个兄弟还写那一句话，崔杼就不敢再杀了。南史氏听说太史兄弟被杀尽了，拿着竹简去写，半路上知道已经写成，才回家去。

晋灵公年少奢侈，又非常暴虐，执政赵盾规劝，晋灵公非但不听，反而派鉏麑刺杀他。鉏麑既不愿杀害忠臣赵盾，又不敢违背君命，最后自杀。后来晋灵公叫赵盾到宫中饮酒，又埋伏甲士予以杀害，幸被一人救走。赵盾虽然逃走，但未离开晋国。后来，赵盾之弟、将军赵穿把灵公杀死，迎接赵盾入朝，恢复执政地位。太史董狐就此事写道：“赵盾弑其君。”并到朝中出示。赵盾辩解说：“弑者赵穿，我无罪。”董狐说：“你为正卿而逃亡不出国境，返回亦不讨贼，国乱非你而谁？”孔子闻听，说：“董狐，古之良史也，书法不隐。”董狐直笔应当受到称赞，但实在说来，话说得有点过了头。若说赵盾重新执政后袒护赵穿，不加处置，是可以的；若说赵盾杀了晋灵公，就不确切，与事实不完全相符了。

秘书监孙盛作《晋春秋》，直书晋代大司马桓温役使徐州、兖州百姓筑广陵城，加之瘟疫，死者十分之四五，百姓怨恨。桓温是个极具野心的人物，曾扬言："男子不能流芳百世，亦当遗臭万年！"他看到《晋春秋》，对孙盛之子说："以前攻燕时，枋头一战诚然失利，何至如令尊所言！若此史遂行，自是关君门户事！"所谓"枋头一战"，是指太和四年（369）桓温与其他刺史率五万军队伐燕，行至枋头，遇到燕军伏击，死者甚众。桓温数战不利，粮食供给断绝，又闻援燕的秦兵将至，急忙奔还。燕军骑兵追击，大败晋军，斩首三万级。秦军再邀击，晋军又败。桓温几乎全军覆没，但他却把大败的罪责归于别人，自己躲过了惩处。孙盛如实书写了此事，桓温极其不满，威胁要诛灭孙家满门。孙盛之子听后惶惧拜谢，答应请父亲删改。诸子一起向孙盛跪下叩头，号啕大哭，求他为全家人着想，修改一下。孙盛不畏强权，闻听大怒，没有允许。其子后来虽然私自修改，但孙盛先前写的副本已流传到外国，后来晋武帝时又买回此书，遂将两个版本一并保存下来。

北魏太武帝拓跋焘命司徒崔浩与中书侍郎高允等共撰《国记》（修国史），务从实录。崔浩听人劝说，欲将所撰国史刊于石上，立于郊外四通八达的地方，以彰直笔。高允非常担心招惹大祸。而崔浩仍然将所撰国史刊于石上。所写北魏的先世，事皆翔实，但鲜卑族人以为暴扬国恶，无不愤恨，齐到太武帝前控告。太武帝大怒，下令逮捕崔浩等人。

高允是太子的师傅，太子为保护他，带他入朝，嘱咐道："至尊有问，只按我的口气说话。"见到太武帝，太子说："高允小心慎密，撰述是崔浩干的，请赦高允一死。"

太武帝问高允："《国记》皆是崔浩所撰吗？"

高允答道："《太祖记》是前著作郎邓渊所为；《先帝记》及

《今记》是臣与崔浩共同写的，但崔浩管的事情多，总裁而已，至于著述，臣多于崔浩。”

太武帝怒道：“高允之罪甚于崔浩，何以得生！”

太子恐惧，再为高允辩解，说：“天威严重，高允小臣，说话迷乱失次。臣往日问他，皆云崔浩所为。”

太武帝又问高允：“是不是像太子所说的那样？”

高允答道：“臣罪当族灭，不敢虚妄。殿下（指太子）以臣侍讲日久，可怜臣，欲乞求其生耳，实不问臣，臣亦无此言，不敢迷乱。”

太武帝听了，非但没有生气，反而看着太子说：“直哉！此人情所难，而高允能为之！临死不易辞，信也；为臣不欺君，贞也。宜特除其罪以表彰之。”遂将高允赦免。

不久，太武帝下令诛崔浩，夷其族，杀死其余参加撰写的人。

太子责备高允说：“我欲为你求情免死，而你终不听从，以致激怒皇帝如此。每想起此事，使人心悸。”

高允说：“夫史者，所以记人主善恶，为将来劝诫，故人主有所畏忌，慎其举措。崔浩孤负圣恩，以私欲没其廉洁，爱憎蔽其公直，不为无罪。至于书写朝廷起居，言国家得失，此为史之大体，未为多违。臣与崔浩实同其事，死生荣辱，义无独殊。诚荷殿下再造之慈，违心苟免，非臣所愿也。”

太子动容称叹。

还有些史学家坚持秉笔直书，不徇私情。如唐代著作郎吴兢所撰《则天实录》，写了这么一件事：

长安三年（703），宰相魏元忠得罪了武则天的面首张昌宗等人，张昌宗便在武则天面前诬陷魏元忠曾说：“太后老矣，不若挟太子为久长。”武则天大怒，下令将魏元忠逮捕下狱。但魏元忠确实不曾说过上面的话，张宗昌就以官爵贿赂凤阁舍人张说，让他出面做假证。张说答应了。

旋张说奉武则天之命入朝，凤阁舍人宋璟对他说：“名义至重，鬼神难欺，不可党邪陷正！若获罪放逐，荣耀多了。若事有不测，我当叩阁力争，与你同死。努力为之，万代瞻仰，在此举也！”

殿中侍御史张廷珪对他说：“朝闻道，夕死可矣。”

左史刘知几嘱咐道：“无污青史，为子孙累！”

张说见到武则天，武则天问他魏元忠是否对他说了“太后老矣，不若挟太子为久长”，张说未答。

张昌宗从旁迫其速言。

张说道：“陛下看看，在陛下之前，他犹这样逼臣，何况在外！臣实不闻魏元忠说过那样的话。”

张易之、张昌宗立即大呼：“张说与魏元忠同反！”

太后问有何反状。

张易之答道：“张说尝谓魏元忠为伊、周，伊尹放太甲，周公摄王位，非欲反而何？”

张说反驳道：“张易之小人，徒闻伊、周之语，安知伊、周之道！伊尹、周公为臣至忠，古今慕仰。陛下用宰相，不使学伊、周，当使学谁呢？”

武则天信任她的两个面首，遂道：“张说反复，宜并系治之。”

另日再问张说，张说答对如前。

朱敬则上疏抗争说：“魏元忠素称忠正，张说所坐无名，若令抵罪，失天下望。”

但武则天还是将魏元忠贬为高要尉，流放张说至岭表。

后来张说晋升宰相，修史时见到这一记载，说刘知几对其要求修改当初答应做假证的事不肯相助。吴兢立即说道：“此我所为，史草具在，不可使明公枉怨死者。”以后张说又暗地祈求他对做假证的事更改数字，吴兢不许，说：“若徇公请，则此史不为直笔，何以取信于后！”

南宋时，袁枢任国史院编修官，分修国史传。曾任北宋宰相的章惇（字子厚）与他同乡，婉转请他文饰其传。袁枢说：“子厚为相，负国欺君。吾为史官，书法不隐，宁负乡人，不可负天下后世公议。”

但是，缺乏史德的也大有人在。其主要表现如下。

一、为尊者长者讳。首作俑者就是大名鼎鼎的孔子。他说：“臣不可言君亲之恶，为讳者，礼也。”出于贵族等级制的社会规范和道德规范，就不能写“君亲之恶”。因此，他编写的《春秋》就故作曲笔，为尊者讳。如晋文公在践土作王宫与诸侯会盟，确立霸权，并召周天子赴会，这使周天子的威严荡然无存。孔子说：“以臣召君，不可以训。”故写道：“天王狩于河阳。”说周天子是去打猎，为周天子脸上贴金，隐瞒了所受的耻辱。有人认为《春秋》“直笔”，恐怕忘记了这一点。如此笔法恶例一开，后世莫不仿效。如明英宗朱祁镇在土木堡被瓦剌俘虏，《明史》就称其为“北狩”。咸丰十年（1860）英法联军入京，咸丰皇帝出逃热河，《清史稿》不写逃走，而曰“乘舆出狩”。光绪二十六年（1900）八国联军入京，慈禧率光绪皇帝出逃，《清史稿》又写“两宫西狩”。后朝人写前朝史尚且如此，当代人著当代史更不敢写最高执政者的丑事，唯有高唱赞歌了。

二、作者丧失道德底线，满身铜臭，以写史作为赚钱的工具，或以个人的爱憎任意褒贬，乱加歪曲。如著《三国志》的陈寿，明知丁仪、丁廙在魏国颇有盛名，对其子曰："给我一千斛米，当为尊公作佳传。"丁家不给，他就不为丁仪、丁廙单独立传。诸葛亮率军攻打魏国，任马谡为前锋，马谡因违反节制，大败于街亭，为诸葛亮所诛。陈寿的父亲为马谡的参军，亦受到髡刑（剃去男子头发的刑罚）。他为诸葛亮立传，竟谓其"应变将略，非其所长"，即无应付变化的军事谋略。

北齐中书令兼著作郎魏收奉命编撰《魏书》，更无史德可言。他青年时期颇有才学，但行为卑鄙，当官久不得志，方求编写国史。而编写国史并不实事求是，对那些平时与自己有怨有仇的人，不写他们的优点，对与自己好的人则用美言加以夸饰。他常对人说："哪个胆大的人敢和我作对？我说一个人好，就可以在史书中把他举到天上去；若说一个人不好，则可以把他摁到地底下去。"例如，他修国史得到阳休之的赞助，便对阳休之说："无以谢德，当为卿作佳传。"于是把阳休之父亲的贪虐行为写成甚有惠政。尔朱荣对于魏国来说为贼，尔朱荣的儿子用金钱贿赂他，他便在传中故减尔朱荣之恶而增其善。他在自序中叙述汉初封侯的魏无知是其七世祖，而到他这一代，时间相差了七百多年。他记载自己家史尚且如此荒谬，记述别人的世系和事业，更可想而知了。因此，《魏书》写成以后，遭到一百余人投诉。中书舍人卢潜、左丞卢斐、李庶皆言他以不实之词骗人，其罪当诛。魏收不胜其愤，对昏庸的齐宣帝说："臣既结怨强宗，将为刺客所杀。"齐宣帝竟以诽谤历史的罪名惩处投诉者。然而人们终究不服，称《魏书》为"秽史"。齐亡之后，魏收的坟墓被人发掘，抛弃其尸骨于外，可见人们对其修史不实恨入骨髓。隋文帝以魏收所撰的《魏书》褒贬失实，令魏澹另撰《魏史》。

唐代许敬宗监修国史也是如此。封德彝对人谈过许敬宗之父许善心被宇文化及杀害时，许敬宗"舞蹈以求生"的情形。许敬宗深以为恨，在为封德彝立传时，加了许多罪恶。左监门大将军钱九陇出身微贱，许敬宗贪钱家之财，将女儿嫁与钱九陇，写史时竟为钱九陇曲叙门阀，妄加功绩。其子娶尉迟宝琳孙女为妻，得到许多贿赂，写尉迟宝琳之父尉迟敬德传时，便把罪过全部隐去，还把唐太宗所作并赐给长孙无忌的《威凤赋》，改为赐给尉迟敬德。庞孝泰曾率兵从征高丽，为敌袭破。许敬宗得了他赠送的宝货，在史书中称其频破贼徒，斩获数万，汉将骁健者唯苏定方与庞孝泰。他就是这样虚美隐恶。对于唐高祖、唐太宗两朝的实录，他也辄以自己的爱憎进行删改。

史学除了传授知识，还有一个重要的社会功能，即供统治者从历代治乱兴亡中取得借鉴，起到劝善惩恶的作用，既可使好人好事流芳千载，亦可使坏人坏事遗臭万年。有些开明的统治者也强调要秉笔直书，如北魏孝文帝常对史官们说："直书时事，无讳国恶。人君威福自己，史复不书，将何所惧。"耶律孟简曾对编修国史的同僚说："史笔天下之大信，一言当否，百世从之。"唐代的韦安石曾把史官之权视为重过宰相："宰相但能制生人，史官兼制生死。"即使至尊无上的皇帝，所言所行，不论善恶，史官也要一一记录在案，留给后代评点。

中国人重生死，同样重视身后的评价，评价的依据就是史料。因此，褒贬是非在手的史官和史学家，往往受到来自外界特别是政府和权要的政治干预和强大压力，多不得志。“以史为学者，率不偶于时，多罹放逐，其故何哉？诚以褒贬是非在于手，贤愚轻重系乎言，君子道微，俗多忌讳，一言切己，嫉之如雠。”譬如刘知几进入史馆后，就是因为常常受到监修者的干预和指责，“吾道不行”，“美志不遂”，愤然辞职的。太学博士陈瓘先因得罪蔡京被放逐到彬州，后又因曾撰《尊尧集》，谓宋哲宗时史官专据王安石的《日录》改修神宗史，变乱是非，不可传信，被流放到台州。

也正因史学具有上述功能，某些权要和奸臣就利用职权，千方百计垄断历史资源，肆意删改焚毁史料，歌颂本党本派，诋毁异己。如宋代元祐时史官范祖禹、黄庭坚等修《神宗实录》，专主司马光家藏记事。章惇则专取王安石所著“一时政事，美则归己”的私书《日录》，用以改修《神宗实录》。以后蔡京、蔡卞兄弟又焚毁《时政记》《日历》，以私意修订《哲宗实录》。致使神宗、哲宗两朝许多史事失实。出于同样的原因，蔡卞之党薛昂、林自又请将司马光与刘攽、刘恕、范祖禹等费时十九年编撰而成的史学巨著《资治通鉴》毁版。只因书名为宋神宗所赐，又撰写了序文，才未得逞。

秦桧曾被金兵俘虏，成为金太宗弟弟的亲信，后随金兵南下，诡称逃回，在南宋两任宰相，前后执政十几年，主张向金人投降。为了树立自己的正面形象，他任命其养子秦熺以秘书少监管领国史。秦熺即按照其意旨处心积虑地篡改历史事实，在建炎元年至绍兴十二年（1127—1142）的《日历》中，大加歌颂秦桧功德，并把秦桧第一次罢相以后的诏书章疏涉及他的地方调换焚弃，消灭罪恶痕迹。其后秦桧又让他的孙子秦埙担任史官，控制资料和撰写史书。同时，他害怕私人修史留其恶行，对宋高宗说：“私史害正道。”奏请禁止私作野史，许人告密，对史学家进行打压迫害。告密令一下，甘做鹰犬者闻风而动。李光曾作私史，其子李孟坚对他一个亲近的人陆升之讲了，陆升之即去告密。秦桧命两浙转运副使曹泳审理，曹泳上报李孟坚明白记得其父李光“所作小史，语涉讥谤”。结果先已流放到远方的李光又被下令永不赦免，李孟坚编置陕州，由地方官管束，朝中连坐者八人。太常主簿吴元美作《夏二子传》，指的是蚊子与蝇子。其乡人告讦，以为讥毁大臣，且言吴元美与李光有交情。秦桧大怒，将吴元美放逐到容州。

更有一些小人为了升官发财，写史阿谀奸臣。如宋哲宗时国史院编修官邓洵武所撰《神宗史》，议论专门崇尚蔡卞，“史祸之作，其力居多”。南宋的史官尤其“以权臣风旨，刊旧史，焚元稿，略无留难”。

告密私人修史也成为某些人升官发财的终南捷径，影响深远。如清代左都御史赵申乔受到降四级留任的处分，他为挽回康熙皇帝的信任，便揭发戴名世所著《南山集》《孑遗录》中语多狂悖，大逆不道。经查，书中用明朝年号，记有剃发易服，屠杀南方抗清军民等暴行。康熙即下令将戴名世处斩，受到牵连的多人。不久，赵申乔晋升户部尚书。

历史是人民写就的。唐代黄门侍郎刘洎曾对唐太宗说：“人君有过失，如日月之蚀，人皆见之，设令（褚）遂良不记，天下之人皆记之矣。”唯上唯权，夸功掩过，捏造事实，歪曲史料，伪造历史，随意杜撰，维护形象，设置禁区，打压不同观点，禁止学术争鸣，这些做法都是徒劳的自欺欺人，只能受到时人的鄙视和后人的嘲讽。

一字百金

洪承畴字亨九，福建南安人。万历四十四年（1616）中进士，累升至陕西布政使。李自成在陕西起义后，崇祯皇帝（明毅宗，朱由检）以其能治军，晋升其为延绥巡抚、陕西三边总督。崇祯十一年（1638），清军南下侵掠，攻占义州，展开对锦州的围攻战。次年初，崇祯皇帝调派洪承畴总督蓟辽军务。洪承畴领兵东来，与马科、吴三桂合兵。后又调宣府等地士兵，总共有兵十三万，马四万。十四年（1641），皇太极（清太宗）亲自率领大军围攻锦州。马科与吴三桂两镇兵逃窜，被清军截击，死亡五万余人。洪承畴退守松山，遭到围困。皇太极命令洪承畴投降，洪承畴没有理会。皇太极回盛京（沈阳市），留多铎统令诸军。松山城被围六个月，粮食将尽。十五年（1642）二月，洪承畴突围失败，松山城破，被清军俘虏，送往盛京，皇太极令范文程前去说降。

范文程字宪斗，沈阳人。早就跟随皇太极伐明，升为内秘书院大学士。范文程去见洪承畴时，洪承畴正光着头、赤着脚谩骂。范文程闭口不提投降的问题，漫无边际地与他交谈古今之事。在交谈中，偶然有一点尘土从屋梁掉下，落在洪承畴的衣服上，洪承畴将其拂去。范文程回去对皇太极说："承畴必定不会死，他爱惜其衣，何况其身！"皇太极亲自前往探视，解下自己的貂皮大衣给他穿上，并问："先生没有冻着吧？"洪承畴瞠目看了他很久，叹道："真乃命世之主也。"立即叩头请降（一说洪承畴绝食求死，后经不起色诱而降）。皇太极大喜，即日赏赐许多东西，置酒演戏庆贺。有的将领以为太看重洪承畴了，不大高兴。皇太极问诸将："我们栉风沐雨数十年，为的什么？"诸将答道："欲得中原。"皇太极笑道："譬如走路，我等都是瞎子，今天获得一个领路的人，我安得不乐？"

当松山陷落时，北京传闻洪承畴已死，崇祯皇帝罢朝，赐祭十六坛。那时凡有身份地位的人去世，大都由其门生故吏或亲友撰述行状（记述死者世系、籍贯、生卒年月和生平概略的文章，也叫行述），洪承畴的子弟在京师者也成服受吊，撰写了行状，送达诸公卿。谁知方祭到第九坛，洪承畴降清的书信已至，闹出了一个天大的笑话，遂罢祭奠，而行状已传入人间。

崇祯十七年（1644）三月，李自成率领大顺军攻进北京，崇祯皇帝在煤山（今景山）一棵槐树下自缢而死。

顺治皇帝即位后，多尔衮等随即发动了灭明的战争，洪承畴跟随入关。清军击败李自成，占领北京，洪承畴以太子太保、兵部尚书兼右副都御史，同内院官佐理机务。

在陪都南京的明朝文武官员得知崇祯皇帝的死讯，又立福王朱由崧为帝。他们以为敌人主要是李自成领导的大顺军，派人到北京向清军通使致谢，"相约杀贼"。但清廷决定占领中原，回答说，讨贼是可以的，重建明朝是不允许的。顺治二年（1645），清廷命洪承畴以原官总督军务，招抚江南各省。十年（1653），调其任内翰林弘文院大学士，授以太保兼太子太师、内翰林国史院大学士，命其经略湖广、广东、广西、云南、贵州等处地方，总督军务兼理粮饷，节制抚镇以下官员，攻守便宜行事。在其指挥下，东南各省平定。十六年（1659），洪承畴因患目疾，解任回京调理，其后请求退休。康熙四年（1665）二月去世。

清军入关，不仅消灭了李自成等领导的农民起义军，而且击败了福王和南明复辟的企图，残酷地镇压了江南各地人民的反抗斗争，是明朝与汉族人民的敌人。站在明朝和汉族人的立场上，抗清还是降清，是极为重要的人生大节问题。因此，在抗击清军南下的过程中，有兵部尚书、大学士史可法受命督师扬州，率领官员誓死抵抗，被俘后宁死不屈；有江阴、嘉定全城人民英勇牺牲，无一人投降的壮举。还有一些人如冒襄、陈贞慧等，虽未参加抗清斗争，但在清朝统治确立后，也以做清朝的官为耻，隐居山林。而投降清朝的官员钱谦益和吴梅村等，均受到人们的冷嘲热讽。钱谦益投降后，曾在门上贴了一副对联："君恩深似海，臣节重如山。"不久，有人在联下各添一字，将其变为："君恩深似海矣！臣节重如山乎？"有天，他穿戴着满族人的衣服帽子出门，途中遇到一位老先生。老先生灵机一动，便把《西厢记》中的两句话改了改，以拐杖击其头说："我是个多愁多病身，打你这倾国倾城帽。"（"帽"与"貌"同音）吴梅村被召起程赴京时，三吴的士大夫集会于苏州的虎丘，为其饯行。宴会进行到一半，忽有一个少年投来一函，打开一看，上面为绝句一首，诗云："千人石上坐千人，一半清朝一半明。寄语娄东吴学士，两朝天子一朝人。”举座默然。

洪承畴在南下期间，就受到人们的讥刺。清军攻下吴江县，举人孙兆奎与吴易聚集千余人，在长白荡举起抗清大旗，结果失败。孙兆奎被俘，送往南京。扬州失陷时，传说史可法实际未死，当时就义的消息不确实。洪承畴与史可法颇有交情，同孙兆奎谈起旧友时顺便问道：“公在兵间，知道故阁部史公是果真死了呢，还是未死？”孙兆举不答反问：“经略从北来，知道松山殉难故督师洪公（洪承畴）是果真死了呢，还是未死？”洪承畴大觉惭愧，唯面色不红，时人谓他的脸皮乃是皮革制的。

崇明县的沈百五是洪承畴少年时的恩人，不肯降清，为清军所获，洪承畴前去劝降。沈百五故意当作不认识，说：“我的眼睛已瞎，你是谁？”洪承畴答道：“小侄承畴，伯父忘了吗？”沈百五大呼道：“洪公受国厚恩，殉节久了，你是何人？欲陷我于不义！”遂揪住他的衣襟，打了他几个嘴巴。洪承畴竟笑道：“钟鼎山林，各有天性，不可相强。”

湖南益阳人郭都贤进士出身，崇祯年间官至兵部侍郎，曾荐举过洪承畴。后见政事浊乱，知道时局难以挽回，当了和尚，隐居于玉沙湖。洪承畴经略西南时，进山谒见。郭都贤看见他装作目眯的表情。洪承畴惊异，问道：“君何时得的目疾？”郭都贤答道：“一开始认识公时，就得目疾了。”洪承畴听了，只有默然。

还有记载说，洪承畴功成回到原籍，宴请家乡父老，有人朗诵崇祯皇帝祭奠洪承畴的祭文，用以代替祝寿之词。他母亲被迎到北京后，一见他就大骂，用拐杖打他，数其不死之罪，并说：“你迎我来，将使我为旗下老婢吗？我打死你，为天下除害。”

洪承畴死后，仍要撰写行状，诸名士各尽所长，对于其在明朝在清朝做官，前后勋绩，均能称述灿然，唯于中间叛明降清，措辞极难得体，商议再三，莫衷一是。最后决定大家凑钱，招募有能圆其说者。京师有个性情放浪、不拘小节而又穷困失意的某名士闻知，换上新衣前往，与诸名士约定，一字价值百金，先给钱而后秉笔。双方成交。

于是某名士写道："岁甲申（1644），闯贼（李自成）陷京师，烈皇帝（崇祯）殉国。北庭（清廷）徇平西王（吴三桂）之请，爰举义旗，入关破贼，元凶授首。公（洪承畴）于是投袂而起曰：'杀吾君（指崇祯皇帝）者吾仇（指李自成）也，诛吾仇者吾君（指清帝）也。'"下面即接叙这一年敬受某官之命云云。诸名士阅后，为之搁笔，稿遂定（一说为：洪承畴在家乡祝寿，对县里上的寿文不满意，一秀士加了"杀吾君者吾仇也，诛吾仇者吾君也"，始认可。另一说为：洪承畴死后，其家治丧，撰写行状，不再叙述在明朝的事实，仅自其随清军入关写起。有好事者曾得其前后两个行状，订为一本）。

明朝与清朝为敌对势力，叛明降清，以今天的观念看来，汉人也好，满人也好，都是中华民族大家庭的一员，就无所谓了。但在当时的汉族遗老遗少看来，就是变节、就是汉奸、就是民族败类。然而，某名士却能用"杀吾君者吾仇也，诛吾仇者吾君也"，弥缝了洪承畴的变节行为，使其在两朝做官都变得理直气壮。由此可见，无论事实是何等的相反，逻辑是何等的矛盾，理论是何等的抵触，只要能赚到大钱，都会有文人自告奋勇，搜索枯肠，去圆其说。不过，这样的名士最为人所不齿，毕竟极少。其后似乎越来越多了，不能不令人浩叹！

辑五 | 真理谬误

权力不等于真理

权力指政治上的权威、力量，真理乃是对客观事物的正确反映。每个人对客观事物均有自己的认识，至于认识是真理还是谬误，不是按人手中权力的大小而定，而是看其认识是否正确地反映了客观实际，正确反映的即为真理，反之即为谬误。由于主客观条件的限制，任何人的认识都不可能全是真理，错误在所难免。

对于一般人来说，权力与真理二者风马牛不相及。对于掌握权力者来说，本来也应是如此，但有一部分则不然，他们判定是否是真理的标准是权力。中世纪的欧洲，正是封建社会向资本主义社会转变的时期，也是处于神权统治最黑暗的时代，神学就等于真理。波兰的天文学家哥白尼虽是一位神父，但他相信科学，他在《天体运行论》中创立了太阳中心说，指出地球不是宇宙的中心，而是围绕太阳运行的行星。这一理论否定了神学肯定的地球中心说，动摇了宗教世界观的理论基础，沉重地打击了封建神权统治，使自然科学开始从神学中解放出来。天主教会将其学说视为异端，进行残酷斗争。

至文艺复兴时期，意大利又出现了一位卓越的自然科学家、思想家布鲁诺。布鲁诺继承和发展了哥白尼的太阳中心说，并在此基础上提出了自己的关于宇宙无限性和统一性的新理论，认为太阳是众多的恒星之一，地球也是行星之一，还提出了唯物主义思想。这些学说及思想与当时教会对《圣经》的解读发生了严重冲突，极大地撼动了罗马教廷的统治地位，引起了罗马教皇的恐惧和仇恨，指控他为异端，开除了他的教籍（布鲁诺也是神父，却不是虔诚的信徒）。1592 年他在国外流亡十几年之后回到国内，即被捕入狱，遭到严刑拷打。但他坚持自己的信念，没有丝毫动摇。1600 年 2 月 17 日，罗马教廷宗教裁判所以异端判处他火刑，在罗马的鲜花广场将其活活烧死。其后，罗马天主教将《天体运行论》列为禁书。

与布鲁诺同时代的意大利物理学家、天文学家伽利略的名字也上了罗马教廷宗教裁判所的黑名单。伽利略维护并发展了哥白尼的太阳中心说，反对天主教会的经院哲学。他用望远镜观察并发现了月球上有山谷，粉碎了天地之间有根本差别的说法，彻底推翻了“天”有特殊本性的宗教谎言。1616 年，罗马教廷宗教裁判所对他进行审讯，不准他把哥白尼学说说成真理。伽利略知道，如果坚持下去，自己的下场将会与被活活烧死的布鲁诺一样。在教会的威胁下，他被迫声明放弃哥白尼学说。但他仍继续不断地观测和深入研究，更加坚信哥白尼学说是完全正确的。1632 年 2 月，他出版了《关于托勒密和哥白尼的两大世界体系的对话》，以充分的论据和大量无可争辩的事实，科学地论证了哥白尼的太阳中心说。同年 8 月，罗马宗教裁判所下令禁止这本书出售。晚年他被宗教裁判所关进监狱，直至寿终。

在中国古代，最高统治者都是世俗的皇帝，虽然有少数信奉佛教或道教，但宗教始终没有取得世俗权力，因此没有发生过宗教残酷迫害科学家的事情。可是，在其他方面，也有不少强权等于真理的怪事出现。

大家都熟知“指鹿为马”的成语典故，宦官赵高当时任丞相，掌握朝中实权，秦二世胡亥不过是个傀儡。有一天，他想发动政变，恐怕群臣不服，就进行测验，让人牵了一头鹿献于秦二世，说：“这是一匹马。”秦二世笑道：“丞相错了，把鹿说成了马。”赵高马上问百官：“你们说到底是鹿还是马？”百官明知他混淆黑白，但畏于权势，有的缄默，有的就违心说是马，说鹿的都被他加以罪名处置了。不久，秦二世也被他逼得自杀。

古代中国是一个以男性为主的社会，男尊女卑的思想根深蒂固，当皇帝的都是男子，父死子继，或兄终弟及；妇女可以以皇后的身份影响或控制皇帝，也可以以太后的身份临朝称制，但不能自己当皇帝。寡妇改嫁可以，但若不嫁而与男人通奸，要受到家族和社会道德的严厉谴责，重者会被处死。而寡妇武则天居然向全社会挑战，不仅改国号，称皇帝，而且公然与四个男人通奸，并选取俊美少年多人为左右奉宸供奉，供其享受玩弄，完全违背了封建社会的道德准则。其何以能够如此胆大妄为，无法无天？1925 年鲁迅在《十四年的“读经”》一文中写道：“武则天做皇帝，谁敢说‘男尊女卑’？”的确如此，“有权就有一切”！武则天做皇帝之前，已经牢牢地控制了皇权，起兵反对她的，都被她派大军一个个加以消灭，所以当她宣布称帝时，朝中大臣没有一个敢于站出来反对，于是她当皇帝就成了“真理”。

在书画收藏方面，同样有权力变为真理的情况。风流天子乾隆酷嗜收藏古画，一次见到一幅元代黄公望画的《富春山居图》，他鉴赏之后，以为真迹，奉为至宝，钤印题定。后来又有一幅《富春山居图》流进皇宫，画中有黄公望的题句，他知道这幅才是真迹，先前的那幅是赝品，自己看走了眼。但他死也不肯认错，仍说先前的那幅为真迹，后来的为赝品。经他这一宣布，识货的朝臣再也不敢多言，跟着附和。

为什么有些人敢于将谬误当作真理，一意孤行？一言以蔽之：大权在握。对此，苏联共产党中央第一书记、部长会议主席赫鲁晓夫曾赤裸裸地表白过。1962 年 12 月，赫鲁晓夫前去参观作品展，看到一些抽象派的作品，便斥责说：“这是诲淫作品，不是艺术。”又指着抽象派雕塑家涅伊兹维斯内的作品说：“就是一头毛驴用尾巴甩，也能比这画得好。”涅伊兹维斯内听后实在忍受不了他的侮辱，十分气愤地质问道：“您既不是艺术家，又不是评论家，您凭什么说这样的话？”赫鲁晓夫狂妄至极地回答：“我当矿工时不懂，我当基层干部时也不懂，在我逐步升迁的每个台阶上我都不懂。可我现在是部长会议主席和党的领袖了，难道我还不懂？！”他以为当上苏共领袖，就通晓了天下知识，不论如何信口雌黄，无知妄说，都是真理。这就是他有权就有真理，权力越大真理就越多的思维逻辑。

正因“有权就有一切”，故古往今来无数人们在沙场上抛头颅，洒热血，或是在官场中拉帮结伙，钩心斗角，不管表面上喊叫的是什么口号，打出的是什么旗帜，奉行的是什么主义，所争的都是一个“权”字。

乌云遮不住阳光，谬误掩盖不了真理。强权也禁止不住真理的传播，更消灭不了真理。罗马教廷利用宗教强权野蛮地迫害了科学家伽利略和布鲁诺，事隔三百多年的 1979 年 11 月，在世界主教会议上，罗马教皇终于提出了重新审理“伽利略案件”。1889 年 6 月 9 日，在布鲁诺殉难的罗马鲜花广场上，人们竖立起他的铜像，作为对这位为真理而斗争，宁死不屈的伟大科学家的永久纪念。神龙元年（705），宰相张柬之等人率领文武官员和羽林兵，诛杀了武则天的面首及其帮凶，拥护唐中宗即位，恢复了唐朝的国号和一切制度。武则天失去了权力，同时也失去了“真理”，临终时宣布去掉了帝号。乾隆皇帝以假作真的一桩画坛冤案，在一百多年之后也得到了辨白。赫鲁晓夫下台后失去了权力，千方百计想同文艺界和解，曾三次邀请被他臭骂过的涅伊兹维斯内去他家里做客，均被拒绝了。1971 年 9 月 11 日赫鲁晓夫去世，死前留下遗愿，让儿子郑重地请涅伊兹维斯内为他雕塑墓碑。这次涅伊兹维斯内没有拒绝，为他雕塑了黑白两色的墓碑。不论有多少诚意，他总觉悟到自己所说的“我现在是部长会议主席和党的领袖了，难道我还不懂”，并非“真理”了。

权力不等于真理。将权力视为真理，强制人们信奉自己所说的话，是极端专制独裁的表现，是狂妄愚蠢的表现。但愿信奉权力就是真理的现象彻底地、永远地从现实生活中消失。

太平盛世

从历史上看，古代社会只有治世，如成康之治、文景之治、贞观之治等。不知何时出现了以“太平盛世”称美某个朝代，更不知“太平盛世”意识何时在社会舆论中形成了。

所谓“太平盛世”，从字面理解，系指社会秩序安定，兴旺昌盛的时代。对于这种时代，古今国人一直梦寐以求。但“太平盛世”到底是个什么样的社会，史学界尚未达成共识。依照多数史学家的意见，“盛世”的内涵，至少应包括三点：第一，国家统一，军力国势强盛，消除了内忧外患；第二，政局稳固，经济繁荣，国力领先于世界，国泰民安；第三，文化昌盛，对周边地区有巨大的影响力。

按照这种理解，在中国古代历史上能称得上“盛世”的，恐怕只有唐代的贞观之治。贞观年间，国家统一，国威强盛，政局稳固，经济繁荣，在中国是空前的，在当时的世界上也是仅有的。据史料记载，由于唐太宗严惩枉法受贿者，官吏大多清廉谨慎，王公贵族和大姓豪门皆畏威屏迹，不敢欺压弱势人民。商旅野次，没有盗贼；犯法者极少，刑法几乎搁置不用，监狱常空；频年丰收，米一斗值三四钱，百姓马牛布野，夜间大门不闭，天下“号称太平”。当真是一片国泰民安的昌盛景象。国都长安既是政治中心，也是世界文化的中心，名扬世界，强烈地吸引着外国人士，以至于四方来朝。许多外国留学生来到长安的国子监学习，许多外国商人也聚集在长安进行贸易，更有许多亚洲、非洲甚至欧洲的国家派遣使者来往于长安，不少人侨居下来，做了唐朝的官。

较之贞观之治，汉代的文景之治和清代的所谓康乾“盛世”都相当逊色，不具备盛世资格。

汉文帝和汉景帝在位期间，通过休养生息的政策，扭转了汉初以来经济破败、政局动荡的局面，代之以“吏安其官，民乐其业，畜积岁增，户口寖息”，“海内安宁，家给人足”，国家仓库堆满了钱粮，确实出现了安定繁荣景象。但国威并不太强盛，以至不得不采取和亲政策，换取匈奴不来侵扰。在与外国的交往与影响上更不如贞观时广泛而深远，内部也存在着一些重大问题亟待解决。具有忧患意识的政论家贾谊在分析形势的时候向汉文帝指出：那些说天下已经平安大治的人“非愚则谀”，真实的情况是“可为痛哭者一，可为流涕者二，可为长叹息者六，若其他背理而伤道者，难遍以疏举……”

清代康熙、雍正、乾隆三朝，奠定了统一的多民族国家，经济的发达、疆域的辽阔、人口的众多，都超过了文景之治和贞观之治。但发展并没有跟上时代潮流，政治制度和文化科技已经落后于西方，不像贞观时期领先于世界。在经济方面，采取重农抑商政策，抑制了资本主义萌芽。在思想方面，对汉族知识分子采取高压政策，大兴文字狱，肆意屠戮迫害文士，严重禁锢了社会思想的进步，使中国陷入一个最黑暗的时代。在外交方面，拒绝对外开放，封闭国门，人为地隔绝于世界，没有外国学生到中国留学，外国一切先进的思想、文化和科技都传不到中国来。更为愚蠢而可笑的是，当实行了工业革命的英国已经在政治和经济等方面超越中国时，还侈然自大，狂妄地以“天朝”自居。

清代同治与光绪时期，沈学所著《盛世无音》和郑观应所著《盛世危言》均有“盛世”二字。其实，同光两朝虽然被官僚们誉为“中兴”，却是列强侵略逐渐加剧的时代，何谈“盛世”？宣统元年八月六日（1909 年 9 月 19 日）《申报》刊出的《说报》短评说：“世昌则言昌，世幽则言幽”。“报纸者，舆论之公言也；外交者，国民应言之公言也。乃一言而犯禁停版，则将不敢出之于口，而惟存诸腹臆矣，是岂盛世之景象乎？”

至道元年（995）正月十五日，宋太宗观灯于乾元殿，设宴招待大臣，见京师繁盛，对群臣说：“五代之际，生灵凋丧，周太祖自邺南归，士庶皆罹剽掠。”“观者恐惧，当时谓无复太平之日矣。朕躬览庶政，万事粗理，每念上天之赐，致此繁盛，乃知理乱在人。”中书侍郎兼户部尚书、平章事吕蒙正起身说：“乘舆（指皇帝）所在，士庶走集，故繁盛如此。臣尝见都城外不数里，饥寒而死者甚众，不必尽然。愿陛下视近以及远，苍生之幸也。”宋太宗听后面色大变，默然不语了。

鲁迅曾说，古来帝王们炫示“盛世”的种种政治宣传，其实往往是“黑暗的装饰”。那些赞美讴歌盛世的人，同宋太宗一样，眼睛看到的只是京城的繁盛，也就是权贵、巨贪、豪门、富翁和利益既得者的繁盛，看不见绝大多数草民的实际生活。他们口中的“太平盛世”是自己的“盛世”，是极少数人的“盛世”，而不是全体民众的“盛世”。

“夷夏之辨”与基督教来华

基督教与佛教、伊斯兰教并称为世界三大宗教，先后传入中国。由于三教均来自外国，与中国本土文化差别较大，必然遇到排斥。但因三教各不相同，它们在中国遭到的命运并不一样；即使同一宗教，在不同的时期遭到的命运也不一样。

古代中国号称华夏，以为华夏族所居住的地方就是世界的中心，对周边以及周边以外的民族和国家皆称为夷狄。夷狄是一种贬称，故有“夷夏之辨”。然而，华夏与夷狄的划分，不是以族类和地域，而是以是否接受和推行华夏先进的礼俗为标准，合于华夏礼俗并与华夏亲近者即为华夏、中国人，不合的就是蛮夷、化外之民。所以在春秋战国时期人们的观念中，又认为二者不是绝对对立的，固定不变的，而是可以互相转化的，即“诸侯用夷礼则夷之，夷狄进于中国则中国之”。当时被称为夷狄的地区很广，长江、汉水流域以南，通称为南蛮，楚国的君臣自称是蛮夷；淮水流域通称为淮夷；在今山东境内许多地方，通称为东夷；在今河北境内一些地方，通称为北狄；在今陕西、甘肃、青海、河南、山西等地许多地方，通称为西戎。越国断发文身，亦属蛮族。秦国尽管成为西戎霸主和西方大国，但在华夏诸侯看来，还是戎狄，不让它参与盟会。后来楚、吴、越逐渐强盛，争夺诸侯盟主，才不再被看作夷狄。

正因夷与夏的关系并非绝对对立的，是可以互相转化的，战国时出现了赵武灵王的改革。赵国常受匈奴侵扰，知道骑兵射击的厉害，中国古老的战车方法不行，必须学习敌人的长处，实行军制改革，才能抵抗敌人的侵略。古代的衣冠与此不相适应，上衣下裳只适宜于席地而坐，脚上穿的鞋子和头上梳的髻也不便骑马，同样需要改革，于是改穿胡服，即穿窄袖长袍，皮靴皮带，头上戴插有羽毛的帽子。通过胡服骑射改革，赵国从此强盛起来，地域扩大，阻止了匈奴的南侵。此后古代的冠带被废除，穿袍靴成为北朝至隋唐文武官员的公服。这一事例说明，夏也可变夷，“夷夏之辨”是比较开放的；同时也说明，“用夷变夏”不一定是用低文化改造代替高文化，只有破坏作用，没有积极作用。

秦始皇消灭六国，建立了中央集权的国家，实行统一的制度，中原各族进一步融合，秦国自然摘掉了戎狄的的帽子，成为华夏不可分离的一员。

佛教在西汉末年由天竺（印度）传入中国，流行于东晋南北朝时期。对这种来自“夷狄”的宗教，人们必然会用有色眼镜去看。儒家不仅从纲常伦理的角度反对佛教，而且也从“夷夏之大防”的立场向佛教发起攻击。他们指出，“佛出西域，外国之神”，非“诸华所应祠奉”。道教为了争取教主地位，也给儒家以强有力的支持。某些统治者也称佛教是“胡妖”“胡神”，说：“原其风教，殊乖中国。”“既非正教，所以废之。”以致出现了北魏太武帝、北周武帝（宇文邕）灭佛之举。在中国本土文化的巨大抵拒之下，佛教不得不改变自身的面貌，从各个方面进行调整，以适应中华文化的生态环境，以便生存下去。隋唐以后，虽然仍有韩愈等人指斥佛教为“夷狄之一法”，“佛本夷狄之人，口不言先王之法言，身不服先王之法服，不知君臣之义、父子之恩”；但夷夏之辨却在逐渐缓和，佛教不断中国化，终于得到官方和社会的认可，成为中国的一大宗教。

基督教在唐太宗时首次传入中国。对于基督教，唐太宗完全持开放态度。贞观九年（635），基督教的一个异端派——聂斯托利派阿罗本等教士来到长安，唐太宗先派宰相房玄龄率仪仗队到西郊去迎候，接着亲自予以盛情接待，给予各种礼遇，请他到皇帝的私人藏书楼翻译《圣经》，还常向他求教基督教的教义。贞观十二年（638），又下诏准许阿罗本在全国传教，在长安建寺一座，度僧二十一人，当时称为景教。在其政策影响下，唐高宗时景教继续受到宽容，各州普遍建有寺院，“法流十道”，“寺满百城”。唐肃宗、唐代宗依然。只是到了唐武宗发布灭佛诏令，景教才被殃及，传教士二千多人被逐，在内地灭绝，唯有朝廷政令所不及的蒙古等边远地区继续存在发展。

蒙古的铁骑征服了中原，也征服了亚洲和欧洲的许多国家，建立了一个空前广大的帝国，东西方的交往，包括使节的往来，商队的贸易，空前频繁。加以蒙古人的血缘、语言和生活方式类似突厥民族，属于夷狄，其固有的萨满教也不排斥各派宗教，这就为基督教的再次来华创造了有利条件。元代来华的基督教包括两大派别，一为曾经流行于唐代的景教，二为新传入的罗马天主教，通称也里可温。元世祖建立元朝后，景教再度在内地发展，并逐渐兴盛起来。至元十二年（1275）前后，首都大都（北京）、杭州、西安、镇江、泉州等地，都建有景教教堂，不少蒙古贵族和朝廷官吏成为该教教徒。到至顺元年（1330），教徒已超过三万人，遍及山西、陕西、甘肃、河南、山东、直隶、广东、云南、浙江等地。

至元三十一年（1294），罗马教皇派遣意大利方济各会教士约翰·孟德高维诺到达大都，元廷允许其在华传教，建立天主教堂。几年之中，他为六千多人洗礼，扩大了天主教的影响，发展很快，在福建、浙江、江苏、内蒙和新疆等地有教徒三万余人。元朝灭亡以后，基督教才随之消失了。

明代万历年间，意大利耶稣会传教士利玛窦和罗明进入广东肇庆传教。其后来华的传教士，还有意大利的龙华民、高一志、熊三拔、艾儒略、毕方济、罗雅谷、利类思，西班牙的庞迪我，葡萄牙的阳玛诺、傅汎际，德国的汤若望，法国的金尼阁，瑞士的邓玉函，而以利玛窦最为著名。

万历二十九年（1601），利玛窦与庞迪我到了北京，向明神宗进献礼物。礼部恐他们与中国人交往，“别生事端”，以种种理由不准他们在南京与北京居住。明神宗“嘉其远来”，“给赐优厚”。利玛窦遂留北京。他深入研究了中国的传统文化，提出了“入境随俗”“知识传教”的方法，改穿汉人儒服，用汉语举行宗教礼仪，向人介绍先进的西方科技知识，包括欧洲的古典哲学、逻辑学、艺术和自然科学，以博得人们的尊敬与好感。他宣称儒家的伦理观与天主教教义有共同之处，主张把孔孟之道和敬祖思想与天主教教义相融合，认为中国经书中的“天”或上帝就是天主教信奉的“天主”。其他传教士“大都聪明特达之士，意专行教，不求禄利”。由于他们采取了较为切近中国国情的传教方法和介绍西方科技知识，吸引了不少文化心态开放的有识之士，“公卿以下重其人，咸与晋接”。礼部尚书徐光启、光禄少卿李之藻等都受洗入教，成为虔诚的天主教信徒。入教者越来越多，至明朝灭亡前夕，已达三万八千人。

传教士来华不久，就引起了以南京礼部侍郎沈漼和福建儒士、佛教徒黄贞为代表的一些坚守“夷夏之大防”者的攻击。

利玛窦当初进京时，曾在南京居留了一段时间，与传教士王丰肃等传教，士大夫与平民多有信仰。沈漼即上奏：“陪京（南京）都会，不宜令异教处此。”

黄贞则鼓动儒士和佛教徒，著论围攻基督教。但他们在学理上讲不出令人信服的道理，多是粗野的谩骂、阴险的煽惑。诸如：“夷类之设为景教堂者，我中国之画轩华栋也。迁乔入幽，用夷变夏，噫嘻嗟哉！是尚可忍言也？今试执三尺之童，而绐之曰：汝何不拜犬豕？童子犹耻不受，而况以堂堂须眉欢渎夷祀，亭亭胫骨曲折夷徒！”“夷教乱华，煽惑浸众，恐闲先圣者，必愤而不能默也。”“近有外夷自称天主教者，言从欧罗巴来，已非向所臣属之国，然其不奉召而至，潜入我国中，公然欲以彼国之邪教，移我华夏之民风，是敢以夷变夏者也。”

万历四十四年（1565）五月，沈漼上疏提出禁止基督教，理由有四：一、传教士散处中国，时有窥视之嫌；二、该教只奉天主，不祭祀祖先，教人不孝，有违名教；三、私习历法违禁，恐创为邪说，淆乱听闻；四、聚男女于一室，易败风俗，乱纲纪。

南京礼部郎中徐如珂深恶基督教，起而附和，与沈漼、给事中晏文辉等联合上疏，“斥其邪说惑众”。礼科给事中余懋孳亦言：“自利玛窦东来，而中国复有天主之教，乃留都王丰肃、阳玛诺等煽惑群众不下万人，朔望朝拜，动以千计。夫通番、左道，并有禁令。今公然夜聚晓散，一如白莲、无为诸教，且往来壕镜（澳门的旧称，全称壕镜澳，指澳门整个港湾），与澳中诸番通谋，而所司不为遣斥，国家禁令安在？”

徐光启上奏为传教士辩护，说他们只劝人为善，绝无阴谋。明神宗遂将沈漼的奏章搁置起来。而沈漼却自行将南京的传教士王丰肃等和中国教民逮捕起来，严刑拷打，百般侮辱。八月、十二月，沈漼又两次上疏，指斥传教士“阴谋不轨”，“裔夷窥伺，潜往两京，则国家之隐忧当杜”。明神宗以事关重大，下令传教士回归本国。此时利玛窦业已逝世，传教士庞迪我等奏称：“臣等焚修道学，尊奉天主，岂有邪谋，敢堕恶业。”朝廷没有理会他们的申辩，押解庞迪我等前往广东，其他传教士躲藏起来。

对基督教持何态度，反映出人们对外来文化不同的心理。在唐代，亚洲、非洲诸国，甚至欧洲的罗马（拜占庭），共有七十多个国家的外交使节，率领使团来到长安。摩尼教、景教、袄教、伊斯兰教等外来宗教，均在长安建立庙祠。国子学和太学接纳了三万余名外国留学生。来自中亚、西亚的大批商人在长安贸易。据统计，在长安城一百万总人口中，各国侨民和外籍居民约占总数的百分之二，加上突厥后裔，约占百分之五。许多外国王侯流寓长安，仅突厥颉利可汗的酋长，被授为将军中郎将、五品以上的就有百余人，入居长安者近万家。除了各族人员在朝廷充当文武官员，亚洲许多国家如大食、波斯、安国、康国、天竺、高丽、新罗、百济、东瀛也有人接受朝廷的职事，世代留住长安。虽然胡曲、胡舞、胡食、胡装大为流行，女子化妆亦习胡风，“长安胡化极盛一时”，可朝廷和中原人士非但未感到“用夷变夏”的危险，猜疑外国人有何阴谋，反而吸收胡文化，使得唐代的文化更加丰富多彩，富于生命活力。凡此都充分显示出唐代统治者和中原人士的胸怀与气度，以及政治文化上的自信。

被称为夷狄的元代统治者忽必烈同样没有“夷夏之辨”的观念，对基督教完全开放。

沈漼、黄贞等人则不同。如果他们仅仅因基督教“以夷变夏”而加以反对，倒也容易理解，但他们更加强调的是基督教为“邪教”，“夷教乱华”，传教士刺探情报，与外国勾结，“阴谋不轨”，如同造反的白莲教。不过，他们的指责不是根据事实，而是造谣诬蔑，进行政治陷害。这种心理实质上并不是什么忧患意识，而是排拒一切外来文化，把夷与夏原本可以互相转化的“夷夏之辨”，变成单方面的排拒，只准以夏变夷，不准以夷变夏，代表的是最为顽固保守的一部分人。

清代顺治皇帝对外国传教士亦无成见，采用了汤若望等以西法修订的《时宪历》，并任命他为钦天监监正，对其优礼有加，直呼他为“玛法”（满语，爷爷），免除其觐见时行跪拜礼，还经常出宫前去看望他。以后再任他为太常寺卿，赐名通玄教师，复加通政使，进秩正一品，以奖其劳。一时之间，西方传教士深受朝廷宠信，教徒大增，直隶、山东、山西、陕西、河南、四川、湖广、江西、福建、浙江和江南十一省均设有教堂，教徒多达十一万四千多人。一些顽固守旧势力强烈不满，从而引发了一场长达十年之久的激烈的历法争论。

顺治十四年（1657），被革职的钦天监回回科官员吴明炫上书攻击汤若望制定的历法，要求恢复被汤若望撤销的回回科。八月，经过一次观象台测验，顺治皇帝认为吴明炫奏事欺诈不实，按律应处绞刑，援赦得免。

挑起历法之争的主角是杨光先。他沾了明代祖辈父辈的光，受恩荫为一个小军官——新安所千户。崇祯十年（1637），他将千户让与其弟，进了北京。曾抬棺上疏，弹劾奸臣大学士温体仁，遭受廷杖，流放辽西。由此获得敢言之名，但也有人认为他“实市侩之魁”。明朝灭亡以后，杨光先回到北京，以“六壬神术”即为人占卜吉凶祸福为生，沦落为一个江湖骗子。后来受到某位满洲亲王的赏识，才得以周旋于王公亲贵之间，开始谋求新的政治出路。顺治十七年（1660），他向礼部控告汤若望修订的《时宪历》错谬。其实，他对历法一窍不通，只是乱说一通。但其重点并不在此，而在《时宪历》中“有‘依西洋新法’五字尤不合”，“暗窃正朔之权以尊西洋，明示天下以大清奉西洋之正朔，毁灭我国圣教，唯有天主教独尊”。正朔指一年第一天的开始，通指帝王新颁的历法。采用西洋新法制定的历法，与“毁灭我国圣教”没有任何关系，其指责毫无道理。在实际测验时，西洋历法与实际天象符合的程度胜过传统的历法，因此，顺治皇帝对他的讦告置之不理。

顺治皇帝去世后，年仅八岁的康熙皇帝即位，国家政务由鳌拜、索尼、遏必隆、苏克萨哈四个辅政大臣掌管。此四人均属守旧派，特别是鳌拜，主张“率祖制，复旧章”，而又专权妄为，连皇上都不放在眼里。杨光先一见有机可乘，再次发难。他知道在历法的是非问题上斗不过汤若望，再也做不出什么惊人的文章，便在康熙三年（1664）向礼部上《请诛邪教状》，指控汤若望等人“以修历之名，阴行邪教”；在各地建立教堂，布置“邪党”；在澳门聚集“万人，据为巢穴，接渡海上往来。（汤）若望借历法以藏身金门，窥视朝廷秘密。若非内外勾连，谋为不轨，何故布党立天主堂于京、省要害之地，传妖书以惑天下之人？”其“种种逆谋，非一朝夕，若不速行剪除，实为养虎贻患”。

杨光先这次攻击完全脱离了历法，指控汤若望图谋颠覆大清帝国，妖言惑众，将历法之争上升为一场重大的政治案件；其指控像疯狗一样乱咬，纯属诬陷，居心极其险恶。用政治手段打倒西洋历法的制造者，是杨光先的一大发明。

为了置汤若望于死地，证明传教士都是必须严惩的骗子，杨光先还嘲笑地球是圆的，说什么倘若地球是圆的，“则四大部州，万国之山河大地，总是一个大圆球矣”。地球上的人和地球下的人就“脚心相对”，竟不思在地球下的人都得“倒悬”。“有识者以理推之，不觉喷饭满案矣！夫人顶天立地，未闻有横立倒立之人也。”“此可以见大地之非圆也。”他还声称：即使用西法测验日食的时间准确，在大清国的卧榻之内，也不能容许“惯谋夺人国之西洋人鼾睡”！“光先之愚见，宁可使中夏无好历法，不可使中夏有西洋人”；“有西洋人，吾惧其挥金以收拾我天下人之心，如厝火于积薪之下，而祸发之无日也”。在他看来，只要把西洋人赶出去，中国的历法再落后也无关紧要。

礼部受理后转呈辅政王大臣会议。辅政王大臣认为案情重大，命吏部和礼部会审。在会审的第一、第二阶段，主要是宗教问题，南怀仁代表年已七十多岁、患病不能说话的汤若望进行申辩。对于传教士在澳门屯兵三万的问题，清廷也命人查证，结果并无其事。但杨光先仍不罢休，又无中生有地指责汤若望的新法有“十谬”，主要内容均为重弹吴明炫的老调。更加阴险的则是恶意中伤汤若望选择荣亲王葬期“误用《洪范》五行”，将“历祚无疆”的历书只编至二百年，目的是使大清帝国短命。其实，荣亲王葬事汤若望毫无责任，完全是杨光先捏造出来的。汤若望虽为钦天监监正，主要负责时宪科和天文科，专管堪舆占卜事项的漏刻科属于独立性质，不归监正管辖，他在就职之始，也宣布对该科之事不加过问。荣亲王为顺治皇帝的幼子，十五年（1658）生下几个月即夭折。顺治皇帝异常哀痛，追封为和硕亲王。钦天监原拟农历八月二十七日辰时下葬，负责办理葬事的礼部尚书恩格德擅自改为午时。有人揭发以后，恩格德被判死刑。汤若望为之求情，改为革职充军。恩格德非但不感谢汤若望救命之恩，反而极为仇恨。此时他与杨光先紧密勾结在一起，嫁祸于汤若望。杨光先不仅进行蛊惑人心的煽动，而且采用了江湖骗子的无耻伎俩，不惜把迷信政治化。他的煽惑得到社会上仇视外来宗教的回教徒、佛教徒和儒家等传统势力的支持，群起推波助澜，甚至募集资金帮助杨光先暗中行贿。

刑部审理后，判决汤若望处绞刑，南怀仁等逐出朝外。三法司终审时，发现对杨光先所控汤若望传播舛错的天文学说没有讯问，当即决断，由中国、欧洲和回回三种天文学派实测日食的时间。实测的结果，杨光先一伙的回回历误差最大，南怀仁代表汤若望推算的时刻正确。但科学的胜利对于顽固守旧大臣来说丝毫不起作用，因为他们不问科学是非，只知排外。

鳌拜等人经过多次会议，完全采用杨光先的说法，于康熙四年（1665）议定："历代旧法，每日十二时，分一百刻，新法改九十六刻。""天佑皇上，历祚无疆，汤若望只进二百年历。选荣亲王葬期不用正五行，反用《洪范》五行，山向、年月俱犯忌杀，事犯重大。"判决汤若望凌迟处死，南怀仁等七人处斩，被牵连的钦天监官员李祖白等六人也被判处死刑。

可是，在御前会议决定之前，出现了彗星；判决宣布之后，北京又连续四天发生了地震。这一来吓坏了迷信天命之说的议政王大臣等，他们以为这是讼狱不公，天象示警，在地震的最后一天，请皇帝发布上谕，赦免南怀仁、利类思、安文思和许保禄，将汤若望从宽改为大辟。紧接着皇宫又发生火灾，搞得宫中人心惶惶。康熙皇帝的祖母太皇太后得知大怒，将奏折掷于地下，斥责说："汤若望向为先帝（指顺治皇帝）信任，礼待极隆，尔等而欲置之死地耶？"议政王大臣将汤若望改为流徙，太皇太后也没有允许。汤若望虽然保住了性命，但失去了钦天监监正的职务，时宪科的李祖白等五人仍被处斩，散居在各地的传教士不准再传教，被押往澳门居住。从此《时宪历》废弃，恢复了原来的《大统历》，并任命杨光先为钦天监监副。杨光先根本不懂历法，屡次上疏请辞。议政王大臣非但不允，还将其提升为监正。杨光先骑虎难下，只得硬着头皮走马上任。当年讦告汤若望的吴明炫虽未能官复原职，但杨光先却将其弟吴明烜推荐为监副，讲西法的官员全部被清洗出去。

《大统历》恢复后，在实际应用中屡出差错。七年（1668），已经亲政的康熙皇帝与鳌拜的矛盾日益尖锐。钦天监在历法工作中的错误闹得满城风雨，而鳌拜集团仍然回护掩饰。

康熙皇帝对自然科学较感兴趣，召集杨光先、吴明烜、南怀仁等一起讨论天文历法，并命他们到观象台预推正午日影所止之处。经过连续三天的实地测验，南怀仁推测无误，杨光先、吴明烜有误差。康熙皇帝又命南怀仁审查吴明烜所订的历书，结果查出书中康熙八年闰十二月应为康熙九年正月，一年之中误置两个春分、两个秋分。

八年（1669），康熙皇帝派大学士图海等二十人测验立春、雨水两个节气及太阴火、木二星躔度，南怀仁所言“逐款皆符”，吴明烜所言“逐款不符”。议政王等疏请以康熙九年历日交南怀仁推算。康熙立即诘问：先前杨光先奏劾汤若望，你们以杨光先何者为是，汤若望何者为非？新法当日议停，今日议复，其故安在？议政王等奏道：“前命大学士图海等二十人赴观象台测验，南怀仁所言悉应，吴明烜所言悉不应，问监正马祜，监副宜塔喇、胡振钺、李光显，皆言南怀仁历法上合天象。一日百刻，历代成法，今南怀仁推算九十六刻，既合天象，自康熙九年始，应按九十六刻推行。”请将杨光先罢官，交刑部议罪。

吴明烜声言：“臣只知天文，不知历法。”杨光先非但声言“臣不知历法，惟知历理”，而且喋喋不休，进行驳辩，“语尤不逊”。他打着“祖训”的旗号说：“南怀仁欲毁尧舜相传之仪器，使尧舜之仪器可毁，则尧舜以来之诗书礼乐、文章制度，皆可毁矣。”“中国乃尧舜之历，安有去尧舜之圣君，而采用天主教历？中国以百刻推算，西历以九十六推算，若用西历，必至短促国祚，不利子孙。”他根本不承认科学，不承认事实，说的全是江湖骗子的鬼话。尧舜错了，就应一错到底？一事错了，等于全部都错？康熙皇帝将其斥骂一顿，予以革职，免议其罪。授南怀仁钦天监监副，废弃《大统》《回回》两法，专用西洋法。

同年五月，康熙皇帝逮捕了鳌拜。八月，南怀仁等又呈告杨光先依附鳌拜，诬告汤若望谋叛，致使李祖白等无辜被戮。议政王等议决杨光先诬告，应当反坐，将其斩首。康熙皇帝以其年老，贷其一死，驱逐回籍。杨光先出京，行至德州，背生恶疽而死。或许这就是佛教所说的“恶有恶报”吧！

其后，南怀仁被任命为钦天监监正。此时汤若望已经病逝，也恢复了他的通微教师（为避康熙名玄烨的讳，改通玄为通微）的称号，照原品赐恤，彻底平反了他的冤狱。

值得注意的是，杨光先是以爱国主义的姿态指控外国传教士的，他的排外思想远远超过了明末的沈漼。明末清初，汉族士大夫曾以“夷夏之辨”为有力武器，举起义旗，反抗清兵南下。吕留良认为，“华夷之分，大于君臣之义”。王夫之也认为，不能“废古今夷夏之通义”，“非我族类，不入我伦”，君主之位，断断不可“使夷类间之”。他们强调的夷狄并不是外国人，而是满族人。但在八旗兵刀与剑的血腥屠杀和暴力强制下，汉族人士终于屈服。杨光先是明末遗民，却忘记了“夷夏之辨”的观念，剃发留辫，穿上满装，并开始为新主子尽忠而高扬爱国主义旗帜了。他是真爱国吗？爱国不是声嘶力竭地空喊蛊惑人心的口号，而是其主张有利于社会进步和民众福祉的提高，使国家民族逐渐强盛起来。杨光先虽然把爱国主义标榜到无以复加的高度，其实只是打着爱国主义的旗号，干着卑鄙龌龊的勾当，使中国永远落后于外国。其名言“宁可使中夏无好历法，不可使中夏有西洋人”，便是最好的见证。杨光先不是抵制西方殖民活动的有识之士，而是中华民族的败类。

利玛窦死后，来华的传教士一部分遵守他的宣教策略，另一部分则根据天主教教义加以反对，不准中国教徒尊孔祭祖，也反对把“天主”说成“天”。罗马教廷支持后一种主张，要求传教士一体遵行。这个问题本是天主教内部的争论，属于教徒的私人信仰，应由中国教徒自行选择。但康熙皇帝认为此事关系到中国的文化风俗，不能妥协。在要求罗马教廷收回成命遭到拒绝后，于五十六年（1717）下令禁止天主教在华传教，只准钦天监等技艺人士留在中国，而且要具结永远留在中国，否则就驱逐出境；他们可以修道，但不准传教。雍正皇帝继续执行禁教政策，下了一道更为严厉的诏令，命全国驱逐西方传教士，遣送澳门或暂在广州天主堂居住，不许出外行教，亦不许百姓入教，勒令大批教徒弃教。其后乾隆皇帝发动了一次对传教士和教民的大搜捕。嘉庆皇帝又制造了一次大教案，严禁传教士由澳门潜入传教，天主教遭到毁灭性打击。与此同时，封闭保守的心理倾向在士大夫中愈益强化。

尽管如此，中国的基督教徒依然坚持着宗教信仰，一代一代秘密地传下来，至 19 世纪中叶，数量已达二十余万人。

随着鸦片战争的战败，资本主义列强势力的侵入，不平等条约的签订，清廷被迫在宗教问题上妥协让步，宣布在全国范围内解除中国人信仰基督教的禁令，准许传教士进入内地传教，以团体名义购买土地。

通过总结教训，少数人士开始认识到必须向外国学习，如魏源提出“师夷长技以制夷”的主张，此乃对传统“夷夏”观的突破。但更多的国人则是对列强侵略无比愤恨，“夷夏之辨”的固有意识更为强烈。顽固守旧分子在资本主义列强侵华前的明清时期，已谩骂来华的外国人均有“逆谋”，现在更是谩骂西洋人为“逆夷”“畜类”，比以前的“夷夏之辨”表达了更多的怨毒。清政府对基督教亦很恐惧，明着弛禁，实际暗中严加控制。因此，凡是与外国多少有点联系的人和事，无不受到侮辱排斥。同文馆聘请洋人为教习，扩大招生对象，大学士倭仁强烈反对“奉夷人为师”，说科举出身的人入学，便是“变而从夷”。曾国藩之子曾纪泽奉命去俄国谈判，因沾染了一些欧洲的生活风气，回京后被顽固守旧分子斥为“用夷变夏”。戊戌变法时，军机大臣刚毅痛斥学习西法是“欲尽驱入夷狄之教”。大学士徐桐尤其痛恶洋人，称之为“外夷”、为“鬼”，称轮车、电邮、机械均为夷人的“妖术”，力主“攘夷”。大力鼓吹：“无论何省何地，见有洋人在境，径听百姓歼除，以伸积忿。”他还恶狠狠地说，中国人“信从邪教，倚为护符，任意反噬，委系叛徒。一经拿获，解送到官，立即讯明，就地正法”。要把基督教徒全部杀光。

乡村中的顽固守旧分子亦视基督教为异端邪教，极尽侮辱栽害、挑拨煽动之能事。他们大骂英国为“异类”“逆夷”，“其种半人而半畜”；外国人都是“鬼子其形”，“羊眼、猴面、淫心、兽行，非人也”，“身穿人衣行狗事”，全是“无耻狗”。并把入洋教的人都看作汉奸，主张“剿其室家，立行逐出境外”。正是在顽固守旧分子的大力蛊惑煽动下，盲目排外成了爱国的时髦标志。

由上述可知，基督教来华的命运与“夷夏之辨”和执政者在政治文化上有无自信心密切相关。当夷与夏的观念较为淡薄，二者可以互相转化，执政者如唐太宗和元世祖在政治文化上充满了自信心时，基督教在华都能得到顺利发展。而当“夷夏之辨”在某些人如沈漼、杨光先的头脑中变为单方面的排夷时，便会将宗教问题上纲成政治问题，对基督教恶毒攻击，蓄意陷害。雍正、乾隆年间清廷制造了大量文字狱之后，遭到各族人民的武装反抗，加以外国殖民主义的扩张，统治者防范和恐惧心理与日俱增。他们又怕被中原人士视为夷狄，推翻满人的统治，便自居华夏，大倡“夷夏之大防”，只准用夏变夷、不能以夷变夏的观念更成为顽固守旧分子的信条。

只能用夏变夷、不能以夷变夏的观念，以自我为中心，具有明显而强烈的排他性和封闭保守性。它毫无理性，狂妄至极，拒绝一切外来的事物，扼杀学习先进文化的所有新机，使中国越来越落后。它唱的爱国高调，其实是长在中华民族机体上的一颗毒瘤，是误国祸国的主要根源。

清朝外交礼仪之争

中国自古以来就是一个大一统的国家，环列其周围的皆为小国，没有大国与其相比较，遂“自谓为教化至美，文章礼乐至盛之名国”，形成了一种虚骄抑外的“天朝意识”。

清朝入主中原后，这种意识非但没有削弱，反而有所加强。以为中国以外的其他国家包括西洋各国，都是文明低下的蛮夷之邦，把全世界纳入一个以自我为中心，按照封建等级、名分构成的朝贡体系中。通过“朝贡”和“册封”等途径处理对外关系，表明中国尊，外国卑，中国贵，外国贱。属国朝鲜、安南、缅甸、暹罗等和其他国家派遣使臣来朝，由礼部接待，使臣觐见皇帝，要行三跪九叩礼。清廷派遣使臣到属国册封国王，宣读清帝诏书，该国国王亦要行三跪九叩礼。对英、法等国前来中国的使臣，也与朝贡国家一样对待。所以，《清朝续文献通考》说：“迄乾隆五十年，我为上国，率土皆臣，无所谓外交也，理藩而已。”朝贡制度是建立在中国绝对优势基础之上的，以国与国之间的地位不平等为前提，体现了天朝体制居中驭外的命意，却未认真考虑一下凭什么硬要别的国家朝贡称臣。而在西洋诸国看来，他们派遣使臣前来中国，是与中国建立正常的外交关系的。让他们的使臣对中国皇帝行三跪九叩之礼，就是要本国臣服于中国，这不仅关系到本国的威信，而且是对本国极端的轻蔑、歧视和侮辱。因此，在礼仪问题上势必引起激烈的争执。不过，也有甘愿服从清廷的，如康熙五十九年（1720）葡萄牙使臣斐拉理入觐，出入皆行三跪九叩之礼。荷兰亦受朝敕称王，名列藩服。但反对的毕竟是多数。

与清朝最早争执礼仪问题的是俄国。顺治十三年（1656），“俄国察罕汗遣使入贡，以不谙朝仪，却其贡，遣之归”。实际上是俄国使臣拒绝行跪拜礼，才让使团回国的。

属国与清朝的关系比较密切，一般均能遵守清廷规定的礼仪行事。然而，也有例外。

康熙六年（1667），清朝派使臣册封安南国王，就发生了礼仪之争。使臣到后，一而再、再而三地要求安南国王按照清朝制度行三跪九叩礼。国王不同意，坚持以本国习俗行五拜三叩礼，并最终在接诏时行了五拜三叩礼。康熙八年（1669），清廷派使臣出使安南，又要求国王接诏时行三跪九叩礼，安南国王仍坚持本国礼仪。也许是接受了上次的教训，清廷使臣威胁说：三跪九叩头乃是本朝制度，你国既为大清之臣，安敢违越！接着命带领的武士强迫国王以三跪九叩礼接了诏书。其后，在康熙二十二年（1683）、五十八年（1719）、雍正六年（1728），清廷派遣使臣到南安时，安南方面均要求按照本国的国俗行五拜三叩礼，与清廷使臣进行辩驳。直至乾隆二十六年（1761），乾隆皇帝命礼部传谕安南国王，永遵三跪九叩之仪，不得再有陨越，礼仪争执方才停止。

乾隆末年，又与英国使臣发生了礼仪之争。18 世纪后期，英国进入产业革命阶段，商品经济高度发展，迫切需要开辟新的市场。于是，英国政府于乾隆五十七年（1892）八月派出马戛尔尼率领的七百余人的使团，带着礼物，以补贺乾隆皇帝八十寿辰的名义前往中国，希图敲开清朝闭关锁国政策的大门，谋求商务利益。经过九个月的海上航行，乾隆五十八年（1793）五月使团到达澳门。乾隆皇帝看到两广总督的奏报，对使团非常重视，命令沿海各省派大员迎送犒劳。六月使团抵达天津，双方在礼仪问题上就发生了严重分歧。清朝官员宣读恩旨时，马戛尔尼一行只是免冠肃立。乾隆皇帝认为，行跪拜大礼是对自己表示恭顺的一个主要标志，得知后立即命令天津盐道征瑞告知他们："自应遵天朝法度。"但却遭到了拒绝。使团到京后，大部分人员留下，主要成员赴热河承德避暑山庄谒见乾隆皇帝。到达承德后，清朝官员要马戛尔尼在觐见时行三跪九叩礼。马戛尔尼认为，行此礼等于清朝把英国看作朝贡的国家，有损于大英帝国的尊严，仍然坚持原来的立场，坚决拒绝。乾隆皇帝很不高兴，说："似此妄自骄矜，朕意甚为不惬，已全减其供给。所有格外赏赐，此间不复颁给，……外夷入觐，如果诚心恭顺，必加以恩待，用示怀柔。若稍涉骄矜，则是伊无福承受恩典，亦即减其接待之礼，以示体制，此驾御外藩之道宜然。"自己骄矜，却说别人骄矜。最后，商妥了一个折中办法，马戛尔尼以见英皇之礼觐见乾隆皇帝，单膝下跪，但免去吻皇帝手的礼节。为了粉饰天朝的颜面，和珅在奏折中写道："令该贡使等向上行三跪九叩头礼。"《清史稿·礼志十》记载此事称"英吉利入贡"，马戛尔尼等觐见，“自陈不习拜跪，及至御前，而跽伏自若”。说马戛尔尼见了乾隆皇帝的天威，吓得不由自主地长跪下去。

嘉庆二十一年（1816），英国国王又派遣了以阿美士德为首的使团前来中国，目的与马戛尔尼相同。使团从到达天津开始，直到北京，清朝官员均劝说在觐见时一定要向皇帝行三跪九叩首礼。对此，嘉庆皇帝极为坚持，谕令“务将该贡使等礼节调习娴熟，方可令其入觐”。阿美士德为维护英国的尊严，拒绝执行，称疾不入觐，结果被驱逐出境。

天朝意识不仅顽固地存在于清朝统治者和各级官员的头脑中，也存在于士大夫和普通民众的头脑中。在鸦片战争之后十几年，督抚差人出城迎接慰劳属国的使臣，所持名帖非但特大，而且在上面书写“天朝某某大夫某官某人拜”。官府在公文用语中仍然经常书写“夷人”“夷酋”“夷语”。对于西洋诸国，“士大夫以犬羊视之，深闭固拒”。民间亦然，太平天国的领袖们同样如此，如韦昌辉在接见英国驻上海领事馆翻译密迪乐时向对方说：太平王即真主，他是上帝次子，不仅是中国的主，也是你们的主。太平天国在致英国驻香港总督兼驻华全权代表文翰前去访问的诏书说：“天父上帝派遣吾主下凡，即为天下万国之真主，天下臣民有来朝者，必须严格遵守礼制。”杨秀清答复文翰的谕示中又有“尔海外英民不远千里而来，归顺我朝”等语。

但是，经过两次鸦片战争，中国均被打败，英国和法国向中国证明，他们不是朝贡国，而是与中国平等的国家，并以条约形式正式确定下来。咸丰八年（1858）的《中英天津条约》第三款规定：“英国自主之邦，与中国平等，大英钦差大臣，作为代国秉权大员，觐大清皇帝时，遇有碍于国体之礼，是不可行。惟大英君主每有派员前往泰西各与国拜国之礼，亦拜大清皇上，以昭画一肃静。”也就是说，英国使臣到中国觐见皇帝，不行三跪九叩礼，只能行与觐见西洋各国元首同样的礼仪。第五十一款规定：“嗣后各式公文，无论京外，内叙大英国官民，自不得提书‘夷’字。”

此时，清朝“天朝上国”纸老虎的面目被彻底戳穿，不能不承认严酷无情的现实，再也不敢虚骄傲慢，在西洋各国面前摆臭架子。只好设立总理各国事务衙门（简称总理衙门、总署），管理中外交往的事务，以代替礼部管理朝贡的事务，适应国际形势的需要。但对这一新的机构，顽固守旧分子并不赞成，慈禧私下就谓不符合体制，宜以理藩院并辖，不宜别立司署。甲午战争之后，中国承认朝鲜独立，派出公使到朝鲜去，总理衙门起草国书的稿子竟将大清国大皇帝高一格写，朝鲜国国王低一格写，以显示中国的尊贵。光绪皇帝用朱笔在旁边批道：我们已承认朝鲜独立，不应当低一格写，“斥责总理衙门大臣思想腐败”。直至戊戌变法之后，逢迎旧党者仍然厌恶总理衙门，某军机大臣有“总理衙门即外国衙门”之说。

不论如何，清朝已经承认欧美各国是与中国平等的国家，可以互派公使驻对方京师。平等国家之间实行对等的礼仪，亦无法回避。然而，当英、法、美等国派遣公使驻京后，清政府迟迟不派遣使臣出洋。其主要原因是害怕与洋人直面相对，扫尽天朝的颜面。倘若派遣出使大臣，定要谒见外国元首，如行三跪九叩礼，则有碍“天朝”的尊严，倘若不行三跪九叩礼，又恐成为来华公使的藉口。因此，直到同治七年（1868 年），中国才派出一个由美国人蒲安臣率领的使团出国，光绪元年（1875）才正式派郭嵩焘为第一位出使大臣。

也正因害怕扫尽天朝的颜面，清朝皇帝不敢接见外国驻京公使。在咸丰年间，外国公使请求入觐时，清政府“以礼制乖异，力拒之。同治时，英、法使臣固请再四，我犹绳以华制，莫之应”。

同治十二年（1873），同治皇帝亲政，各国公使均请瞻觐，呈递国书，行三鞠躬礼，清政府力言其不便，予以拒绝。直隶总督李鸿章办了多年洋务，思想尚不十分僵化，闻知上书提出建议。略言：嘉庆中，英国使臣来朝，已不行三跪九叩礼。其后成立条约，“俨然均敌，未便以属礼相绳。拒而不见，似于情未洽。纠以跪拜，又似所见不广”。但取其敬有余，当恕其礼不足。惟宜议立规条，俾相遵守。各使之来，许其一见，不许其再见，许其一时同见，不许其单班求见，当可杜其觊觎。且礼与时变通，我朝待属国有定制，待平等国家无定礼。近今商约，实数千年变局，国家无此礼例，往圣亦未预定礼经，应该斟酌时势变通办法。当时总理各国事务恭亲王奕䜣以拜跪仪节往复申辩，而各使坚执如初。知道势难终拂其意，乃为奏请，同治皇帝明谕允行。这年夏天，日本、俄国、美国、英国、法国和荷兰的公使同时在紫光阁觐见同治皇帝，呈递国书，行了鞠躬礼。

对于这样一件再清楚不过的事，一些顽固守旧分子为了粉饰天朝的颜面，竟然颠倒黑白，歪曲事实，说成各国公使见到同治皇帝，吓得伏地叩头，以满足其虚骄心。《桃花圣解庵日记》云：“夷酋皆震栗失次，不能致辞，跽叩而出，自此不敢复觐天颜。此辈犬羊，君臣脱落，虽跳梁日久，目未睹汉官威仪，故其初挟制万端，必欲瞻觐。既许之矣，又要求礼节不肯拜跪。文（祥）相国再三开喻，始允行三鞠躬，继加为五鞠躬。文公固争，不可复得。今一仰天威，便伏地恐后，神灵震慑有以致之云。”

以后公使觐见礼仪仍未有明确规定。光绪十六年（1890），出使英国大臣薛福成奏陈：“各使觐见，须定明例。凡使臣初至一国，其君莫不延见慰劳，使臣谒毕，鞠躬退，语不及公。此通例也。顷闻驻京公使，以未蒙昼接，不无私议。昔年英使威妥玛藉词不令入觐，致《烟台条约》多要挟，靳虚文而受实损，非计之得。今宜循同治十二年成案，援据以行。若论礼节，可于召见先敕下所司，中礼西礼，假以便宜。如是，彼虽行西礼，仍于礼制无损。”自此之后，公使觐见皇帝行鞠躬礼才成为定例。

光绪二十七年（1901），各国凭藉战胜中国的绝对优势，又要求更改礼节。提出各使臣会同觐见，必在太和殿。一国使臣单行觐见者，必在乾清宫。呈递国书，必派乘舆往迎，至宫殿前降舆，礼成送归。赍奏国书，必自中门入，皇帝必躬亲接受。设宴乾清宫，皇帝必躬亲入座。嗣复允会同觐见改在乾清宫，而轿用黄色。庆亲王奕劻等认为不能每事曲从，与各使磋商，历时数月，争议始息。

同年，清廷派醇亲王载沣为头等钦差大臣前往德国，为德国驻华公使克林德被杀一事向德皇威廉二世道歉。随行的有参议张翼，头等参赞荫昌，另有洋参赞德国总兵官李希德等人。于是又发生了载沣觐见德国皇帝的礼仪争执问题。据《醇亲王使德日记》和《醇亲王使德往来文电选》所载，交涉过程大致如下。

关于觐见的礼仪问题双方事先没有商定。载沣一行于五月二十七日（7月12日）自北京起程一个多月之后，德国政府才告知出使德国大臣吕海寰：德皇在白厅坐见，王爷行三鞠躬礼；递书；致颂。参赞随同入见者，均照中国臣下觐君礼叩首。吕海寰和使馆参赞赓音泰认为“此为西国向无之礼，大体攸关，万难迁就”，屡与德国外交部争辩。但德国并不更改。据其外交部答复定要行此礼的主要原因是“此次中国遣亲王等，系为赔礼而来”，“非寻常聘使可比”，“即应照中国礼赔罪”。“中国与德国平行，所以见德皇亦须行华礼。”

载沣接到吕海寰的电报，以为参赞随员“跪叩一节，此为中外所无。当即图应付之策，以全国体”。

正在与各国议和的全权大臣奕劻、李鸿章虽然认为礼仪“屈辱过甚，令人难堪”，但德国皇帝以克林德被杀为欺慢德国太甚，使气恃强，恐难挽回。不过，还是派官员去见德国驻京公使穆默，请其转致德国政府，更改礼节。

载沣因一路轮船颠簸，火车暑热，眩晕异常，饮食少进，七月十二日（8月25日）抵达瑞士的巴在尔停留养息。此地与德国交界，当天，德国交来觐见礼单，定于十四日（8月27日）接见，旋知载沣身体不适，停止十四日接见，但并未撤回派来迎接的朝车、提督和礼官。载沣察其动静，似有挽回之机，经过研究，让赓音泰与德国外交部婉商，“跪礼我国万难应允”，恳请德皇宽免。命李希德先到柏林设法力为转圜。一面又与德国驻巴在尔领事艾士威面商，请其先为代通消息。李希德的活动毫无效果。载沣以为一经应允德国要求，将来难以为继，万分焦灼，致电庆劻、李鸿章，请代奏朝廷，妥筹良策。

七月十七日（8月30日），军机处致电奕劻、李鸿章说：“德皇所定礼节，屈辱中国过甚。坐受国书，尤属轻侮，于两国修好之意实未允协。”望转复醇王，相机因应，期于顾全大局，仍于国体无伤。同日，又致电出使英国大臣罗丰禄等人，传达谕旨说，以前德国亲王亨利觐见时，光绪皇帝“曾经出位延接，并于纳陛上赐坐，极为优礼。今醇亲王虽因道歉前往，亦不应屈辱中国至此”。要出使大臣们请驻在国的外交部致电德国政府，婉切商改，代为转圜。次日又致电奕劻、李鸿章说：一面坚托各国驻京公使出为调停，一面电知吕海寰与德国外交部再行磋商，“总以磨得一分是一分。如实在不能挽回，应与照会议明，此次专使原为道歉，姑为通融酌允，以后仍按照各国通行之礼，不得援此次为例”。意即如不能挽回，即答应德皇的要求。

但至七月二十日（9月2日），事情有了转机。德皇威廉二世“格外加恩”，允许免去参赞随员跪拜之礼，惟递国书时，载沣只能带荫昌（此时已受命为出使德国大臣）一人，藉作翻译。当晚十一点钟，载沣等登上火车，次日抵达柏林。

七月二十二日（9月4日）十二点，载沣带领荫昌往谒威廉二世，同行三鞠躬礼，载沣宣读颂词，恭递国书。威廉二世坐受并致答词。礼成，载沣退出。两小时后，威廉二世亲至载沣住所答拜，让载沣对坐，略谈寒温而别。

在载沣出访德国后，美国、日本、意大利、比利时、英国都邀请载沣访问。但威廉二世坚决反对，理由是，若往欧洲的英国、意大利、比利时，有违专程赔罪之旨。加以此时意大利通知接待时间在一个月之后，英国尚未通知迎接的时间，载沣遂致电奕劻、李鸿章，告以准备在德国事毕后，即前赴美、日，顺途回国。请与驻英、意、比公使婉商，但万勿宣示德国政府阻行之意，并请代奏。张翼、荫昌等亦致电奕劻、李鸿章说：德皇不愿醇邸游历英、意、比国，其意甚坚。“唯罢游必须出自中国之意，勿露因德阻止。望以醇邸现因微疴，兼有冬月归候回銮，请旨完姻，迟恐误期为说，婉解在京公使为祷。”

早在七月十四日（8 月 27 日），奕劻、李鸿章就主张载沣在德国事毕立即回国，“不必再往各国，庶免訾笑”。他们将载沣和张翼、荫昌的意见上奏后，八月初七日（9 月 19 日）接到谕旨，遂电告载沣：在德使事既毕，即起程回华。美、日、意、比各国使事暂从缓议，此时均毋庸前往。这样，载沣等就在德国参观了一些时日，而后直接回国了。

礼仪问题属于形式，行西方礼也是对清帝的尊重，并非轻蔑，为此而进行无谓的争执本无必要。但自从马戛尔尼使团来华后，西方资本主义国家与清廷的外交礼仪之争就不断发生。发生争执的主要原因固然与中外的国情、文化传统有关，与乾隆等皇帝的虚骄自大、闭关锁国有关，但这些恐怕还不是问题的关键。

乾隆皇帝坚持的外交礼仪，诚然反映了一个主权国家应有的尊严和传统的中国文化。然而，其他国家就不应该有尊严，不应该维护自己的礼制吗？中国如果派出使臣到外国，也能向国王行三跪九叩礼吗？单纯强调清朝有理的一面有失偏颇。各国都有自己的礼仪制度，中国不能强迫对方服从自己，这符合近代国家的外交惯例。

中国虽有传统的朝贡礼仪，但并非绝对，例如唐朝就很尊重外国的风俗习惯。唐太宗不仅是开启贞观之治、大有作为的皇帝，而且也不因国威强盛、誉满全球而鄙视夷狄。贞观二十一年（647）

五月，他在与群臣论其事业成功的五大原因时，把“自古皆贵中华，贱夷狄，朕独爱之如一，故其种落（部落）皆依朕如父母”列为其中之一。不仅如此，他也不固执于中国的礼仪文化而强迫外国人服从。有一次，大食（阿拉伯帝国）派遣使者来进献土特产，召见时，由于其国“惟拜天神，虽见王亦无致拜之法”，使者立而不拜。唐太宗没有因此而发怒，反以大食风俗特殊，爽快地特予准许。唐玄宗同样，开元初，大食遣使来朝，进献马及宝钿带等物，使者谒见时平立不拜。有个官员欲上前纠正，中书令张说奏道：“大食殊俗，慕义远来，不可置罪。”唐玄宗特许之。

在清朝前期，皇帝并不因西洋人为“夷”而加以鄙视。如顺治皇帝尊称汤若望为“玛法”，自居于孙子辈。康熙初年，南怀仁任官钦天监，赠工部侍郎，凡内廷召见，并许侍立，不行拜跪礼。如果说这只不过是对在朝为官的个别西洋人有些特殊的话，那么，当罗马教皇派遣使团来京，雍正皇帝“许行西礼，且与握手”，就属于外交活动了。

乾隆等皇帝为什么就做不到这一点，一定要外国使臣行三跪九叩礼呢？最根本的原因在于他们自以为是天朝上国，没有国家之间平等的理念，认为其他国家对中国必须称臣，必须朝贡，匍匐在自己的脚下，因而在外交礼仪上不以平等的态度对待。他在致英国国王乔治三世的信中嘉奖其“倾心向化”，“恭顺之诚”，最后又谕其“益励款诚”，“永矢恭顺”，这种极度自负表现出来的绝不仅仅是夜郎自大，而是企图控制全世界的极度狂妄的野心。任何一个稍有自尊心的外国人，都不会接受这种豪强式的做法，在清朝皇帝面前俯首称臣。

至于德国皇帝威廉二世坐受载沣三鞠躬，让参随人员行中国礼，不过是故意对清朝皇帝要求外国使臣必须行三跪九叩礼的惩罚报复，要中国人也知道行三跪九叩礼是一种侮辱，接受教训。所以过了一段时间后，他觉得让清政府尝到了苦头，就取消了原议，免去参随人员的跪拜礼。评判同一事件，要坚持同一原则，如果说清帝要求外国人行中国礼是对的，外国皇帝要求中国人行中国礼是不对的，这就离开了礼仪制度本身的讨论，而以是否有利于自己为评判的尺度，有失公允了。

礼仪之争是清帝虚骄的突出表现之一。当西方资本主义国家在各方面已经超过了中国，清帝仍然不肯睁开眼睛看看汹涌澎湃的世界历史前进的潮流。正像严复所说："其于己也，则认地大民众为富强，而果富强否，未尝验也。其于人也，则神州而外皆夷狄，其果夷狄否，未尝考也。抵死虚骄，或未稍屈。然而天下事所不可逃者，实而已矣，非虚词饰说所得自欺，又非盛气高言所可持劫也。迨及之而知，履之而艰，而天下之祸固无救矣。胜代之所以亡，与今之所以弱者，不皆坐此也耶？"

严复说得不错。过去，我们常常强调西方侵略者对我们不平等，却出于唤起民族感情，把清朝对外国人的不平等置于视野之外。虽然这是可以理解的，然而不容讳言，过错首先在清朝。歧视必然引起不满，引起报复，和平的争辩不解决问题，就以武力解决。鸦片战争的爆发和以后列强的不断侵略，都与清帝的虚骄和对外国的歧视有关。它带来了严重的后果，几代国人为此付出了惨重的代价。

别拿孔子“忽悠”人

孔子一生大部分时间致力于教育，晚年整理《诗》《书》等古代文献，删改鲁国史官所记的《春秋》，是春秋末期儒学的创始人。他在生前和以后的几百年内，地位并不特别显赫，不过是“百家”之一家而已。到了西汉，董仲舒向汉武帝建议罢黜百家、独尊儒术后，儒学才开始成为文化的正统，孔子的身价随之逐渐升高，被统治者尊为“至圣先师”；祭祀典礼也逐渐隆重，至清末晋升为大祀，与祭天一样。

1912 年中华民国成立，以孙中山为首的南京临时政府下令取消学校中的读经课程，许多地方的文庙被捣毁或改为学校，圣人的偶像失去了以往神圣的灵光。此举引起一些尊孔人士的激烈反对，他们纷纷上书要求尊崇孔教，将孔教载入宪法。在他们鼓噪之下，各种尊孔会社相继成立，鼓吹尊孔读经的刊物先后创办，纪念活动也盛行起来。1913 年 6 月 22 日，民国政府临时大总统袁世凯发布尊孔令，宣称孔子“为万世之师表”，其学说“放之四海而皆准”，有如“日月之无伤，江河之不废”。因此，要举行祀孔典礼，“以表尊崇，而垂久远”。同年9月3日，孔教会在北京国子监举行祀孔大会，袁世凯特派总统府秘书长梁士诒为代表参加，以示支持。9月27日北京的尊孔社召开孔子诞辰纪念会，袁世凯派该社副社长饶智元为代表在会上致辞，并赠该社三千元活动经费。11月6日，已当选为正式总统的袁世凯再次向全国发布尊孔令。同日，授予孔子七十六代孙、衍圣公孔令贻一等嘉禾章。1914年1月29日，政治会议议决祀孔仍从大祀；京师文庙由大总统主祭，各地方文庙由长官主祭。同年9月28日，袁世凯亲率文武百官到北京孔庙祭孔，行了三跪九叩大礼。

袁世凯与南京临时政府大唱反调，目的何在？1913年6月25日《中华民报》发表社论指出，袁世凯发布尊孔令，是因为“孔氏力倡尊王之说，欲利用之以恢复人民服从专制之心理”。同年11月29日，《民权报》就其授予孔令贻勋章一事发表时评说：“何物魔王，乃因恢复帝制而竟仿行满清之故智乎！”事隔两年，他们的推断变为现实，袁世凯果然甘冒天下之大不韪，当上了洪宪皇帝。然而，在全国人民的一片讨伐声中，他的皇帝梦倏然破灭，本人也呜呼哀哉了。

继之，先进知识分子掀起了新文化运动，竖起了“民主”和“科学”两面大旗，向以儒家学说为代表的专制文化和礼教展开猛烈抨击。陈独秀的《再论孔教问题》等文指出，孔子所提倡的道德、垂示的礼教、主张的政治，都是维护专制制度的，与统治者以绝对的权力，要求被统治者以片面的义务，同民主制度和大多数人的利益绝不相容。儒家所倡导的“三纲”，使天下所有为臣、为子、为妻的人都丧失了“独立自主之人格”，缘此而生的道德皆非“主人道德”，而为“奴隶道德”。所以，要拥护民主，“便不得不反对孔教、礼法贞节、旧伦理、旧政治”。“非独不能以孔教为国教，定入未来之宪法，且应毁全国已有之孔庙，而罢其祀。”李大钊在《孔子与宪政》等文中也指出，孔子是“历代帝王专制之护符”，“保护君主政治之偶像”。其学说劫持人民的思想自由，比皇帝专制侵害人民的身体还要厉害。掊击孔子，就是掊击“历代君主所雕塑之偶像的权威”，掊击“专制政治之灵魂”。新文化运动使人们从专制主义所造成的盲从、蒙昧中解放出来，是思想文化史上的一座丰碑。

没过几年，章士钊出任段祺瑞执政府的司法总长兼教育总长，主张读经，又引起论坛上一些议论。针对这种情况，1925 年鲁迅发表了《十四年的“读经”》一文，其中写道：“尊孔，崇儒，专经，复古，由来已经很久了。皇帝和大臣们，向来总取其一端，或者‘以孝治天下’，或者‘以忠诏天下’，而且又‘以贞节励天下’。但是，二十四史不现在么？其中有多少孝子、忠臣？”还揭示了倡导尊孔读经者的用心：“我看不到读经之徒的良心怎样，但我觉得他们大抵是聪明人，而这聪明，就是从读经和古文得来的。”“倘不是笨牛，读一点就可以知道，怎样敷衍、偷生、献媚、弄权、自私，然而能够假借大义，窃取美名。再进一步，并可以悟出中国人是健忘的，无论怎样言行不符，名实不副，前后矛盾，撒诳造谣，蝇营狗苟，都不要紧，经过若干时候，自然被忘得干干净净；只要留下一点卫道模样的文字，将来仍不失为‘正人君子’。况且即使将来没有‘正人君子’之称，于目下的实利又何损哉？这一类的读经者，是明知道读经不足以救国的，也不希望人们都读成他自己那样的；但是，要些把戏，将人们作笨牛看则有之，‘读经’不过是这一回要把戏偶尔用到的工具。”

正因圣人的学说是“专制政治之灵魂”，1934年国民党中央政治会议也学着袁世凯的样子，通过了尊孔祭圣的决议，以每年的8月27日为孔子诞辰纪念大典日，在全国各学校举行纪念活动。考试院院长戴传贤发表谈话说：“经书为我国一切文明之胚胎，其政治哲学较之现在一般学说均为充实。”“希望全国人士从速研究，以发扬光大吾国之固有文化。”蒋介石还以重金收买国学大师章太炎宣传“读经有千利而无一弊”。

然而，儒学当真那么“仁爱、和谐”，能“成为世界的‘文化维度’和‘精神力量’”吗？孔子当真那么令人“尊崇与感怀”吗？陈独秀、李大钊、鲁迅等对孔学的批判均该“颠覆”吗？今天我们当真有必要承认孔子是“万代不替”的“至圣先师”，认为儒学具有“普适性”，举行那么诚惶诚恐、庄严神圣的祭祀大典吗？

历代专制独裁者和儒学的提倡者之所以把孔子推崇到至高无上的地位，并不是要学习他的道德和学问，更不是身体力行。仅仅以孔子所说的关于“恕”的那句名言，即“己所不欲，勿施于人”，有哪一个专制独裁者和儒学的提倡者是不折不扣地遵行的？他们“不欲”受别人的压迫和剥削，可是，他们从未将压迫和剥削“勿施于人”。恰恰相反，正是依靠压迫和剥削，他们才得以高高在上，统治人民，过着穷奢极欲、醉生梦死的生活。

那么，封建统治者为什么要极力推崇孔子呢？考察一下当年建议罢黜百家、独尊儒术的董仲舒是如何向汉武帝讲的，就十分清楚了。他说："《春秋》大一统者，天地之常经，古今之通谊（义）也。今师异道，人异论，百家殊方，指（旨）意不同，是以上亡（无）以持一统，法制数变，不知所守。臣愚以为诸不在六艺之科、孔子之术者，皆绝其道，勿使并进，邪辟之说灭息，然后统纪可一，而法度可明，民知所从矣。"显而易见，董仲舒建议的目的，与秦始皇的焚书坑儒毫无二致，都是要在思想文化领域厉行专制统治；所不同的是秦始皇要以法家统一天下人民的思想，董仲舒则要以儒家统一天下人民的思想。

汉武帝及以后的统治者何以不选择其他诸子的学说，偏偏要选择孔子的学说来统一天下人民的思想？不用说，自然是因为他的学说有利于维护和巩固专制统治。有一天，齐景公问政于孔子。孔子答道："君君、臣臣、父父、子子。"这就是他的"正名"思想。齐景公听后大加赞赏，说："善哉，信如君不君，臣不臣，父不父，子不子，虽有粟，吾得而食诸！"再如，"臣事君以忠"；"克己复礼为仁"；"非礼勿视，非礼勿听，非礼勿言，非礼勿动"；等等，无一不是把臣民的思想行动严格地限制在专制统治秩序之内，不得越雷池半步。而"民可使由之，不可使知之"；"生死有命，富贵在天"；等等，则是地地道道的愚民说教，仅仅有利于统治者。

孔子生长的时代是春秋末期，其时统一的周王朝已经分崩离析，出现十二个诸侯国。而他理想的政治仍是周代的分封制度，说："周监于二代，郁郁乎文哉，吾从周。""如有用我者，吾其为东周乎！"还说："兴灭国，继绝世，举逸民，天下之民归心焉。"由此可见，他的政治思想不是与时俱进，而是想开历史倒车。如其理想实现，人民只能生活在等级森严的分封制度之中，世世代代做诸侯大夫的农奴。他主张的“为政以德”“道之以德”的“德政”，“爱人”的“仁”，“不患寡而患不均”，等等，确实有点“生命关爱和济世情怀”，然而主要的目的是劝诫统治者、剥削者发发善心，不要做得太过分，逼得民众无路可走，铤而走险，以便保持社会稳定，统治长久。

但孔子的这些说教，即使他本人也做不到，一旦有了权柄，他就以实际行动否定了自己的政治主张。有次季康子问政于他：“如杀无道，以就有道，何如？”他答道：“子为政，焉用杀？子欲善而民善矣。君子之德风，小人之德草，草上之风必偃。”可是，鲁定公十四年，他当上鲁国的司寇兼摄相事没几天，就利用职权杀死了“乱政”的大夫少正卯，完全把对季康子所说的那一套“德政”抛到九霄云外去了。就是最受人们称赞的“有教无类”，他也没有完全做到。教授学生不讲出身是值得称道的，但他收学生不是无条件的，学生必须先交上“束脩”，即十条干肉，他才传授知识。然而对那些交不起“束脩”的“类”，他就“无诲”了。什么“四海之内皆兄弟也”，“生命关爱和济世情怀”也，“和谐”也，通通不见了。他提出的许多主张、口号虽然十分悦耳动听，很能迷惑世人，但仔细一推敲，都是些不切合实际的大话、空话，缺少运作的具体办法，根本无法实行。所以，他在鲁国执政期间既没有“构建”出一个“和谐社会”，也没有显示出其学说和本领有什么魅力和超人之处。他知道在鲁国难以有所作为，又率领弟子们风尘仆仆地周游列国，到处自吹自擂，自我推销。可惜他那一套不切合实际的大话、空话，对统治者毫无帮助，没有一人听得进去，更不打算实行。所以处处遭受冷遇，以致他有时不得不哀叹“惶惶如丧家之犬”了。

也许孔子的思想太“超前”了，致使当时的统治者无法接受；那就看一看其后儒学对中国社会起到了什么作用吧。以两次“治世”来说，西汉的“文景之治”出现在汉武帝独尊儒术之前，并不是尊孔崇儒的成就，而是受黄老刑名之学指导，实行清静无为，让人民休养生息政策的结果。唐代之所以能出现国人称誉的“贞观之治”，那只是因为掌权的是个圣明贤能、虚心纳谏的皇帝李世民，亦与尊孔崇儒无关。那些尊孔崇儒的王朝呢？如宋代尊孔崇儒比以前各代都甚，追谥孔子为“至圣文宣王”，封孔子后人为“衍圣公”，但并未因此民富国强，反而被北方和西方的少数民族打得失去大片领土，每年贡献大批银绢求和，甚至皇帝被俘，在位的皇帝向少数民族的国王称臣，首都南迁，最后终于被少数民族灭亡。明世宗开始尊称孔子为“至圣先师”，而他却对这位“至圣先师”并不崇信，反而崇拜老子，迷信道教，沉醉于炼金丹，妄想长生不老，二十多年不见朝臣，由奸相严嵩当国，搞得政治极端腐败，政治和经济都出现深刻的危机。到了近代，清王朝被西方列强用炮舰轰开闭关锁国的大门，签订屈辱条约以后，由于受孔子“夷狄之有君，不如诸夏之亡也”，亦即“夷夏之大防”思想的禁锢，统治者认为只能“用夏变夷”，绝对不能“用夷变夏”，依然泥古守旧，不知进取，不愿像日本那样学习外国先进的思想和科学技术，以致屡战屡败，越贫越弱，沦为半殖民地。

总而言之，正如鲁迅先生在《在现代中国的孔夫子》里所说：“孔夫子之在中国，是权势者们捧起来的，是那些权势者或想做权势者们的圣人，和一般的民众并无什么关系。”孔子及儒学成为专制文化的正统以后，就变为统治者实行文化专制的有力工具和钳制人民思想解放的牢固桎梏。人民的创造性被扼杀，社会的勃勃生机被扼杀，战国时期“百家争鸣”的辉煌局面在中国历史上再也没有出现过。历史证明，孔子和儒学非但没有促进专制时代的经济文化发展繁荣，使中国发展到资本主义阶段，反而起到了严重的阻碍作用。这也是专制社会长期停滞不前、发展缓慢的重要原因之一。

孔子是个文化名人，其创立的儒学值得研究，当然也可以作为中华文化的一部分，对外进行文化交流。但中华文化博大精深，诸子百家源远流长，孔子及儒学只是其中的构成因素，并非唯一因素，我们绝对不能再独尊儒术，而置其他各家学说于不顾。

诚然，孔子曾经在《礼记·礼运》中描述过一个令人向往的“大同”社会，但如何方能达到“大同”社会，他并没有指出来，不过是个空想，而空想是没有实际意义的。在政治思想方面，孔子反复强调被统治者要绝对服从统治者，没有任何值得继承发扬的东西。在其儒学中，绝对推论不出民主、自由、法治、平等、人权的思想。既然孔子及儒学在当时及二千多年的专制时代都没有表现出政治、思想上的先进性和优越性，要说能指导 21 世纪的中国和谐昌盛，世界走向大同，无异于痴人说梦，国人是不会被“忽悠”的。西方一些国家在不知孔子为何许人的情况下，越过中国，发展到了资本主义阶段，如今又成为发达国家，这些国家的国民同样不会被“忽悠”。

图书在版编目（CIP）数据

底色：侯宜杰读史随笔 / 侯宜杰 著. — 北京 : 东方出版社，2018.4
ISBN 978-7-5207-0267-6

Ⅰ. ①底… Ⅱ. ①侯… Ⅲ. ①中国历史—古代史—文集 Ⅳ. ①K220.7-53

中国版本图书馆CIP数据核字（2018）第047029号

底色：侯宜杰读史随笔
（DISE: HOUYIJIE DUSHI SUIBI）

作　　者：侯宜杰
责任编辑：安玉霞
出　　版：东方出版社
发　　行：人民东方出版传媒有限公司
地　　址：北京市东城区东四十条113号
邮　　编：100007
印　　刷：北京楠萍印刷有限公司
版　　次：2018年4月第1版
印　　次：2018年4月第1次印刷
开　　本：880毫米 × 1230毫米 1/32
印　　张：10.75
字　　数：230千字
书　　号：ISBN 978-7-5207-0267-6
定　　价：53.00元
发行电话：（010）85924663　85924644　85924641